지구화 시대의 정의

정치적 공간에 대한 새로운 상상

Scales of Justice : Reimagining Political Space in a Globalizing World
by Nancy Fraser
Copyright © Polity Press Ltd., Cambridge, 2008.
Korean translation copyright © Greenbee Publishing Company, 2010.
This edition is published by arrangement with Polity Press Ltd., Cambridge through Shinwon Agency.

지구화 시대의 정의 : 정치적 공간에 대한 새로운 상상

발행일 초판 1쇄 발행 _ 2010년 11월 30일　초판 5쇄 발행 _ 2020년 7월 1일
지은이 낸시 프레이저 | **옮긴이** 김원식 | **프리즘총서 기획위원** 진태원
펴낸이 유재건 | **펴낸곳** (주)그린비출판사 | **주소** 서울시 마포구 와우산로 180, 4층
주간 임유진 | **편집** 방원경, 신효섭, 홍민기 | **마케팅** 유하나
디자인 권희원 | **경영관리** 유수진 | **물류유통** 유재영, 이다윗
전화 02-702-2717 | **팩스** 02-703-0272 | **이메일** editor@greenbee.co.kr | **등록번호** 제2017-000094호

ISBN 978-89-7682-742-5 93100

이 도서의 국립중앙도서관 출판시도서목록(CIP)은 서지정보유통지원시스템 홈페이지(http://seoji.nl.go.kr)와 국가자료공동목록시스템(http://www.nl.go.kr/kolisnet)에서 이용하실 수 있습니다.(CIP제어번호 : CIP2010004228)

철학과 예술이 있는 삶 **그린비출판사** www.greenbee.co.kr

프리즘총서 005

Scales of Justice

지구화 시대의 정의

정치적 공간에 대한 새로운 상상

낸시 프레이저 지음 | 김원식 옮김

그린비

친애하는 벗,
제니 맨스브리지와 마리아 피아 라라를 위해

감사의 말

이 책은 다년간에 걸친 단독 작업과 공동 작업의 산물이다. 2장과 3장은 2004년에 암스테르담 대학에서 진행된 스피노자 강연의 산물이다. 그곳에서 나는 엄청난 호의와 자극을 받았으며, 미학적으로 충전된 도시적 세련됨이 제공하는 호의적인 분위기를 누릴 수 있었다. 베를린의 동료들은 4장과 6장을 작성하고 다른 몇몇 장들을 수정하는 데 있어 평온한 환경을 제공해 주었다. 뿐만 아니라 그곳에서 나는 새로운 친구들을 사귀고 황홀한 음악을 즐길 수 있었으며, 특히 '지구화 소녀들'(The Globalization Girls)의 동료들과 토론을 벌일 수 있었다. 이 책의 거의 모든 장에는 내가 특권적으로 매일 향유하고 있는 뉴스쿨 사회과학 대학원(The New School for Social Research)의 열정적인 지적 분위기에서 획득한 몇몇 영감들이 투영되어 있다. 이곳은 지난 12년간 내가 몸담아 온 기관이며, 미국 내의 비판적이고 진보적인 사유를 위해 존재하는 오아시스와도 같은 공간이다. 또한 이 책의 모든 장들은 학술회의와 토론회 그리고 동료들 및 친구들의 사려 깊은 독해를 통해서 개선되었다. 다음 분들에게 특별히 감사를 표하고자 한다. 먼저 마레크 흐루벡과 매년 5월 프라하에서 만나고 있는 흥미진진한 비판이론가들의 국제조직 성원들에게 감사드린다. 데이비드 헬드와 그의 런던 정경대학 동료들에게 감사드린다. 케이트 내시와 비키 벨 그리고 '정의의 스케일'에 관한 골드스미스 회의 참석자들에게 감사드린다. 알레산드로 페라라와 그의 로마 동료들에게 감사드린다. 세다 로, 닐 스미스 그리고 뉴욕 시립대학에서 열린 '공론장'에 관한 회의 참석자들에게 감사드린다. 줄리엣 미첼, 주드 브라운, 안드레아 마이호퍼 그리고 '젠더평등과 사회변화'에 관한 회의 참석자들에게 감사드리며, 바젤 대학에서 열린 '변화하는 젠더'에 관한 회의 참석자들에게도 감사드린다. 사회조사연구소의 악셀 호네트와 푸코에 관한 프랑크푸르트 회의 참석자들에게 감사드린다. 유럽철학포럼의 캐서린 아우다르, 앨런 몬테피오레 그리고 한나 아렌트에 관한 런던 회의 참석자들에게 감사드린다. 기억에 남는 호주 체류에 대해 앤디 블런든, 로버트 구딘에게 감사드린다. 톰 미첼과 『비판적 탐구』(*Critical Inquiry*) 편집진에게 감사드린다. 파트리샤 모리와 그녀의 아르헨티나 코르도바 국립대학 동료 및 학생들에게 감사드린다. 리처드 J. 번스타인, 에이미 앨런, 라이너 포르스트, 낸시 네이플스, 베르트 판 덴 브린크, 제인 맨스브리지, 데이비드 페리츠, 마리아 피아 라라, 드미트리 니쿨린, 세일라 벤하비브, 마니엘 크루즈, 존 톰슨, 웬디 로크너에게 감사드린다. 마지막 감사이자 최고의 감사는 비판적인 회의와 고무적인 열광의 올바른 조화 속에서 이 책의 모든 문장을 여러 번 읽어 준 엘리 자레츠키에게 바친다.

이 책의 2장은 본래 『뉴 레프트 리뷰』(*New Left Review*) 36호(2005년 11~12월) 69~88쪽에 게재되었다. 3장의 초판은 「누구를 고려할 것인가?: 틀의 문제에 대한 주제화」(Who Counts?: Thematizing the Problem of the Frame)라는 제목으로 나의 책 『정의에 대한 새로운 틀의 설정: 2004년 스피노자 강연』(*Reframing Justice: The 2004 Spinoza Lectures*)에 실렸다. 4장은 『비판적 탐구』 34권 3호(2008년) 393~422쪽에 실려 처음 출판되었다.

5장은 본래 『이론, 문화, 사회』(*Theory, Culture & Society*) 24권 4호(2007년) 7~30쪽에 실려 출판된 것이다. 6장은 『성좌: 비판적·민주적 이론에 대한 국제 학술지』(*Constellations: An International Journal of Critical and Democratic Theory*) 12권 3호(2005년 9월) 295~307쪽에 처음으로 게재되었다. 7장은 『성좌』 10권 2호(2003년 6월) 160~171쪽에 게재되었다. 8장은 본래 「21세기의 한나 아렌트」(Hannah Arendt in the Twenty-first Century)라는 제목으로 『현대 정치이론』(*Contemporary Political Theory*) 3권 3호(2004년) 253~261쪽에 게재되었다. 9장은 런던, 로스앤젤레스, 뉴델리, 싱가포르 소재 세이지(SAGE) 출판사의 친절한 승인을 받아 다시 게재되었다. 본래 이 글은 케이트 내시와 비키 벨에 의해 「틀의 설정에 관한 정치: 낸시 프레이저와의 대담」(The Politics of Framing: An Interview with Nancy Fraser)이라는 제목으로 『이론, 문화, 사회』 24권 4호 73~86쪽에 게재되었던 것이다. 여기 실린 모든 글은 허가를 받고 재출판되었다.

| 일러두기 |

1 이 책은 Nancy Fraser의 *Scales of Justice: Reimagining Political Space in a Globalizing World*(2008)를 완역한 것이다. 원서에서 'Scale'은 '균형'과 '범위'라는 두 가지 의미를 담고 있다. 우리말에는 이에 해당하는 단어가 없다고 판단해, 전체적인 책의 요지를 고려하여 한국어판의 제목을『지구화 시대의 정의: 정치적 공간에 대한 새로운 상상』으로 하였다.

2 본문의 주석은 모두 지은이 주로서, 각주로 처리하였다.

3 독자의 이해를 돕기 위하여 옮긴이가 본문에 추가한 내용은 대괄호([ ])로 표시했다.

4 단행본·정기간행물에는 겹낫표(『 』)를, 논문·단편 등에는 낫표(「 」)를 사용했다.

5 외국 인명이나 지명, 작품명은 2002년 국립국어원에서 펴낸 외래어표기법에 따라 표기했다.

Scales of Justice

지구화 시대의 정의

정치적 공간에 대한 새로운 상상

1장 정의의 스케일, 균형과 지도
: 논의를 시작하며

정의의 스케일(scales of justice)이라는 이 책의 제목[원제]은 두 가지 영상을 떠올리게 만든다. 첫번째 영상은 우리에게 매우 친숙하여서 거의 상투적이라고 할 수 있는 것이다. 공정한 재판관이 갈등하는 주장들의 상대적 장점들을 평가할 때 취하는 도덕적 균형이 바로 그것이다. 오랫동안 정의를 이해하는 데서 핵심이 되었던 이러한 영상은, 공정한 재판관이라는 관념 자체에 대한 회의가 널리 퍼져 있음에도 불구하고, 오늘날에도 여전히 사회정의를 실현하기 위한 투쟁들에 영감을 제공하고 있다. 두번째 영상은 조금 덜 친숙한 것이다. 공간적 비례를 보여 주기 위해서 지리학자들이 사용하는 축척이 그것이다. 최근 들어서야 정의를 이론화하는 데에서 부각된 이러한 영상은 현재 지구화에 대한 투쟁들에 생기를 불어넣고 있다. 초국적(transnational) 사회운동들은 정의와 관련한 갈등들의 역사적 배경이 되었던 국가라는 틀에 저항하면서, 보다 폭넓은 범위에서 정의의 경계를 보여 주는 지도를 새롭게 그려 내고자 한다.

균형(balance)과 지도(map)라는 이 두 영상들 각각은 일련의 어려운 질문들을 표현하고 있다. 균형은 공평성(impartiality)의 문제를 나타내고 있다. 만일 그런 것이 존재한다고 한다면, 도대체 경쟁하는 요구들에 대한 공정한 평가를 보증할 수 있는 것은 무엇인가? 항상 다루기 곤란한 이러한 문제들은 불이익을 당하는 사람들이 정의를 요구하게 만드는 모든 권력불균형의 맥락 속에서 등장한다. 공정한 재판관은 결코 존재하지 않는다는 것을 그리고 자신들을 판결하는 기준이 자신들에게 불리하게 만들어져 있다는 것을 잘 알고 있음에도 불구하고, 그들은 마치 공정한 재판관에게 호소하는 것처럼 정의를 외친다. 그러나 공평성의 문제는 이러한 일반적인 난제를 넘어서 오늘날 보다 급진적인 또 다른 도전에 직면해 있다. 정치문화의 혁신적인 변화로 인해서 오늘날 사회정의를 실현하기 위한 운동들 사이에는 정의의 **내용**(substance)에 대한 공유된 이해가 존재하지 않는다. 대부분 '재분배'를 위해 노력했던 20세기의 선행자들과는 달리 오늘날의 당사자들은 다양한 언어로 그들의 요구를 표현하고 있으며, 그것들은 서로 경쟁하는 목표들을 지향하고 있다. 예를 들면, 오늘날 계급을 강조하는 경제적 재분배 요구들은 '인정'에 대한 소수자 집단들의 요구와 일상적으로 충돌하고 있다. 다른 한편으로는 젠더정의에 대한 여성주의자들의 요구들이 전통적으로 종교적인 정의나 공동체적인(communal) 정의로 간주되어 왔던 것들과 빈번하게 충돌하고 있다. 그 결과 정의에 관한 담론의 극단적인 이질성이 드러나게 되었으며, 이는 도덕적 균형이라는 관념에 대해서 중요한 도전을 제기하고 있다. 그러한 이질적인 요구들을 공평하게 평가할 수 있는 정의의 저울은 과연 어디에 존재하는가?

반면에 지도의 영상은 **틀의 설정**(framing)이라는 문제를 지시하고 있다. 만일 그런 것이 존재한다고 한다면, 도대체 정의의 경계들을 설정하는 것은 무엇인가? 이런저런 형태로 논란이 되었던 공평성의 문제의 경우와는 달리, 지도와 관련된 문제는 지배적인 틀이 자연스럽고 당연한 것으로 간주되었던 오랜 기간 동안 역사적인 동면상태에 놓여 있었다. 정의가 적용될 수 있는 범위는 근대적인 영토국가 내부라는 사실을 당연하게 여겼던 사회민주주의의 전성기 동안 이러한 상황은 실제로 지속되었다. 이런 상황 속에서 대부분의 정치적 적대세력들은 분배정의와 관련된 의무들은 오직 동료 시민들 사이에서만 적용될 수 있다는 무언의 가정을 공유하고 있었다. 그러나 오늘날에는 정의에 관한 이러한 '베스트팔렌적'(Westphalian) 틀이 논란의 대상이 되고 있다. 인권활동가들과 국제주의적 여성주의자들이 국경을 초월한 부정의들을 전면에 내세우며 세계무역기구(World Trade Organization)에 대한 비판에 참여하면서, 틀을 설정하는 문제가 투쟁의 쟁점으로 새롭게 부상하여 논란의 대상이 되고 있다. 그 결과 오늘날 정의 요구들은 점차로 서로 경쟁하는 지리적 범위를 가진 지도들 속에서 표현되고 있다. 예를 들면 '지구적 빈곤층'을 옹호하는 요구들은 제한된 정치공동체에 속한 시민들의 요구들과 부딪치게 된다. 그리고 이런 종류의 이질성은 다른 종류의 급진적 도전을 야기한다. 정의와 관련된 갈등들을 조직하고 해결하는 다수의 틀들이 서로 경쟁하고 있다면, 우리는 그것들 중 어떤 정의의 지도가 진정으로 정당하다고 말할 수 있을 것인가?

균형과 지도와 관련된 문제 모두에서 오늘날 제기되고 있는 도전들은 참으로 급진적인 것들이다. 이 두 경우 모두에서 **정의의 스케일**이 가지는 다원적 형태로 인해 매우 어려운 문제들이 발생하고 있다. 균형과 관련된 난관은 요구를 주장하는 데 이용되는 다수의 경쟁적인 언어들이 존재한다는 점에서 기인하며, 이는 공평성에 관한 관습적 이해를 위협하고 있다. 찬반 갈등과 관련하여 공평성은 서로 대립하지만 그럼에도 불구하고 통약 가능한 두 가지 일련의 생각들을 하나의 기구 속에서 함께 숙고하는 것이 공평한 정의라고 말하고 있다. 이런 생각은 정의의 내용에 대한 명확한 이해가 폭넓게 공유되었던 냉전 시기에는 그럴듯한 것으로 보였을 수도 있을 것이다. 냉전 시기에 주요한 정치적 흐름들은 **분배** 문제에 집중하였으며, 거기서 사회정의는 전형적으로 경제적 본성을 가지고 있는 분할 가능한 재화들을 공정하게 할당하는 문제로 이해되었다. 제1세계의 사회민주주의, 제2세계의 공산주의, 제3세계의 발전주의는 공유된 가정을 가지고 있었으며, 이러한 공유된 관점이 갈등하는 요구들을 통약 가능하게 해주는 척도를 제공했다. 무엇이 정당한 분배인가에 대해서 맹렬한 논쟁이 벌어지는 동안 지배력을 발휘하고 있던 분배주의적 이해는 도덕적 균형에 관한 전통적 표상이 일종의 신뢰를 받을 수 있도록 만들어 주었다. 만일 모든 당사자들이 동일한 문제에 대해서 논쟁을 벌이고 있다면, 아마도 그들의 요구는 하나의 척도로 평가될 수 있을 것이다.

　　그러나 오늘날 균형에 관한 이러한 기존의 이해는 파열지점에 도달해 있다. 최근의 갈등들은 통약 가능한 선택지들이 단순하게 맞서는 방식으로 진행되지 않는다. 왜냐하면 오늘날 정의에 대한 요구들은 통상 상대방이 공유하지 않는 존재론적 가정에 기초해 서로에게 반론을 제기하고 있기 때문이다. 예를 들면, 경제적 재분배를 요구하는 운동들은 단순히 경제적 현상유지를 옹호하는 주장들과 부딪칠 뿐 아니라, 한편으로는 집단의 특수성을 인정할 것을 요구하는 운동들과 그리고 다른 한편으로는 새로운 형식의 정치적 대표를 추구하는 운동들과 충돌하고 있다. 이 경우 문제는 단순히 재분배에 찬성하는가 반대하는가 하는 것이 아니며, 또 재분배를 얼마만큼 할 것인가 하는 것이 문제가 되는 것도 아니다. 요구를 제기하는 사람들이 정의의 내용에 대해 상충하는 이해를 가지고 있는 곳에서는 또 다른 문제, 즉 재분배(redistribution)인가, 인정(recognition)인가, 대표(representation)인가 하는 문제가 나타나게 된다. 이로 인해서 공평성에 대한 관습적 이해가 잘못된 것은 아닌가 하는 의문이 제기된다. 왜냐하면 오늘날 논란이 되는 것은 단순히 상충하는 주장들의 문제가 아니라 요구들을 평가하는 상충하는 기준들을 수반하는 상충하는 존재론의 문제이기 때문이다. 결국 문제가 되는 것은 단순한 불공평성의 위협이 아니라 **통약 불가능성**(incommensurability)

이라는 위험이다. 내용상 이질적인 요구들이 하나의 척도에 의해서 공정하게 평가될 수 있을까? 만일 그럴 수 없다면, 이제 우리는 공평성을 어떤 방식으로 이해해야만 하는가?

이러한 상황으로 인해서 공평성의 문제는 통상적인 방식으로는 파악될 수 없게 된다. 이제 공평성의 문제는 가능하다면 통약 불가능성이라는 위협을 제거하고, 그렇지 않다면 그 위협에 맞설 수 있도록 급진화되어야만 한다. 오늘날 정의에 관한 이론을 제시하고자 하는 사람들은 균형에 대한 관습적인 해석을 버리고 다음과 같은 질문들을 제기해야만 한다. 각각 그 자신만의 일련의 범위를 가지고 있는 정의의 내용에 대한 이해들이 충돌한다고 할때, 우리는 각각의 경우에 적용하기 위해서 어떤 균형을 선택할 것인가? 이질적인 요구들이 공정하게 평가될 수 있도록 보증하는 공평성의 관념을 우리는 어떻게 재구성할 수 있는가?

지도 제작과 관련된 두번째 영상과 관련하여서도 정의의 **스케일**이 가지는 다원적 형태는 오늘날 우리가 봉착한 난관의 핵심을 표현해 주고 있다. 여기서 문제는 정의의 경계를 설정하는 다수의 상충하는 틀들이 존재한다는 사실로부터 기인한다. 이러한 상황은 정치적 영역에 대한 베스트팔렌적 지도에 대해서 의문을 제기하게 만든다. 오랫동안 지배적이었던 측정의 규준은 정치공동체들을 지리적으로 경계설정된 단위들로, 엄밀하게 그어진 국경들에 의해서 구별되어 나란히 병치되어 있는 것들로 간주해 왔다. 베스트팔렌적인 정치적 상상력은 그러한 정치체들을 국가와 연결시키면서 국가로 하여금 자신의 영토에 대해 배타적이고 분할 불가능한 주권을 가지게 만들었다. 이는 각 국가의 '내정'에 대한 '외부 개입'을 금지했고 보다 상위의 초국가적(supranational) 권력에 대한 복종을 거부하게 만들었다. 더 나아가서 이러한 생각은 질적으로 구별되는 두 가지 정치적 공간 사이의 날카로운 구별을 담고 있었다. '국내적' 공간은 법과 정의의 책무에 종속되는 사회

계약의 평화로운 시민적 영역으로 간주된 반면에 '국제적' 공간은 전략적 타협이 지배하는 전쟁터와 같은 영역, 그 어떤 구속력 있는 정의의 의무도 존재하지 않는 국익이 지배하는 영역, 자연상태의 영역으로 간주되었다. 따라서 베스트팔렌적 상상력 안에서 정의의 주체들은 오직 특정한 영토 내에 거주하는 동료 시민들일 수밖에 없었다. 물론 정치적 공간에 대한 이러한 지도가 온전히 실현된 적은 결코 없었다. 강대국의 패권과 근대 제국주의가 동등한 주권국가들 사이의 국제체제라는 생각을 파괴하는 와중에, 국제법은 국가들 사이의 관계를 어느 정도 순화시켜 왔을 뿐이다. 그럼에도 불구하고 베스트팔렌적인 상상력은 그들만의 베스트팔렌적 국가를 갈망하고 있었던 대부분의 식민지 민중들의 독립에 대한 꿈을 고양시키는 데서 강력한 영향력을 발휘하였다.

그러나 오늘날 정치적 공간에 대한 베스트팔렌적 지도는 그 호소력을 상실해 가고 있다. 한편으로는 인권체제가 분화되어 나가고, 다른 한편으로는 지구적 협치망(協治網)이 확산되어 나가면서, 배타적이고 분할 불가능한 주권에 대한 가정은 이제 분명히 더 이상 그럴듯해 보이지 않는다. 초국적 사회운동들, 정부 간 조직들, 국제적 비정부기구들과 같이 영토와 국가를 초월한 새로운 행위자들이 실행하는 '국내외적'(intermestic) 정치라는 새로운 형태의 정치를 볼 때, 국내적 공간과 국제적 공간 사이의 명확한 분할이라는 생각도 의심스럽기는 마찬가지다. 또한 지구온난화, 유전자 조작 농법과 같은 명백한 탈영토적 문제들을 고려할 때, 영토를 정의와 관련된 책무를 부과하는 유일한 기초로 보는 관점도 의심스럽다. 이러한 탈영토적 문제들은 정의의 경계를 잠재적으로 영향을 받는 모든 사람들을 포함할 수 있도록 확장하여 기능적으로 정의하고 있는 '위험공동체'와 같은 방식으로 그 경계를 생각할 것을 많은 이들에게 촉구하고 있다. 또한 초국적 불평등에 저항하는 활동가들은 정의가 특정한 영토 내에서만, 동료 시민들 사이의 국내적 관계로만 이해될 수 있다는 관점을 명확히 거부하고 있다. 이들은 '누구를 고려할 것인가'에 관한 탈베스트팔렌적 관점을 제시하면서 베스트팔렌적 틀에 대해서 명백한 비판을 제기하고 있다.

결국 결론은 틀의 설정에 관련된 문제가 이론적으로든 실천적으로든 이제 더 이상 당연한 것으로 간주되지 않고 있다는 것이다. 이제 정치적 공간에 대한 지도 작성이 투쟁의 대상이 되고 있기 때문에, 오늘날 정의에 관심을 가지는 사람들은 다음과 같은 질문을 반드시 제기해야만 한다. 정의의 경계에 관해서 대립하는 견해들이 상충하고 있다고 한다면, 우리는 누구의 이익을 고려할지를 어떻게 결정해야 하는가? 사회적 갈등에 관한 틀의 설정에서 상충하는 견해들이 존재하는 경우, 우리는 정치적 공간에 대해서 어떤 지도를 작성할지를 어떻게 결정해야만 하는가?

일반적으로 말해서, **정의의 스케일**이 가지는 두 가지 영상 모두와 관련하여 현재 기존의 이해방식에 대한 커다란 도전이 제기되고 있다. 균형이라는 영상의 경우는 정의의 '내용'에 대한 상충하는 견해들이 나타남으로써 도전받게 된다. 정의의 내용은 재분배인가, 인정인가, 아니면 대표인가? 지도라는 영상의 경우는 '당사자'에 대한 틀을 설정하는 데서 충돌이 발생하면서 도전받게 된다. 정의의 당사자는 한 영토 내에 거주하는 시민들인가, 지구의 인류인가, 아니면 초국적 위험공동체인가? 균형과 관련된 문제에서 핵심 주제는 정의와 관련된 진정한 문제의 내용이 **무엇**인가 하는 것이다. 반면에 지도와 관련된 논의에서는 진정한 정의의 **당사자**를 누구로 볼 것인가 하는 것이 핵심 주제가 된다.

이 책은 이러한 두 가지 도전 모두에 대응하는 것을 목표로 하고 있다. 애초에 독립적인 논문, 강연, 대담 등을 위해서 준비되었던 각각의 장들은 [정의의] '내용' 및 '당사자'와 관련하여 최근 논의되고 있는 어려운 문제들을 다루고 있다. 이것들을 종합적으로 읽게 되면, 이러한 문제들에 대한 독특한 분석과 답변을 얻을 수 있을 것이다. 균형의 문제를 다루면서 나는 **재분배, 인정, 대표**를 포괄하는 정의의 '내용'에 관한 **삼차원적** 설명을 다듬어 나간다. 지도의 문제를 다루면서 나는 정의의 '당사자' 문제를 해명하기 위해 **틀의 설정에 관한 비판이론**을 제안한다. 이러한 숙고의 결론은 탈베스트팔렌적 세계에서 어떤 내용과 관련해 누가 당사자가 되어야만 하는가 하는 문제에 관한 일련의 성찰을 제공할 것이다. 이에 대해서 설명해 보도록 하자.

2장「지구화하는 세계에서의 정의에 대한 새로운 틀의 설정」은 현재 진행되고 있는 지구화에 대한 투쟁들에 대해서 설명한다. 정의의 '내용'에 관한 나의 기존의 설명들을 수정하면서 나는 내가 이전에 전면에 내세웠던 경제적 차원 및 문화적 차원과 더불어 세번째 **정치적** 차원을 도입한다. 대표는 재분배나 인정과는 분석적으로 구별된다. **대표**는 부분적으로는 '일상적인 정치적 부정의'를 설명하는 데 기여한다. 일상적인 정치적 부정의는 특정한 정치공동체 **내부**에서, 왜곡된 의사결정 규칙들이 이미 구성원으로 간주되고 있는 특정한 사람들의 정치적 발언권을 손상시켜 그들이 동등한 자격을 가지고 사회적 상호작용에 참여하지 못하게 만드는 경우에 발생한다. 이러한 수정은 정의의 '내용'에 대한 우리의 이해를 풍부하게 만들어 주며, 또한 이전의 나의 이론에 존재하던 빈틈을 메워 준다. 이전의 나의 이론은 경제구조나 신분질서와는 달리 사회의 정치적 구성에 뿌리박고 있는 불평등들이 가지는 상대적 자율성을 제대로 평가하지 못하고 있었다.

그러나 이것만이 전부는 아니다. 정의의 세번째 차원을 추가하는 것은 '메타-정치적 부정의'를 설명하는 데에도 역시 기여한다. 메타-정치적 부정의는 정치적 공간을 제한된 정치공동체들**로** 분할함으로써 분배, 인정, 대표에 관한 일차원적 질문들의 틀을 잘못 설정하는 경우에 발생한다. 말하자면 실질적으로는 초국적인 부정의를 국가적인 문제로 만드는 경우에 이러한 부정의가 발생할 수 있다는 것이다. 이런 경우에는 정의의 '당사자' 문제 자체가 부당하게 정의된다. 왜냐하면 특정한 사람들은 그들이 영향을 받고 있음에도 불구하고 시민이 아니라는 이유만으로 고려대상에서 배제되기 때문이다. 예를 들면 지구적 빈곤층의 요구들이 취약한 국가나 실패한 국가들 내부의 국내 정치적 장에만 제한되고, 그로 인해서 그들이 자신들을 약탈하는 국외적 요인들과 대결할 수 있는 길이 차단되는 것이 이런 경우에 속한다고 볼 수 있다. 이러한 상황으로 인해서 내가 **잘못 설정된 틀**(misframing)이라고 부르는 특수한 종류의 메타-정치적 대표불능(misrepresentation)이 야기된다. 나는 잘못 설정된 틀이 비판이론을 위해서 필수불가결한 개념이라고 주장하고자 한다. 왜냐하면 그것이 정치적 공간의 지형을 정의의 관점에서 검토할 수 있도록 해주기 때문이다. 정의의 '내용'에 대한 확장된 이해로부터 도출된 잘못 설정된 틀의 개념은 '당사자' 문제에 대한 비판을 가능하게 해준다. 2장은 균형과 지도라는 두 문제 모두에 개입하면서 **정의의 스케일**이 가지고 있는 두 가지 영상들 사이의 개념적 연관을 제시하고 있다.

3장은 이러한 개념적 연관을 살펴보고 그것이 가지는 복합성을 다루고 있다. 그렇지만 여기에서는, 내가 이 장의 제목을 최근 정의론에서 나타나는 '평등주의의 두 가지 독단'이라고 명명하고 있는 바와 같이, 논의의 중심이 사회적 현실로부터 정치철학으로 이동한다. 여기에서 첫번째 독단은 베스트팔렌적 '당사자'에 관한 검토되지 않은 가정을 의미한다. 과거에 진행되었던 정의의 '내용'에 관한 격심한 토론의 와중에서도 사람들의 생각의 기저에 놓여 있었던 가정, 즉 정의가 적용될 수 있는 유일한 단위는 영토에 기초한 국민국가뿐이라는 가정은 철학자들이 정의의 경계에 대해서 공개적으로 논의하고 있는 오늘날 더 이상 자명한 공리로서의 지위를 갖지 못한다. 존 롤스(John Rawls)의 『만민법』(*The Law of Peoples*)이 촉발한 격렬한 논쟁 속에서 정의의 주체가 누구인가 하는 물음은 그것이 받아야 할 응당한 주목을 받게 되었다. 그러나 내가 보기에 아직 축배를 마시기에는 이른 시간이다. 이 논쟁들을 분석하면서, 나는 첫번째 독단이 소멸하였음에도 불구하고 (혹은 아마도 그것의 소멸로 인해서) 완고하고 강력한 두번째 독단이 존속하고 있음을 폭로한다.

두번째 독단이란 '당사자'를 결정하는 **방법**(how)과 관련된 무언의 방법론적 전제에 관한 것이다. 세계시민주의자들, 국제주의자들, 자유주의적 국가주의자들이 '당사자' 문제에 대해서 맹렬하게 논쟁하고 있음에도 불구하고, 그들 모두는 정의의 틀을 설정하는 문제가 기술적 방법들에 의거하여 과학적으로 해결될 수 있고 또 해결되어야만 한다는 사실에 암묵적으로 동의하고 있다. 이러한 견해는 그들이 공유하고 있는 가정으로부터 도출되고 있다. 일단의 사람들을 정의의 주체로 만드는 것은 그들이 자신들이 좋은 삶을 살 수 있는 상대적 기회들을 결정하는 공동의 '기본구조'(basic structure) 속에서 함께 뒤얽혀 살아가고 있기 때문이라는 가정이 바로 그것이다. 어떤 사람들은 그 구조를 제한된 정치공동체의 기본구조와 동일시하고, 다른 사람들은 그것을 지구적 경제에 관한 협치(governance)기제로 보고 있다. 그럼에도 불구하고 그들 모두는 사회과학이 마치 사실과 관련된 문제와도 같이 우리에게 어떤 구조가 '기본적'인지를 알려 줄 수 있는 것처럼 생각하면서 이 문제를 사회과학에 의존해서 해결하려고 한다. 여기에 평등주의의 두번째 독단이 놓여 있다. 표준 사회과학이 정의의 '당사자'를 결정할 수 있다는 입증되지 않은 암묵적 가정이 바로 그것이다. 나는 이러한 가정을 거부한다. 두번째 독단을 극복하기 위해서 나는 '비판적-민주적' 대안을 모색할 것이다. 이러한 대안은 틀을 설정하는 문제에 관한 논쟁을 정치적 문제로 간주하며, 그것이 초국적 범위에서의 민주적 논쟁과 제도적 의사결정 과정을 통해서 다루어져야만 한다고 주장한다. 초국적 '메타-민주주의'를 주장하는 나의 논증은 '내용'과 '당사자' 문제를 넘어서 정의의 세번째 요인을 드러내 주는 데에도 기여할 것이다. 나의 결론은 '방법'에 관한 정당한 접근 없이는 균형과 지도에 관한 문제들도 결코 만족스럽게 해결될 수 없다는 것이다.

4장은 '비정상적(abnormal) 정의'에 대한 기획적인 성찰을 매개로 하여 앞의 생각들을 종합하고 있다. 리처드 로티(Richard Rorty)에게 영감을 받아 나는 대부분의 정치이론가들이 암묵적으로 정의에 관한 갈등들을 '정상적 담론'의 모델에 따라서 파악해 왔다고 생각한다. 그들은 적합한 정의 요구가 무엇인지에 관해 심층적인 불일치가 존재하는 것은 아니라고 가정하면서, 상대적으로 안정적인 정의의 문법이 존재하는 조건에서 논란을 해결할 수 있는 규범적 원칙은 무엇인지를 고민해 왔다. 지금과는 다른 역사적 시기에 그러한 접근이 유익한 것이었다고 하더라도 오늘날 이러한 접근은 매우 부적합한 것이 되었다. 오늘날에는 정의와 관련한 갈등들이 빈번하게 '비정상적 담론'의 형태를 띠고 있기 때문이다. '내용', '당사자', '방법'에 관한 공유된 이해가 존재하지 않는 상황에서는 정상적 정의에 관한 일차원적 문제들뿐만 아니라 정의의 문법 자체가 숙고의 대상이 되어 버린다. 따라서 오늘날에는 '비정상적 정의'의 문제들을 해명하는 것을 목표로 한 다른 종류의 정치이론적 작업이 필요하다. 비정상적 정의가 문제가 되는 곳에서는 일차원적 정의와 관련된 갈등들이 메타-불일치들과 뒤섞이게 된다. 4장은 이에 관한 이론의 개요를 제시하고 있다. 나는 성급하게 비정상성을 축복하거나 조급하게 '새로운 정상성'을 주장하려고 하지 않는다. 나는 비정상적 정의가 가지는 긍정적 측면과 부정적 측면 모두를 수용할 것이다. 한편으로 나는 분배와는 무관한 불평등, 국경을 초월한 부정의들과 같이 과거에는 주목받지 못했던 불이익들에 대한 논의들이 확산되는 것을 긍정하면서도, 다른 한편으로는 제기되고 있는 요구들을 동등하게 검토할 수 있는 안정된 틀이 사라지고 그러한 불평등을 효과적으로 교정할 수 있는 정당한 기관들도 사라지면서 부정의를 극복할 수 있는 능력이 감소되고 있다는 사실 역시 고찰해 볼 것이다.

5장은 이러한 기획을 발전시켜 나가는 데서 공론장 이론이 가지는 능력을 평가한다. 비정상적인 시대를 위한 민주주의를 새롭게 생각해 보고자 하면서 나는 다음과 같은 질문을 제기한다. 더 이상 공중이 특정한 영토에 거주하는 시민과 일치하지 않고, 더 이상 경제가 국가단위로 제한되지 않으며, 더 이상 국가가 많은 문제들을 해결할 수 있는 능력을 보유하고 있지 않은 오늘날의 상황 속에서도 포용적이고 무제한적인 정치적 의사소통이라는 이념이 여전히 비판적이고 해방적인 역할을 할 수 있을 것인가? 이에 관한 의심이 생겨나는 이유는 공론장 이론의 비판적 힘이 항상 두 가지의 이상적인 가정에 의존해 왔기 때문이다. 공론은 **규범적으로 정당하고 정치적으로 유효한** 것이어야만 한다는 가정이 바로 그것이다. 이러한 두 이념이 비록 반사실적(counterfactual)이라고 하더라도, 베스트팔렌적 시각에서 보자면 그 이념들은 충분히 논의될 수 있을 정도로 명확한 것이었다. 정당성은 동료 시민들이 그들 자신의 정치공동체 내에서 공론을 형성하는 과정에 동등한 자격으로 참여할 것을 요구한다. 반면에 유효성은 국가단위의 공론이 국가권력을 시민들의 통제하에 둘 수 있을 정도로 충분히 강력할 것을 요구한다. 그러나 오늘날의 상황에서 볼 때 문제는 그리 명확하지 않다. 오늘날 **초국적** 공론은 정치적 동료라는 공동의 지위를 향유하는 동료 시민들 사이의 의사소통을 의미하지 않으며, 대화자들의 의지를 실행하고 그들의 문제들을 해결할 수 있는 주권국가라는 수신자를 가지고 있지도 않다. 이런 상황에서 공론의 정당성이나 유효성에 대해서 말하는 것이 무슨 의미가 있을 수 있는가? 5장 「공론장의 초국적화: 탈베스트팔렌적 세계에서 공론의 정당성과 유효성에 대하여」는 이 훌륭한 개념이 가진 비판적 잠재력을 구제할 수 있는 답변을 제시하고자 한다. 위르겐 하버마스(Jürgen Habermas)뿐만 아니라 '공론장에 대한 새로운 사유'를 위한 나의 초기 작업들 역시 가지고 있었던 암묵적인 베스트팔렌적 전제들에 대해 설명하면서 나는 현재 상황에 적합한 형태로 정당하고 유효한 공론장의 이념을 재구성할 것이다. 5장은 신자유주의 시대에 현존하고 있는 민주주의를 비판하면서 탈베스트팔렌적 세계의 정치적 공간에 대한 새로운 사유를 모색하고 있다.

6장은 앞서 전개된 성찰들을 토대로 여성주의 운동이 지나온 궤적을 성찰하고 있다. 성-인지적(gender-sensitive) 이해를 가지고 정의의 '내용'을 이해하는 방식에서 지난 수십 년간 일어났던 전환들을 조명하면서, 나는 여성주의의 제2의 물결(second-wave of feminism)이 거쳐 온 역사를 세 국면으로 나누어 서술한다. 첫번째 국면에서 여성주의자들은 대체로 계급 간의 재분배라는 문제에만 국한되어 있었던 사회민주주의의 상상력을 급진화하기 위해서 다른 신좌파 민주세력들과 연합하였다. 유토피아적 에너지가 쇠퇴한 두번째 국면에서 여성주의자들은 '탈사회주의적' 상상력으로 이끌려 들어갔고, 여기서는 차이의 인정에 대한 요구들이 전면에 나서게 되었다. 새롭게 시작되고 있는 오늘날의 세번째 국면에서는 초국적 맥락에서 움직이는 여성주의자들이 영토라는 한계를 넘어서는 방식으로 젠더를 의식하는 새로운 정치적 대표 형태를 창출하고 있는 중이다. 6장 「여성주의의 상상력에 대한 지도 그리기: 재분배에서 인정으로 다시 대표로」는 최근 출현하고 있는 '탈베스트팔렌적' 여성주의의 상상력이 가지는 윤곽을 보여 주기 위해서 이러한 역사를 재구성하고 있다. 이러한 최근 여성주의의 상상력은 재분배와 인정을 대표와 통합시키고 있다.

그 다음 두 개의 장은 내가 여기서 분석한 정치적 공간에서 나타난 변화들을 참조하면서 20세기의 주요 사상가들을 새롭게 검토하고 있다. 7장은 '지구화의 그림자 속에서' 미셸 푸코(Michel Foucault)를 새롭게 독해하고 있다. 뒤늦은 깨달음 덕분에 쓸 수 있었던 「훈육에서 유연화로?: 지구화의 그림자 속에서 푸코 다시 읽기」는 『감시와 처벌』(Surveiller et punir)과 같은 푸코의 중기 대작이 **포드주의**(fordism) 시기의 사회적 규제를 비록 일면적이기는 하지만 탁월한 방식으로 설명하고 있다고 해석하고 있다. 1960~1970년대에 저술된 푸코의 저작들은 미네르바의 올빼미처럼 훈육사회의 정치논리를 그것이 역사적으로 소멸되기 시작한 시점에 그려 냈다. 그 시기에 케인스주의적 사회민주주의는 새로운 포스트포드주의(postfordist) 체제로 전환할 준비를 진행하는 중이었다. 포스트포드주의 체제에서는 국가라는 틀 속에서 수행된 표준화가 초국적 틀 속에서 진행되는 '유연화'에 의해서 대체된다. 7장에서는 이 새로운 신자유주의적 체제의 윤곽을 그려 본 후에 오늘날의 독특한 **탈훈육적 통치성**(governmentality)의 양식에 대해 푸코의 설명에 준하는 방식의 설명들을 제시할 수 있는 가능성을 숙고하고 있다. 내가 생각하기에는 이러한 노력이야말로 지난 세기의 가장 독창적이고 중요한 사상가들 중의 한 사람에게 걸맞은 존경의 방식이다.

한나 아렌트(Hannah Arendt) 역시 어떤 기준으로 보더라도 이러한 위대한 사상가에 속한다고 할 수 있다. 8장은 그녀의 독특한 정치적 사유양식을 우리 시대에 적합하게 확장하기 위해 아렌트의 사상을 재검토할 것이다. 「지구화 시대의 인류에 대한 위협들: 21세기에 대한 아렌트적 성찰들」은 아렌트를 20세기 중반의 대재앙에 대한 가장 위대한 이론가로 규정하면서 그녀의 접근법이 21세기 인류가 직면한 급박한 위협을 얼마만큼 해명해 줄 수 있을지에 대해서 숙고한다. 한편으로 8장에서 나는 아렌트적 발상이 9·11과 미국의 불행한 대응이 가지는 시대사적 의미를 밝히는 데서 상당한 위력을 가지고 있다고 본다. 다른 한편으로 나는 아렌트의 경우와 유사하기는 하지만 심각한 결함을 가지고 있는 시도들, 즉 현재의 위기를 이론화하기 위한 폴 버먼(Paul Berman), 존 그레이(John Gray), 마이클 하트(Michael Hardt)와 안토니오 네그리(Antonio Negri)의 작업에 대해서는 비판을 제기한다. 그들의 오류를 학습하면서, 나는 아렌트의 유산을 이해하는 새로운 방식을 제시하며 결론을 맺을 것이다. 이 새로운 방식의 이해는 아렌트 자신은 상상조차 할 수 없었지만 오늘날 우리가 대면할 수밖에 없는, 인간성을 부정하는 새로운 양태들을 해명해 줄 수 있을 것이다.

9장은 이 책의 중심 주제들을 반복하고 있다. 이 글은 처음에 『이론, 문화, 사회』(*Theory, Culture & Society*)에 대담으로 게재된 것이다. 거기서 나는 케이트 내시(Kate Nash)와 비키 벨(Vikki Bell)과 함께 '틀의 설정에 관한 정치'에 대한 폭넓은 토론을 전개하였다. 그들의 사려 깊은 질문에 자극을 받아서, 나는 정의에 관한 나의 생각들을 한편으로는 현재의 상황에 대한 진단과 연결시켰고 다른 한편으로는 비판이론가들의 역할에 대한 견해와도 연결시켰다. 대표 문제로의 나의 전환을 현재 진행되고 있는 지구화에 대한 투쟁의 맥락 내에 위치시키면서 나는 초국적 연대성, 민주적인 틀의 설정, 해방적 사회변혁 기획이 가지는 전망을 평가하였다. 이 대담은 균형과 지도에 관련된 문제 모두에 개입하면서 정의의 스케일에 대한 개인적이고 개념적인 몇몇 성찰들을 제공하고 있다.

이러한 문제들이 이 책 전체에 삼투되어 있는 것과 마찬가지로, 너무도 빈번하게 대립적인 것으로 간주되고 있는 몇몇 전통들과의 만남을 통해서 형성된 비판적 사유의 스타일 역시 이 책 전체에 삼투되어 있다. 분석적인 정치철학과 유럽적인 비판이론 모두에 의해서 영향을 받은 나는 '당위'에 관한 규범 이론과 '사실'을 포착하는 시대진단(Zeitdiagnose)을 철저히 결합하고자 하는 열망을 가지고 있다. 구조적이고 제도적인 비판과 언어적 전회모두에 충실하고자 하는 나는, 역사적으로 형성된 사회권력의 복합체들에 대한 비판을 정치문화 비판 및 요구를 제기하는 어휘들에 대한 비판과 연결시키고자 한다. 마지막으로 논쟁적인(agonistic) 포스트구조주의 이론과 하버마스의 담론윤리 모두로부터 영감을 받은 나는 지배적 사유방식이 파열되고 은폐된 부정의들이 폭로되는 순간, 즉 열림의 순간에 대한 관심을 투쟁과 논쟁을 통해서 주조된 새로운 사유방식이 부정의를 해소하기 위한 공적인 노력에 활력을 불어넣는 순간, 즉 종결의 순간에 대한 관심과 철저히 결합시키기를 원한다. 이 두 접근 모두 단독으로는 결코 여기서 제시된 문제들을 적합하게 다룰 수 없다고 나는 확신한다. 그렇기 때문에 나는 이 두 접근들 각각이 가지는 장점을 보다 폭넓은 비판적 사유양식 속에서 통합하고자 한다. 나는 이런 식의 이론적 작업이 정의의 스케일과 관련된 문제를 해명하고 지구화하는 세계에서 부정의를 야기하는 원인들을 밝히는 데 기여하기를 원한다.

2장 지구화하는 세계에서의 정의에 대한 새로운 틀의 설정[*]

지구화는 정의에 관한 우리의 논쟁방식을 변화시키고 있다. 불과 얼마 전이라고 할 수 있는 사회민주주의의 황금기에 이루어진 정의에 관한 논쟁들은 내가 '케인스주의적–베스트팔렌적 틀'(Keynesian-Westphalian frame)이라고 부르고자 하는 것을 전제하고 있었다. 근대적인 영토국가들 내부에서 진행되었던 정의에 관한 전형적인 논쟁들은 그것들이 동료 시민들 사이의 관계만을 다루고, 국가단위의 공중들 내부의 토론에만 관련되고, 국민국가를 통해 문제를 해결하려고 하는 것이 당연하다고 생각해 왔다. 이런 상황은 사

* 이 장은 2004년 12월 2일 암스테르담 대학에서 진행된 두번째 스피노자 강연을 수정하고 확장한 것이다. 이 강연의 원고는 2004년 봄 그곳에서 내가 스피노자 교수로 있을 때 작성되었고, 뒤이어 2004~2005년 베를린에서 특별연구원으로 있을 때 수정되었다. 이 두 기관의 관대한 지원에 따뜻한 감사를 드린다. 특히 많은 도움이 필요한 시기에 자기 일을 제쳐 두고 너그럽게 도움을 준 욜란데 얀센(Yolande Jansen)과 힐라 다얀(Hilla Dayan)에게, 그리고 문헌과 관련된 좋은 조언을 해준 제임스 보먼(James Bohman)에게 감사드린다. 또한 초고에 대해 사려 깊은 논평을 해준 에이미 앨런(Amy Allen), 세일라 벤하비브(Seyla Benhabib), 베르트 판 덴 브린크(Bert van den Brink), 알레산드로 페라라(Alessandro Ferrara), 라이너 포르스트(Rainer Forst), 스테판 고제파트(Stefan Gosepath), 존 주디스(John Judis), 시어도어 코디체크(Theodor Koditschek), 마리아 피아 라라(Maria Pia Lara), 데이비드 페리츠(David Peritz), 앤 로라 스톨러(Ann Laura Stoler), 엘리 자레츠키(Eli Zaretsky)에게 감사드린다. 마지막으로 조사활동에 전문적 지원을 해준 것에 대해 크리스틴 기스버그(Kristin Gissberg)와 키스 헤이섬(Keith Haysom)에게 감사드린다.

회경제적 재분배나 법적 혹은 문화적 인정이라는 정의 요구의 두 가지 중심 축 모두에 마찬가지로 해당된다. 국제 자본의 통제와 관련해 브레턴 우즈 체제(Bretton Woods System)가 개별 국가 수준에서의 케인스주의적 경제조정을 촉진하던 시기에 재분배 요구는 통상 영토국가 내부에 존재하는 경제적 불평등에만 집중해 왔다. 재분배를 요구하는 사람들은 국가의 부를 공정하게 분배할 것을 지지하는 국민의 공론에 호소하면서 국민경제에 대한 국민국가의 개입을 추구했다. 이와 유사하게 '국내적' 영역을 '국제적' 영역과 엄밀하게 구별하는 베스트팔렌적인 정치적 상상력이 여전히 지배하던 시기에는 인정 요구들 역시 일반적으로 국가 내부의 신분적 위계 문제에만 관심을 가지고 있었다. 인정을 요구하는 사람들은 국가단위에서 제도화된 무시를 종식시키기 위해 국민적 양심에 호소하면서 차별을 금지하고 시민들 사이의 차이를 인정하도록 국민국가 정부에 압력을 행사했다. 두 경우 모두에서 케인스주의적-베스트팔렌적 틀은 당연한 것으로 간주되었다. 문제가 되는 것이 재분배든 인정이든, 계급적 차별이든 신분적 위계질서든 간에, 정의가 적용되는 단위가 근대 영토국가라는 사실에는 의심의 여지가 없었다.[1]

물론 항상 예외는 있었다. 때때로 기아와 집단학살(genocide)은 국경

---

1) '케인스주의적-베스트팔렌적 틀'이라는 표현은 전후 민주적 복지국가가 전성기를 누리던 시기—대략 1945년부터 1970년대에 이르는—에 진행된 정의에 관한 논쟁에 영토국가가 그 토대를 제공하고 있었다는 것을 표시하기 위해 사용된 것이다. '베스트팔렌'이라는 용어는 근대적인 국제체제의 몇 가지 핵심적 특징들을 확립했던 1648년의 조약을 지시하고 있다. 그 조약이 정확히 공언한 바가 무엇인가 하는 문제는 좀더 폭넓은 '베스트팔렌 체제'의 경우와 마찬가지로 학자들 사이에서 논란의 대상이 되고 있다. 그러나 나는 그 조약이 실제로 성취한 것이 무엇인지에 대해 그리고 그 조약이 출범시킨 체제가 발전한 몇 세기에 걸친 과정에 대해 다루지 않는다. 나는 오히려 '베스트팔렌'이라는 용어를 통해서 세계를 상호인정하는 주권적 영토국가들로 구성된 체제로 간주하는 특정한 정치적 상상력에 대해서 환기시키고자 한다. 내가 주장하고자 하는 것은 이러한 상상력이, 탈베스트팔렌적인 인권체제가 출현하기 시작했음에도 불구하고, 제1세계에서 전후에 진행된 정의에 관한 논쟁의 틀을 형성하고 있었다는 점이다. 베스트팔렌을 '사건'으로서, '이상'으로서, '발전과정'으로서, '규범적인 득점표'로서 보는 방식들 사이의 구별에 대해서는 Richard Falk, "Revisiting Westphalia, Discovering Post-Westphalia", *The Jounal of Ethics* 6, 4, 2002, pp. 311~352를 참조하라.

을 넘어서 공론을 자극하곤 했다. 그리고 몇몇 세계시민주의자들과 반제국주의자들은 지구주의자의 관점을 선전하기 위해 노력해 왔다.[2] 그러나 이런 경우들은 규칙을 입증하는 예외들에 불과했다. 일단 그것이 '국제적인' 문제 영역에 속하는 것으로 간주되면, 그런 문제들은 주로 정의와는 무관한 안보 문제나 인도주의적 원조 문제에 집중하는 문제틀 속에서 이해되었다. 이러한 상황으로 인해서 케인스주의적-베스트팔렌적 틀은 도전받기보다는 오히려 강화되었을 뿐이다. 정의에 관한 이러한 논쟁의 틀은 제2차 세계대전 이후 1970년대까지 특별한 성찰 없이 일반적으로 받아들여졌다.

당시에는 주목받지 못했지만, 케인스주의적-베스트팔렌적 틀은 사회정의에 관한 논쟁들에 독특한 형태를 부과했다. 사회정의에 관한 논쟁들은 근대 영토국가를 적합한 단위로, 그 국가의 시민들을 적절한 주체로 당연시하면서 그런 시민들이 서로에 대해서 가지는 의무는 정확히 무엇인가 하는 문제를 다루어 왔다. 어떤 사람들은 시민들이 법 앞에서 형식적으로 평등한 것으로 충분하다고 보았고, 다른 사람들은 기회의 평등 역시 요구하였다. 그리고 또 다른 사람들이 보기에 정의는 정치공동체의 완전한 구성원으로서 다른 사람들과 동등한 자격으로 참여하는 데 필요한 자원과 존경에 모든 시민들이 접근할 수 있을 것을 요구하는 것이었다. 달리 말하자면 그 논쟁들은 한 사회 내부의 정당한 사회적 관계의 질서란 정확히 무엇인가라는 문제에 집중했던 것이다. 정의의 '내용'(what)에 관한 논쟁에 몰두하면서 논쟁 참여자들은 '당사자'(who) 문제에 대해서 논의할 필요를 전혀 느끼지 못했다. 케인스주의적-베스트팔렌적 틀이 안정적으로 작동하는 한 '당사자'가 개별

---

2) 제3세계적 관점에서 볼 때 베스트팔렌적 가정들은 명백히 반사실적인 것처럼 보이리라 추정된다. 그러나 우리는 대다수의 반식민주의자들이 그들 자신만의 베스트팔렌적 독립국가를 이룩하고자 했다는 사실을 기억해야 할 것이다. 아주 소수만이 매우 합당한 이유들을 가지고 일관되게 지구적 틀 내에서 정의의 문제와 씨름했다.

국가의 시민들이라는 것은 논란의 여지가 없는 문제였던 것이다.

그러나 오늘날 케인스주의적-베스트팔렌적 틀은 그것이 갖고 있었던 자명성의 아우라(aura)를 상실해 가고 있다. 지구화에 대한 인식이 고조되고 탈냉전의 지정학적 불안정성에 대한 인식이 확대되면서, 많은 사람들은 자신의 삶을 규정하는 사회적 과정들이 이제 일상적으로 영토적 경계들을 넘어 진행되고 있다는 점을 알게 되었다. 예를 들면 그들은 한 영토국가 내부에서 이루어진 결정들이 ─초국적 기업들, 국제적 환투기세력들, 대규모 기관투자가들이 국경을 넘어 영향을 미치는 것과 마찬가지로─종종 다른 국가 국민들의 삶에도 영향을 주게 된다는 점에 주목하고 있다. 또한 많은 사람들이 정부 차원과 비정부 차원 모두에서 초국가적·국제적 조직들이 점차 성장하고 있으며, 지구적 대중매체와 정보통신 기술(cybertechnology)을 통해서 국경을 완전히 무시하고 확산되는 초국적 공론이 점차로 확대되고 있다는 점에도 주목하고 있다. 이러한 상황으로 인해서 초국적 힘들에 대한 취약성들이 새롭게 감지되고 있다. 지구온난화, 에이즈의 확산, 국제 테러리즘, 초강대국의 일방주의 등에 직면하게 되면서, 이제 많은 사람들은 자신이 좋은 삶을 살 수 있는 기회들이 영토국가 내부에서 진행되는 과정들에 의존하고 있는 것과 마찬가지로 혹은 그 이상으로 영토국가의 국경들을 넘어서 진행되는 과정들에도 의존하고 있다고 생각하고 있다.[3]

이러한 상황에서 케인스주의적-베스트팔렌적 틀은 더 이상 당연한 것이 아니다. 많은 사람들이 보기에 근대 영토국가가 정의의 문제를 생각하기에 적합한 단위이고 그러한 국가의 시민들이 적절한 주체들이라는 생각은 이제 공리로서의 지위를 상실하게 되었다. 그로 인해서 정치적 요구와 관련된 기존 구조는 불안정해졌으며, 그 결과 우리가 사회정의에 관해서 논쟁하는 방식도 변화하게 되었다.

이러한 상황은 정의 요구의 중요한 두 유형 모두에서 마찬가지다. 오늘날의 세계에서 재분배에 대한 요구들은 점차로 국민경제에 대한 가정들을 거부하고 있다. 초국적 생산, 외주, '바닥을 향한 경주'의 다양한 압력들에 직면하면서, 국민국가에만 집중해 온 노동조합들은 점차로 국제적 동맹을 모색하고 있다.[4] 한편 사파티스타(Zapatista) 운동에 고무된 빈곤한 농민들과 원주민들은 지역적이고 국가적인 독재 정부들에 대한 그들의 투쟁들을 초국적 기업의 약탈과 지구적 신자유주의에 대한 비판들과 결합시켜 나가고 있다.[5] 마지막으로 세계무역기구에 반대하여 저항하는 사람들은 대규모 기

3) 이에 관한 문헌들은 방대하다. 예를 들어 보면, Linda Basch, Nina Glick Schiller, and Christina Szanton Blanc, *Nations Unbound: Transnational Projects, Postcolonial Predicaments, and Deterritorialized Nation-States*, New York: Gordon and Breach, 1994; Stephen Castles and Alastair Davidson, *Citizenship and Migration: Globalization and the Politics of Belonging*, London: Routledge, 2000, pp.1~25, pp.156~183; *Globalizations and Social Movements: Culture, Power and the Transnational Public Sphere*, eds. John A. Guidry, Michael D. Kennedy, and Mayer N. Zald, Ann Arbor: University of Michigan Press, 2000; David Held, "Cosmopolitanism: Ideas, Realities and Deficits," *Governing Globalization: Power, Authority, and Global Governance*, eds. David Held and Anthony McGrew, Cambridge: Polity, 2002, pp.305~325; Mary Kaldor, *New and Old Wars: Organized Violence in a Global Era*, Cambridge: Polity, 1999; Margaret E. Keck and Kathryn Sikkink, *Activists beyond Borders: Advocacy Networks in International Politics*, Ithaca, New York: Cornell University Press, 1998; *Restructuring World Politics: Transnational Social Movements, Networks, and Norms*, eds. Sanjeev Khagram, James V. Riker, and Kathryn Sikkink, Minneapolis: University of Minnesota Press, 2002; Aihwa Ong, *Flexible Citizenship: The Cultural Logics of Transnationality*, Durham, NC: Duke University Press, 1999; Mark W. Zacher, "The Decaying Pillars of the Westphalian Temple," *Governance without Government*, eds. James N. Rosenau and Ernst-Otto Czempiel, Cambridge: Cambridge University Press, 1992, pp.58~101.

4) Dale Hathaway, *Allies Across the Border: Mexico's "Authentic Labor Front" and Global Solidarity*, Cambridge, MA: South End Press, 2000; Kim Moody, *Workers in a Lean World: Unions in the International Economy*, London: Verso, 1997; Ronaldo Munck and Peter Waterman, *Labour Worldwide in the Era of Globalization: Alternative Union Models in the New World Order*, New York: Palgrave Macmillan, 1999.

5) Dan La Botz, *Democracy in Mexico: Peasant Rebellion and Political Reform*, Cambridge, MA: South End Press, 1995; June Nash, *Mayan Visions: The Quest for Autonomy in an Age of Globalization*, Lodon: Routledge, 2001; Ronald Niezen, *The Origins of Indigenism: Human Rights and the Politics of Identity*, Berkeley: University of California Press, 2003.

업들과 투자가들이 영토국가의 규제력과 세금부과 능력을 벗어날 수 있는 힘을 대폭 강화시켜 주고 있는 지구적 경제의 새로운 협치구조를 직접적인 비판대상으로 삼고 있다.[6]

마찬가지로 인정투쟁 운동들도 점차로 영토국가 너머를 주목하고 있다. 예를 들면 세계 도처의 여성주의자들은 '여성의 권리는 인권이다'라는 기치하에서 지역적인 가부장적 관습에 반대하는 투쟁들과 국제법을 개혁하려는 운동을 연결시키는 중이다.[7] 한편 영토국가 내부에서 차별받고 있는 종교적이고 종족적인 소수자들은 스스로를 디아스포라(diaspora)로 재구성하면서 국제적 여론을 동원할 수 있는 초국적 공중들을 형성해 나가고 있다.[8] 마지막으로 인권활동가들의 초국적 동맹체들은 인간 존엄성에 대한 국가의 폭력을 처벌할 수 있는 국제형사재판소(International Criminal Court)와 같은 새로운 세계시민적 제도들을 형성하기 위해서 노력하는 중이다.[9]

이와 같은 경우들에서 정의에 관한 논쟁들은 케인스주의적-베스트팔렌적 틀을 파열시키고 있는 중이다. 이런 요구들이 더 이상 전적으로 국민국가에 대해서만 제시되지 않으며 전적으로 개별 국가의 공중에 의해서만 논의되지도 않기 때문에, 이제 그 요구들은 더 이상 동료 시민들 사이의 관계

---

6) Robert O'Brien, Anne Marie Goetz, Jan Art Scholte, and Marc Williams, *Contesting Global Governance Multilateral Economic Institutions and Global Social Movements*, Cambridge: Cambridge University Press, 2000.

7) Brooke A. Ackerly, *Political Theory and Feminist Social Criticism*, Cambridge: Cambridge University Press, 2000; *The Challenge of Local Feminisms: Women's Movements in Global perspective*, ed. Amrita Basru, Boulder, CO: Westview Press, 1995; *Human Rights of Women: National and International Perspectives*, ed. Rebecca J. Cook, Philadelphia: University of Pennsylvania Press, 1994.

8) Avtar Brah, *Cartographies of Diaspora: Contesting Identities*, London: Routledge, 1996, pp.178~210; Georges Eugene Fouron and Nina Glick Schiller, *Georges Woke Up Laughing: Long-Distance Nationalism and the Search for Home*, Durham, NC: Duke University Press, 2001; Yasemin Soysal, *Limits of Citizenship: Migrants and Postnational Membership in Europe*, Chicago: University of Chicago Press, 1995.

에만 주목하지 않게 된다. 그 결과 논쟁의 문법이 변해 버렸다. 문제가 되는 것이 분배든 인정이든, 공동체 구성원들 사이의 정의의 문제에만 주목해 왔던 논쟁들은 이제 누가 구성원으로 고려되어야 하고, 관련된 공동체는 어떤 공동체인가 하는 문제에 관한 논쟁들로 신속하게 전환되고 있다. 이제 '내용'뿐만 아니라 '당사자'도 혼란스러운 문제가 되어 버리고 있는 것이다.

다시 말해 오늘날 정의에 관한 논쟁은 이중적인 모습을 가지게 되었다. 한편으로 정의에 관한 논쟁들은 예전과 마찬가지로 그 내용에 관한 일차원적 질문과 연관된다. 정의는 얼마만큼의 경제적 불평등을 허용하는가? 어떤 분배정의 원칙에 따라서 얼마만큼의 재분배가 요구되는가? 동등한 존중의 내용은 무엇이며, 어떤 종류의 차이들이 어떤 방법으로 공적인 인정을 받을 만한가? 그러나 이와 같은 일차원적 질문들을 넘어서 오늘날 정의에 관한 논쟁들은 이차원적인 메타-수준의 문제들 역시 다루고 있다. 정의에 관한 일차원적 질문들을 고려하는 데 적합한 틀은 무엇인가? 특정한 경우에 정당한 분배 혹은 상호인정을 받을 만한 적합한 주체들은 누구인가? 결국 정의의 내용뿐만 아니라 정의의 틀도 논란의 대상이 되고 있는 것이다.

이로 인해서 사회정의에 관한 우리의 이론들은 중요한 도전에 직면하게 된다. 대체로 분배 그리고/혹은 인정에 관한 일차원적 문제들에 전념해 온 정의론들은 지금까지 틀에 관한 메타-문제들을 성찰하기 위한 개념적 자

9) Andrew Clapham, "Issues of Complexity, Complicity and Complementarity: From the Nuremberg Trials to the Dawn of the New International Criminal Court", *From Nuremberg to The Hague: The Future of International Criminal Justice*, ed. Philippe Sands, Cambridge: Cambridge University Press, 2003, pp.233~281; Holly Cullen and Karen Morrow, "International Civil Society in International Law: The Growth of NGO Participation", *Non-State Actors & International Law* 1, 1, 2001, pp.7~39; Paul Gordon Lauren, *The Evolution of International Human Rights: Visions Seen*, Philadelphia: University of Pennsylvania Press, 2003; Rik Panganiban, "The NGO Coalition for an International Criminal Court", *UN Chronicle* 34, 4, 1997, pp.36~39.

원들을 발전시키지 못해 왔다. 따라서 현재 상황에서는 그러한 정의론들이 지구화 시대의 정의 문제가 가지고 있는 이중적 성격을 소화할 수 있을지 여부가 결코 분명하지 않다.[10]

이 장에서 나는 틀에 관한 문제에 대해 사유하기 위한 전략을 제시할 것이다. 첫째로 나는 정의론은 경제적 분배 차원 및 문화적 인정 차원과 더불어 정치적 대표 차원을 포함하는 삼차원적인 것이 되어야만 한다는 것을 논증할 것이다. 또한 나는 정치적 대표 차원은 그 자체로 세 가지 수준들을 포괄하는 것으로 이해되어야 한다는 점 역시 논증할 것이다. 이러한 두 논증을 결합하게 되면, '내용'과 '당사자' 문제를 넘어서는 세번째 문제, 즉 내가 '방법'에 관한 문제로 명명하고자 하는 것이 분명하게 드러날 것이다. 그리고 이 문제는 다시 패러다임 전환을 촉진하게 될 것이다. 케인스주의적-베스트팔렌적 틀이 제시한 사회정의론은 이제 **탈베스트팔렌적인 민주적 정의론**으로 전환되어야만 한다.

삼차원적 정의론: 정치적인 것의 특수성에 관하여

정의 일반, 특히 정의의 정치적 차원을 내가 어떻게 생각하는지부터 설명해 보자. 내가 보기에 정의의 가장 일반적인 의미는 동등한 참여(parity of participation)이다. 동등한 도덕적 가치의 원칙에 관한 이러한 급진-민주주의적 해석에 따르면, 정의는 모든 사람이 사회생활에 동등한 동료로서 참여할 수 있게 해주는 사회적 상태를 요구한다. 부정의를 극복하는 것은 누군가가 완전한 당사자로서 다른 사람들과 동등하게 사회적 상호작용에 참

---

10) 주류 정의론이 틀의 문제를 간과하고 있는 것에 대해서는 3장 「평등주의의 두 가지 독단」에서 논의할 것이다.

여하는 것을 방해하는 제도적 장애물을 제거하는 것을 의미한다. 이전에 나는 동등한 참여를 방해하는 구별되는 두 가지 장애물을 분석했으며, 이 각각의 장애물은 구별되는 두 가지 부정의에 상응하는 것이었다.[11] 한편으로 사람들은 그들이 동등한 동료로서 다른 사람들과 상호작용하는 데 필요한 자원을 제공할 것을 거부하는 경제적 구조 때문에 완벽한 참여를 방해받을 수 있다. 이 경우 그들은 분배부정의 혹은 불평등한 분배(maldistribution)로 인해 고통받게 된다. 다른 한편으로 사람들은 그들에게 필수적인 지위를 부여할 것을 거부하는 문화적 가치에 관한 제도화된 위계질서 때문에 동등한 상호작용을 방해받을 수도 있다. 이 경우 그들은 신분의 불평등 혹은 무시(misrecognition)로 인해 고통받게 된다.[12] 첫번째 경우 문제가 되는 것은 사회의 계급구조이며, 이는 정의의 경제적 차원에 상응하는 것이다. 두번째 경우 문제가 되는 것은 신분질서(status order)이며, 이는 정의의 문화적 차원에 상응한다. 현대 자본주의 사회에서 계급구조와 신분질서는, 비록 인과적으로 상호작용하기는 하지만 정확히 서로를 반영하지는 않는다. 오히려 각각은 서로에 대해 일종의 자율성을 가지고 있다. 그 결과 몇몇 경제주의적 분배정의론자들이 가정하는 것처럼 무시가 불평등한 분배의 부차적 효과로 축소될 수는 없다. 또한 역으로 몇몇 문화주의적 인정론자들이 가정하는 것처럼 불평등한 분배가 무시의 부수현상으로 축소될 수도 없다. 결국 인정이론과 분배이론 모두 그 자체로만은 자본주의 사회에서의 정의에 대한 적합한 이해를 제공할 수 없다. 오직 분배와 인정을 포괄하는 이차원적 이론만이 필요한 수준의 사회이론적 복잡성과 도덕철학적 통찰을 제공할 수 있다.[13]

---

11) Nancy Fraser, *Justice Interruptus: Critical Reflections on the "Postsocialist" Condition*, London: Routledge, 1997.
12) 인정에 관한 이러한 '신분 모델'은 표준적인 '정체성 모델'에 대한 대안을 제시하고 있다. 정체성 모델에 대한 비판과 신분 모델에 대한 옹호에 대해서는 나의 글 "Rethinking Recognition", *New Left Review* 3, 5/6, 2000, pp.107~120 참조.

적어도 이러한 내용들이 내가 과거에 옹호했던 정의에 대한 견해이다. 그리고 내가 보기에 정의에 대한 이런 이차원적인 이해는 그것이 다루는 문제영역 내에서는 여전히 옳다. 그러나 현재 나는 정의에 대한 그런 이해가 충분하게 발전된 것이라고는 생각하지 않는다. 분배와 인정은 케인스주의적-베스트팔렌적 틀이 당연시되던 시기에만 정의의 유일한 차원들로 간주될 수 있었다. 그러나 틀 자체에 관한 질문이 논쟁의 대상이 되기 시작하면, 다른 많은 철학자들의 작업에서는 물론이고 나의 이전 작업들에서도 소홀히 취급되었던 정의의 세번째 차원이 가시화되는 결과가 발생한다.[14]

정의의 세번째 차원은 정치적인 것이다. 물론 그것들이 논란의 대상이 되고 권력과 연관되어 있다는 의미에서는 분배와 인정 문제 자체도 정치적이다. 그리고 그것들은 보통 국가에 의한 판결을 요구하는 것처럼 보인다. 그러나 나는 정치적이라는 표현을 좀더 특수하고 구성적인 의미로 사용하고자 하며, 이는 국가의 사법권의 범위 그리고 국가가 논쟁들을 구조화할 수 있게 해주는 의사결정 규칙들과 관련되어 있다. 이런 의미에서 정치적인 것은 분배와 인정에 관한 투쟁들이 펼쳐지는 무대를 제공한다. 정의의 정치적 차원은 사회적 귀속의 기준을 확립하고 이를 통해서 누구를 구성원으로 볼 것인지를 결정함으로써 다른 차원들의 범위를 설정한다. 정치적 차원은 정당한 분배와 상호인정을 받을 자격이 있는 사람들의 범위 안에 누가 포함되

---

13) 완전한 논증을 보기 위해서는 나의 글 "Social Justice in the Age of Identity Politics: Redistribution, Recognition and Participation", Nancy Fraser and Axel Honneth, *Redistribution or Recognition?: A Political-Philosophical Exchange*, trans. Joel Golb, James Ingram, and Christiane Wilke, London: Verso, 2003, pp.7~110 참조.

14) 정치적인 세번째 차원에 대한 무시는 자유주의적이거나 공동체주의적인 철학적 가정들에 동의하는 정의론자들의 경우 특히 두드러진다. 반면 토의 민주주의자들, 논쟁적(agonistic) 민주주의자들, 공화주의자들은 정치적인 것에 대한 이론을 제시하기 위해 노력해 왔다. 그러나 이 이론가들 대부분이 민주주의와 정의 사이의 관계에 대해서는 거의 언급하지 않았다. 그리고 그들 중 어느 누구도 정치적인 것을 정의의 세 차원 중 하나로 개념화한 적이 없다.

고 누가 배제되는지를 우리에게 말해 준다. 마찬가지로 정치적 차원은 의사결정 규칙을 확립함으로써 경제적 차원과 문화적 차원 모두에서 문제를 제기하고 그것을 해소하기 위한 절차들을 설정한다. 정치적 차원은 재분배와 인정에 대한 요구를 제기할 수 있는 당사자가 누구인지뿐 아니라 그러한 주장들이 제기되고 판결되는 방식에 대해서도 역시 말해 준다.

구성원과 절차 문제에 집중하는 정의의 정치적 차원은 주로 대표 문제와 관련된다. 정치적인 것이 가지는 경계설정의 측면이라는 수준에서 보면, 대표는 사회적 귀속과 관련된 문제다. 여기서 다루어지는 것은 서로에게 정의 요구를 제기할 자격을 가진 사람들의 공동체에 누구를 포함시키고 배제시킬 것인가 하는 문제다. 의사결정 규칙 측면에 속하는 또 다른 수준에서 보면, 대표는 공적인 논쟁과정을 구조화하는 절차들의 문제와 연관된다. 여기서 다루어지는 것은 정치공동체에 속한 사람들이 그들의 요구를 제기하고 그들 사이의 논쟁을 판결하는 수단이 무엇인가 하는 문제이다.[15] 두 수준 모두에서 대표의 관계가 정의로운가 하는 문제가 발생할 수 있다. 따라서 우리는 다음과 같이 물을 수 있다. 정치공동체의 경계가 실제로는 대표될 자격이 있는 사람들을 잘못 배제하는 것은 아닌가? 공동체의 의사결정 규칙이 공적인 토의에서 모든 구성원에게 동등한 목소리를 보장하고 있는가, 그리고 그 규칙이 공적인 의사결정에서 모든 구성원을 공정하게 대표하고 있는가? 이러한 대표의 문제들은 특별히 정치적이다. 앞으로 보게 될 것처럼, 경제적이고 문화적인 문제들과 개념적으로 구별되는 정치적 문제들은, 비록 경제적이고 문화적인 문제들과 불가분하게 뒤얽혀 있기는 하지만, 그럼에

---

15) 대표 문제를 다루는 고전적 작업들은 대체로 내가 의사결정 규칙의 측면이라고 부르는 문제들을 다루어 오면서 성원권(membership)의 측면은 무시하였다. 그 예로는 Hanna Fenichel Pitkin, *The Concept of Representation*, Berkeley: University of California Press, 1967; Bernard Manin, *The Principles of Representative Government*, New York: Cambridge University Press, 1997을 참조할 것.

도 불구하고 그 문제들로 환원될 수는 없다.

정치적인 것이 개념적으로 구별되는 정의의 차원이며 경제적이거나 문화적인 차원으로 환원될 수 없다고 말하는 것은 동시에 그것이 그 자체로 개념적으로 명확히 구별될 수 있는 부정의들을 야기할 수 있다고 말하는 셈이다. 정의를 동등한 참여로 규정하는 입장에서 보면, 이는 불평등한 분배나 무시와 뒤얽혀 있기는 하지만 결코 그것들로 환원될 수는 없는 방식으로 참여를 방해하는 독특한 정치적 장애물들이 있을 수 있다는 것을 의미한다. 그런 장애물들은 계급구조나 신분질서와는 구별되는 사회의 정치적 구성으로부터 발생한다. 사회질서의 특수한 정치적 양상에 뿌리박고 있는 그런 장애물들은 분배나 인정과 더불어 대표를 정의의 근본적인 세 차원 중 하나로 개념화하는 이론을 통해서만 비로소 적합하게 파악될 수 있을 것이다.

정치적 부정의의 두 수준: 일상적인 정치적 대표불능에서 잘못 설정된 틀로

대표가 정치적인 것을 정의하는 핵심이라면, 독특한 정치적 부정의는 대표불능(misrepresentation)이다. 정치적 경계 그리고/혹은 의사결정 규칙들이 잘못 기능하여 어떤 사람들이 정치적 영역을 포함하는 제반 사회적 상호작용들에 다른 사람과 동등하게 참여할 가능성을 박탈당하게 되었을 때 대표불능이 나타난다. 불평등한 분배나 무시로 환원될 수 없는 대표불능은 일반적으로 불평등한 분배나 무시와 뒤얽혀 있기는 하지만, 그런 부정의들이 전혀 없는 상황에서도 발생할 수 있다.

적어도 상이한 두 수준의 대표불능이 구별될 수 있다. 정치적 의사결정 규칙이 공동체에 포함된 어떤 사람들이 동료로서 완벽하게 참여할 기회를 부정할 때 발생하는 부정의를 나는 일상적인 정치적 대표불능(ordinary-political misrepresentation)이라고 부른다. 틀 내부에서 대표가 문제가 되는 이런 경우, 우리는 대안적 선거체계의 상대적 장점에 관한 익숙한 정치학적 논쟁영역에 진입하게 된다. 소선거구제, 승자독식제, 단순다수제(first-past-the-post) 등의 체계들이 부당한 방식으로 수적 소수의 동등성을 부정하는 것은 아닌가? 만일 그렇다면 비례대표제나 누적투표제가 적절한 치유책인 가?[16] 또한 젠더에 기초한 불평등한 분배나 무시와 결합되면 젠더를 고려하지 않는 이런 규칙들은 여성들로부터 정치적 참여의 동등성을 박탈하는 것은 아닌가?[17] 이러한 질문들이 일상적인 정치적 정의의 영역에 속하는 것들이며, 케인스주의적-베스트팔렌적 틀 안에서는 일반적으로 이런 질문들이 제기되어 왔다.

아마도 정치적인 것의 경계설정 측면과 관련된 두번째 대표불능의 수준은 덜 분명해 보일 것이다. 이 경우 부정의는 공동체의 경계들이 몇몇 사람이 정의에 관한 승인된 논쟁에 참여할 기회 자체를 박탈하는 방식으로 잘못 설정된 경우에 발생한다. 그런 경우 대표불능은 좀더 심층적인 형태를 띠게 되는데, 나는 이를 잘못 설정된 틀(misframing)이라고 부르고자 한다. 잘못 설정된 틀이 가지는 보다 심층적인 특징은 사회정의에 관한 모든 질문들에 대해서 틀의 설정이 가지는 결정적 중요성과 연관된다. 틀의 설정은 부차적인 의미를 가지는 것이 결코 아니며, 정치적 결정이 가지는 가장 중요한

16) Lani Guinier, *The Tyranny of the Majority*, New York: Free Press, 1994; Robert Ritchie and Steven Hill, "The Case for Proportional Representation", *Whose Vote Counts?*, eds. Robert Ritchie and Steven Hill, Boston: Beacon Press, 2001, pp.3~34.

17) Tricia Gray, "Electoral Gender Quotas: Lessons from Argentina and Chile", *Bulletin of Latin American Research* 21, 1, 2003, pp.52~78; Mala Htun, "Is Gender Like Ethnicity? The Political Representation of Identity Groups", *Perspectives on Politics* 2, 3, 2004, pp.439~458; Anne Phillips, *The Politics of Presence*, Oxford: Clarendon Press, 1995; Shirin M. Rai, "Political Representation, Democratic Institutions and Women's Empowerment: The Quota Debate in India", *Rethinking Empowerment: Gender and Development in a Global/Local World*, eds. Jane L. Parpart, Shirin M. Rai, and Kathleen Staudt, New York: Routledge, 2002, pp.133~146.

결과들 중 하나라고 할 수 있다. 구성원과 비구성원을 단번에 모두 확정함으로써, 틀을 설정하는 결정은 분배, 인정, 일상적인 정치적 대표 문제와 관련하여 공동체 안에서 고려대상이 될 자격을 가진 사람들의 세계로부터 비구성원들을 효과적으로 배제해 버린다. 그 결과 심각한 부정의가 야기될 수 있다. 정의에 관한 질문의 틀이 어떤 사람들을 고려대상에서 잘못 제외하는 방식으로 설정되면, 그것은 특수한 종류의 메타-부정의를 야기하게 되며, 이로 인해 배제된 사람들은 특정한 정치공동체 안에서 일차원적 정의 요구들을 주장할 기회를 상실하게 된다. 나아가서 정치적 분할의 결과가 정의의 몇몇 중요한 측면들을 관할권 밖으로 내던져 버리는 것에 불과한 한에서, 한 정치공동체에서 배제된 사람들이 다른 정치공동체에서 정의의 주체들로 포함된다고 하더라도 이러한 부정의는 계속 남아 있게 된다. 물론 보다 심각한 것은 누군가가 모든 정치공동체로부터 배제되는 경우이다. 한나 아렌트가 "권리를 가질 권리"라고 불렀던 것을 상실한 경우와 유사하게, 이런 방식으로 틀이 잘못 설정되면 일종의 '정치적 죽음'이 발생한다.[18] 이러한 상황으로 고통받는 사람들은 자선이나 박애의 대상이 될지도 모른다. 그러나 일차원적 요구들을 제기할 가능성을 박탈당한 한에서 그들은 정의의 측면에서 볼 때 더 이상 인격체가 아니다.

최근 지구화가 가시화하고 있는 것이 바로 대표불능을 야기하는 잘못 설정된 틀의 문제다. 전후 복지국가의 전성기에 케인스주의적-베스트팔렌적 틀이 잘 작동하고 있을 때는 정의에 관한 사유의 주된 관심거리가 분배 문제였다. 그후 신사회운동과 다문화주의의 부상과 더불어 문제의 중심은 인정으로 전환되었다. 이 두 경우 모두에서 근대적인 영토국가는 특별한 반

---

18) Hannah Arendt, *The Origins of Totalitarianism*, new edition with added prefaces, New York: Harcourt Brace Jovanovich, 1973, pp. 269~284. '정치적 죽음'이라는 표현은 아렌트의 것이 아니라 나의 것이다.

성 없이 전제로 기능하고 있었고, 그 결과 정의의 정치적 차원은 주변적인 문제로 머물렀다. 정치적 차원이 문제가 되는 경우에도 그것은 그 경계가 당연시되었던 한 국가 내부에서의 의사결정 규칙에 관한 일상적인 정치적 논쟁의 형태를 띠었다. 때문에 젠더 할당이나 다문화주의적 권리에 대한 요구들은 이미 원칙적으로 정치공동체에 귀속되어 있는 사람들의 동등한 참여를 방해하는 정치적 장애물들을 제거하고자 노력해 왔다.[19] 케인스주의적-베스트팔렌적 틀이 당연시되었기 때문에 그러한 요구들은 정의의 적합한 단위는 영토국가라는 가정에 대해서 문제를 제기하지 않았다.

그러나 오늘날에는 지구화가 틀에 관한 문제를 결정적인 정치적 안건으로 만들고 있다. 케인스주의적-베스트팔렌적 틀이 점차 논란의 대상이 되면서 이제 많은 사람들은 그러한 틀이 부정의를 야기하는 주요한 요인이라고 생각하고 있다. 왜냐하면 그러한 틀이 가난하고 멸시받는 많은 사람들이 그들을 억압하는 힘들에 저항하지 못하게 만드는 방식으로 정치적 공간을 분할하고 있기 때문이다. 국가는 오늘날 완전히 무력화되지는 않았지만 그 힘이 상대적으로 약화되고 있다. 케인스주의적-베스트팔렌적 틀은 가난하고 멸시받는 사람들의 요구를 이런 무력한 국내적 정치공간에 제한함으로써 국가 외부에 존재하는 권력들이 비판과 통제로부터 면제되도록 만든다.[20] 보다 강력한 약탈국가들, 초국적인 사적 권력들——외국인 투자자와 채권자들, 국제적 환투기세력들, 초국적 기업들을 포함하는——은 정의의 관할권에서 벗어나 있으며, 여기에는 지구적 경제와 관련된 협치구조들도 속하는데, 이러한 구조들은 착취적 상호작용 방식들을 설정하고 나서 그러

---

19) 다음의 두 책은 이러한 투쟁들이 가지고 있는 규범적인 힘에 대한 최상의 설명에 속한다. Will Kymlicka, *Multicultural Citizenship: A Liberal Theory of Minority Rights*, London: Oxford University Press, 1995; Melissa Williams, *Voice, Trust, and Memory: Marginalized Groups and the Failings of Liberal Representation*, Princeton: Princeton University Press, 1988.

한 방식들을 민주적 통제로부터 면제시킨다.[21] 마지막으로 케인스주의적-베스트팔렌적 틀은 자기-폐쇄적(self-insulating)이다. 국가 간 체계라는 구조는 정의의 문제에 관한 초국적인 민주적 의사결정을 효과적으로 배제함으로써 그것이 제도화한 정치적 공간의 분할 자체를 보호한다.[22]

이런 관점에서 볼 때, 케인스주의적-베스트팔렌적 틀은 부정의를 야기

20) 특히 다음을 참조. Rainer Forst, "Towards a Critical Theory of Transnational Justice", *Global Justice*, ed. Thomas Pogge, Oxford: Blackwell, 2001, pp.169~187과 "Justice, Morality and Power in the Global Context", *Real World Justice*, eds. Andreas Follesdal and Thomas Pogge, Dordrecht: Springer, 2005, pp.27~36; Thomas Pogge, "The Influence of the Global Order on the Prospects for Genuine Democracy in the Developing Countries", *Ratio Juris* 14, 3, 2001, pp.326~343과 "Economic Justice and National Borders", *Revision* 22, 1999, pp.27~34.

21) Alfred C. Aman, Jr., "Globalization, Democracy and the Need for a New Administrative Law", *Indiana Journal of Global Legal Studies* 10, 1, 2003, pp.125~155; James K. Boyce, "Democratizing Global Economic Governance", *Development and Change* 35, 3, 2004, pp.593~599; Robert W. Cox, "A Perspective on Globalization", *Globalization: Critical Reflections*, ed. James H. Mittelman, Boulder, CO: Lynne Rienner, 1996, pp.21~30과 "Democracy in Hard Times: Economic Globalization and the Limits to Liberal Democracy", *The Transformation of Democracy?: Globalization and Territorial Democracy*, ed. Anthony McGrew, Cambridge: Polity, 1997, pp.49~71; Stephen Gill, "New Constitutionalism, Democratisation and Global Political Economy", *Pacifica Review* 10, 1, 1998 Feb., pp.23~38; Eric Helleiner, "From Bretton Woods to Global Finance: A World Turned Upside Down", *Political Economy and the Changing Global Order*, eds. Richard Stubbs and Geoffrey R. D. Underhill, New York: St. Martin's Press, 1994, pp.163~175; David Schneiderman, "Investment Rules and the Rule of Law", *Constellations* 8, 4, 2001, pp.521~537; Servaes Storm and J. Mohan Rao, "Market-Led Globalization and World Democracy: Can the Twain Ever Meet?", *Development and Change* 35, 5, 2004, pp.567~581.

22) James Bohman, "International Regimes and Democratic Governance", *International Affairs* 75, 3, 1999, pp.499~513; John Dryzek, "Transnational Democracy", *Journal of Political Philosophy* 7, 1, 1999, pp.30~51; David Held, "Regulating Globalization?: The Reinvention of Politics", *International Sociology* 15, 2, 2000, pp.394~408, *Democracy and the Global Order: From the Modern State to Cosmopolitan Governance*, Cambridge: Polity, 1995, pp.99~140, "The Transformation of Political Community: Rethinking Democracy in the Context of Globalization", *Democracy's Edges*, eds. Ian Shapiro and Cassiano Hacker-Cordón, Cambridge: Cambridge University Press, 1999, pp.84~111, "Cosmopolitanism: Globalization Tamed?", *Review of International Studies* 29, 4, 2003, pp.465~480과 "Democratic Accountability and Political Effectiveness from a Cosmopolitan Perspective", *Government and Opposition* 39, 2, 2004, pp.364~391.

하는 강력한 도구이며, 가난하고 멸시받는 사람들의 희생을 대가로 정치적 공간을 기만적으로 왜곡한다. 초국적 차원에서 일차원적 요구들을 제기할 기회를 박탈당한 사람들은, 만일 그들이 잘못 설정된 틀에 대한 투쟁에 가담하지 않는다면, 불평등한 분배나 무시에 대항하는 투쟁을 성공시키는 것은 고사하고 진행할 수조차 없다. 따라서 몇몇 사람이 잘못 설정된 틀을 지구화 시대의 본질적 부정의라고 생각하는 것도 놀라운 일은 아니다.

잘못 설정된 틀에 대한 인식이 고조되는 이러한 상황에서 정의의 정치적 차원을 무시하기는 어려워진다. 지구화가 틀의 문제를 정치화하게 되면서, 지구화는 지난 시기 종종 간과되어 왔던 정의의 문법의 측면들을 가시화하고 있다. 이제 그 누구도 틀 자체를 설정하지 않을 수 없는 한에서, 정의에 대한 모든 요구는 명시적으로건 묵시적으로건 특정한 대표의 개념을 가정하지 않을 수 없다는 것이 명백해졌다. 따라서 대표는 재분배와 인정에 대한 모든 요구에 항상 이미 내재되어 있다. 정치적 차원은 정의의 개념에 관한 문법 자체에 함축되어 있고 그것에 의해 강력히 요구된다. 따라서 대표가 없이는 그 어떤 재분배나 인정도 있을 수 없다.[23]

일반적으로 말하자면 우리 시대에 적합한 정의론은 삼차원적일 수밖에 없다. 우리 시대 정의론은 재분배와 인정뿐 아니라 대표의 문제도 포괄해야 하며, 우리로 하여금 틀에 관한 문제를 정의에 관한 문제로 파악할 수 있도록 해주어야만 한다. 우리 시대 정의론은 경제적·문화적·정치적 차원들을 병합하면서 우리로 하여금 잘못 설정된 틀이 야기하는 부정의를 확인할 수 있게 해주어야 하고, 그러한 부정의에 대한 가능한 치유책들을 평가할 수 있게 해주어야만 한다. 특히 우리 시대 정의론은 우리가 다음과 같은 우리 시대의 핵심적인 정치적 질문을 제기하고 그에 답할 수 있도록 해주어야만 한다. 우리가 탈베스트팔렌적 틀 속에서 불평등한 분배, 무시, 대표불능에 저항하는 투쟁들을 통합할 수 있는 방법은 과연 무엇인가?

틀의 설정에 관한 정치: 국가-영토성에서 사회적 영향력으로

지금까지 나는 정의의 세 가지 근본적 차원 중 하나로서 정치적인 것이 가지는 환원 불가능한 특수성을 논의했다. 그리고 정치적 부정의의 두 가지 구별되는 수준, 즉 일상적인 정치적 대표불능과 잘못 설정된 틀이 무엇인지를 설명했다. 이제 나는 지구화하는 세계에서 틀을 설정하는 문제를 둘러싼 정치를 검토하고자 한다. 긍정적 접근과 변혁적 접근을 구별하면서 나는 대표 문제에 관한 적합한 정치는 세번째 수준 역시 언급해야만 한다고 주장하고자 한다. 그런 정치는 한편으로 일상적인 정치적 대표불능에 대해, 다른 한편으로는 잘못 설정된 틀에 대해 문제를 제기하는 것을 넘어서서 틀의 설정과정을 민주화하는 것 역시 목표로 삼아야 한다.

나는 '틀의 설정에 관한 정치'의 의미를 설명하는 데서부터 논의를 시

---

23) 나는 정치적인 것이 경제적인 것이나 문화적인 것보다 더 근본적인 정의의 주된 차원이라고 주장할 의도는 없다. 오히려 세 차원들은 상호연관되어 서로 영향을 주는 관계에 있다. 분배와 인정에 대한 요구를 제기할 수 있는 능력이 대표의 정황에 의존하는 것과 마찬가지로 정치적 발언권을 행사할 수 있는 능력은 계급 및 신분관계에 의존한다. 달리 말하자면 공적 논쟁과 공식적 의사결정에 대한 영향력은 단지 형식적인 의사결정 규칙들에 의존할 뿐만 아니라 경제구조와 신분질서에서 기인하는 권력관계들에도 역시 의존한다는 것이다. 대부분의 토의 민주주의 이론들은 이러한 사실을 충분히 강조하지 않았다. 따라서 민주적이라고 주장하는 정치공동체들 내부에서조차도 불평등한 분배와 무시는 모든 시민에게 동등한 정치적 발언권을 부여한다는 원칙을 전복하기 위해 공모하게 된다. 물론 이와 반대 상황 역시 참이다. 대표불능으로 인해 고통받고 있는 사람들은 신분적이고 계급적인 부정의에 취약하다. 그들은 분배나 인정과 관련된 자신들의 이익을 요구하고 방어하지 못하게 되며, 이는 다시 그들의 대표불능 상태를 강화하게 된다. 이 경우 일종의 악순환이 발생하게 되며, 여기서 세 차원의 부정의들은 서로를 강화하면서 특정한 사람들이 다른 사람들과 동등하게 사회생활에 참여할 기회를 박탈하게 된다. 이 세 차원이 서로 뒤얽혀 있기 때문에, 드문 경우를 제외하면 부정의를 극복하기 위한 노력들은 이 차원들 중 한 가지에만 전념할 수가 없다. 불평등한 분배와 무시에 대한 투쟁들은 만일 그것들이 대표불능 상태에 대한 투쟁과 결합되지 않는다면 성공할 수 없으며, 그 역도 역시 마찬가지이다. 물론 우리가 어디에 집중할 것인가 하는 것은 전략적인 동시에 전술적인 문제이다. 잘못 설정된 틀이 야기하는 부정의가 횡행하는 현재 상황을 고려할 때 내가 선호하는 구호는 다음과 같다. "대표가 없이는 그 어떤 재분배나 인정도 있을 수 없다." 그럼에도 불구하고 대표의 정치는 지구화하는 세계에서 사회정의를 실현하기 위한 투쟁에서 상호연관되어 있는 세 가지 전선들 중 하나로서 나타난다.

작하고자 한다. 내가 말한 두번째 수준의 상황——구성원과 비구성원 사이의 구별이 설정되는——과 관련하여 틀의 설정에 관한 정치는 정치적인 것이 가지는 경계설정의 측면과 관련된다. 누구를 정의의 주체로 간주할 것인지, 적합한 틀은 무엇인지 하는 문제에 집중하는 틀의 설정과 관련된 정치는 정치적 공간의 공식적 분할을 확정하고 강화하고, 그에 대해 논쟁하고 개정하려는 노력들을 포함하고 있다. 여기에는 잘못 설정된 틀에 저항하는 투쟁들도 포함되는데, 이러한 투쟁들은 불리한 처지에 놓인 사람들이 그들을 억압하는 힘에 대항해서 정의 요구를 제기하며 맞서는 것을 방해하는 장애물들을 제거하는 것을 목표로 하고 있다. 틀을 설정하고 그에 관해서 논쟁하는 데 집중하는 틀의 설정에 관한 정치는 '당사자' 문제와 관련된다.

틀의 설정에 관한 정치는 두 가지 구별되는 형태를 가지는데, 그것들 모두는 지구화하는 우리의 세계에서 현재 실행되고 있는 것들이다.[24] 내가 틀의 설정에 관한 긍정적(affirmative) 정치라고 부르고자 하는 첫번째 접근은 베스트팔렌적 틀 설정의 문법을 수용하면서 현존하는 틀들의 경계에 대해서 저항한다. 이러한 정치에서는 잘못 설정된 틀로 인한 부정의로 고통받고 있는 사람들이 현존하는 영토국가의 경계들을 재설정하고자 하며, 경우에 따라서는 새로운 영토국가를 창조하려고도 한다. 그러나 그들은 여전히 영토국가가 그 안에서 정의에 관한 논란을 제기하고 해결할 수 있는 적합한 단위라는 점을 받아들이고 있다. 따라서 그들이 보기에 잘못 설정된 틀로 인해 발생하는 부정의는 베스트팔렌적 질서가 정치적 공간을 분할하는 일반 원칙과는 관계가 없다. 그러한 부정의는 오히려 그 원칙이 잘못된 방식으로

---

24) '긍정적 접근'과 '변혁적 접근'을 구별하면서 나는 과거에 재분배와 인정과 관련해 사용했던 용어법들을 이용하고 있다. 특히 나의 글 "From Redistribution to Recognition?: Dilemmas of Justice in a 'Postsocialist' Age", *New Left Review* 212, 1995, pp.68~93과 "Social Justice in the Age of Identity Politics", *Redistribution or Recognition?*을 참조하라.

적용되었기 때문에 발생하는 것이다. 때문에 틀의 설정에 관한 긍정적 정치를 실행하는 사람들은 영토국가라는 원칙이 정의의 '당사자'를 구성하는 데 적합한 기초를 제공한다는 사실을 받아들인다. 달리 말해서 그들은 특정한 개인들의 집단을 정의 문제와 관련하여 동료 주체들로 만드는 요인은 그들이 한 근대국가의 영토에 공동으로 거주한다는 사실 그리고/혹은 그러한 국가에 상응하는 정치공동체의 공동의 구성원이라는 사실이라는 점에 동의한다. 따라서 틀의 문제와 관련하여 긍정적 정치를 실행하는 사람들은 베스트팔렌적 질서의 근저에 놓여 있는 문법들에 도전하지 않고 오히려 영토국가 원칙들을 수용하고 있다.[25]

그러나 내가 변혁적(transformative) 접근이라고 부르고자 하는 틀의 설정에 관한 정치의 두번째 판본에서는 바로 영토국가 원칙 자체가 논란의 대상이 된다. 이러한 접근을 옹호하는 사람들에게 영토국가 원칙은 더 이상 어떤 경우든 정의의 '당사자'를 결정하는 데 적합한 기초를 제공하지 못한다. 물론 그들은 그 원칙이 많은 목적과 관련하여 여전히 적절하다는 점에

---

25) 영토국가 원칙과 관련해서는 다음을 보라. Thomas Baldwin, "The Territorial State", *Jurisprudence: Cambridge Essays*, eds. Hyman Gross and Ross Harrison, Oxford: Clarendon Press, 1992, pp.207~230. (여러 원칙들 중) 영토국가 원칙에 대한 회의들에 대해서는 다음을 보라. Frederick Whelan, "Democratic Theory and the Boundary Problem", *Nomos XXV: Liberal Democracy*, eds. J. Roland Pennock and John W. Chapman, New York and London: New York University Press, 1983, pp.13~47. 잘못 설정된 틀에 대한 결연한 투쟁들에 내재하는 정서들에 대한 설명들은 다음을 보라. Partha Chatterjee, *Nationalist Thought and the Colonial World: A Derivative Discourse*, Minneapolis: University of Minnesota Press, 1993; Frantz Fanon, "On National Culture", *The Wretched of the Earth*, New York: Grove, 1963, pp.165~199; Tom Nairn, "The Modern Janus", *The Break-Up of Britain: Crisis and Neo-Nationalism*, London: New Left Books, 1977, pp.329~363. 이러한 투쟁들에 내재하는 젠더 차원에 관해서는 다음을 보라. Deniz Kandiyoti, "Identity and Its Discontents: Women and the Nation", *Colonial Discourse and Post-Colonial Theory: A Reader*, eds. Patrick Williams and Laura Chrisman, New York: Columbia University Press, 1994, pp.376~391; Anne McClintock, "Family Feuds: Gender, Nation and the Family", *Feminist Review* 44, 1993, pp.61~80; Nira Yuval-Davis, *Gender and Nation*, London: Sage Publications, 1997.

동의한다. 따라서 변혁을 지지하는 사람들이 국가-영토성 자체를 완전히 제거하는 것을 목적으로 하지는 않는다. 그러나 그들은 영토국가 원칙의 문법은 그 성격상 영토적이라고 볼 수 없는, 지구화하는 세계에서 많은 부정의들을 야기하고 있는 구조적 원인들에 대해서는 적합하지 않다고 주장한다. 금융시장, '해외 공장들', 투자관리체계, 지구적 경제의 협치구조 등이 이러한 구조적 원인들의 사례들이며, 이 원인들은 누가 임금을 받으며 일을 하고 누가 그렇지 못할지를 결정하게 된다. 또한 지구적 매체의 정보망과 정보통신 기술도 이러한 사례들에 속하며, 이것들은 누가 의사소통 권력의 회로 속에 포함되고 누가 배제될 것인지를 결정한다. 나아가 기후·질병·마약·무기·생명공학과 관련된 생명정치(biopolitics)도 이러한 사례들에 포함되며, 이것들은 누가 오래 살고 누가 일찍 죽어야만 하는지를 결정한다. 인간적 행복에서 너무도 기초적인 이런 문제들과 관련하여 부정의를 야기하는 이 힘들은 '고착된 공간'(the space of places)이 아니라 '유동하는 공간'(the space of flows)에 속하는 것들이다.[26] 이러한 힘들은 그 어떤 실제적인 혹은 우리가 상상할 수 있는 영토국가의 관할권에도 속하지 않기 때문에, 영토국가 원칙에 의거하여 형성되는 정의 요구들에 대해서 어떤 책임도 질 필요가 없게 된다. 사실이 이렇다면 틀을 규정하는 데서 영토국가 원칙에 호소하는 것은 그 자체로 부정의를 저지르는 것과 마찬가지가 된다. 영토국가 원칙은 국경을 따라 정치적 공간을 분할함으로써 탈영토적 혹은 비영토적 권력들이 정의의 관할권에서 벗어날 수 있게 만들어 준다. 따라서 지구화하는 세계에서 영토국가 원칙은 잘못 설정된 틀을 치유하기보다는 그것을 야기하거나 영속화하는 데 봉사하기 쉽다.

---

26) 나는 이 표현을 Manuel Castells, *The Rise of the Network Society*, Oxford: Blackwell, 1996, pp.440~460에서 차용하였다.

탈베스트팔렌적 틀의 설정

일반적으로 틀의 설정에 관한 변혁적 정치는 지구화하는 세계에서 틀을 설정하는 심층문법을 변화시키고자 한다. 이 접근은 베스트팔렌적 질서의 영토국가 원칙을 그와는 다른 탈베스트팔렌적 원칙 혹은 원칙들로 보완하고자 한다. 목표는 정의의 '당사자'의 경계뿐 아니라 그것이 설정되는 방식, 즉 그것의 구성양식까지 변화시켜 잘못 설정된 틀이 야기하는 부정의를 극복하는 것이다. 그것은 정치적 분화의 탈영토적 양식을 확립하는 것이다.[27]

탈베스트팔렌적 틀의 설정양식은 어떤 모습을 띠게 될까? 이에 대해 명확한 전망을 제시하기에는 너무 이르다는 것만은 분명해 보인다. 그럼에도 불구하고 지금까지 제시된 후보들 중 가장 전망이 있는 것은 '관련된 모든 당사자 원칙'(all-affected principle)인 듯하다. 이 원칙은 특정한 사회적 구조 혹은 제도에 의해 영향을 받는 모든 사람은 그와 관련된 정의 문제에서 주체로서의 도덕적 지위를 가져야 한다고 주장한다. 이런 관점에서 보면, 한 집단의 사람들을 정의와 관련된 동료 주체들로 전환시키는 것은 지리적 인접성이 아니라 그들이 공동의 구조나 제도의 틀 속에서 서로 뒤얽혀 살아간다는 사실이다. 이러한 틀은 그들의 사회적 상호작용을 지배하는 규칙들을 설정하며, 이를 통해서 이익과 불이익을 제공하는 방식으로 그들 각자의 생활을 규정한다.[28]

최근까지 많은 사람들에게 관련된 모든 당사자 원칙은 영토국가 원칙과 일치하는 것처럼 보였다. 베스트팔렌적 세계상을 유지하면서 사람들은 이익과 불이익의 형태들을 규정하는 공동의 틀이란 바로 근대 영토국가의

---

27) 나는 정치적 분화의 탈영토적 양식에 관한 생각을 존 러기(John Ruggie)에게서 빌려 왔다. 그의 훌륭하고 시사적인 논문 "Territoriality and Beyond: Problematizing Modernity in International Relations", *International Organization* 47, 1993, pp.139~174를 참조하라.

헌법적 질서라고 생각해 왔다. 그 결과 영토국가 원칙을 적용할 때 사람들은 관련된 모든 당사자 원칙이 가지는 규범적 힘을 동시에 획득하게 되는 것처럼 보였다. 사실상 식민주의와 신식민주의의 오랜 역사가 입증하는 바와 같이 이는 결코 사실이 아니다. 그러나 식민 본국의 입장에서는 사회적 영향력을 갖는 국가 영토의 확장은 해방적인 의미를 가진 것처럼 보였다. 왜냐하면 그러한 영토의 확장이 본국 영토 내에 살면서도 능동적인 시민 자격으로부터 배제되어 있던 종속적 계급과 신분들을 정의의 주체로서 점진적으로 통합하는 것을 정당화하는 데에 기여했기 때문이다.

그러나 국가-영토성이 사회적 영향력의 대리물로 기능할 수 있다는 식의 생각은 오늘날 더 이상 그럴듯하지 않아 보인다. 현재의 상황에서 누군가가 좋은 삶을 살 수 있기 위한 기회를 가지게 되는 것은, 그가 거주하는 영토국가의 내부 정치적 구성에만 전적으로 의존하지 않는다. 비록 영토국가가 여전히 중요한 것은 사실이지만, 그것이 가지는 영향력은 탈영토적이고 비영토적인 다른 구조들에 의해서 매개되고 있다. 그런 구조들은 적어도 내부 정치적 구조들만큼은 그 영향력을 행사하고 있다. 일반적으로 말해서 지구화는 영토국가와 사회적 영향력 사이의 분열을 조장하고 있다. 그 두 원칙들이 점차로 분열하게 되면서 영토는 사회적 영향력을 충분하게 대리하지 못

---

28) 종종 생각은 예상치 않은 방식으로 전개된다. 2004~2005년 사이에 작성된 이 장은 당시의 내 견해를 반영하고 있다. 비록 내가 바로 다음의 각주 29에 그 원칙과 관련된 중요한 문제점들을 지적해 두었지만 당시에 나는 관련된 모든 당사자 원칙이 탈베스트팔렌적 양식의 틀을 설정하기 위해서 제시될 수 있는 가장 유력한 후보자라고 생각했었다. 그러나 그 이후 곧바로 이러한 문제점들은 극복할 수 없는 것처럼 보이게 되었다. 그래서 2007년에 완성된 4장에서 나는 여기서 설명할 수 없었던 다른 가능성을 위해 '관련된 모든 당사자' 원칙을 거부했다. 나의 작업들 속에서 계속 발전되고 있는 중인 이 새로운 접근은 틀에 관한 논란과 관련하여 그 원칙 대신에 '종속된 모든 사람들의 원칙'(all-subjected principle)을 언급하고 있다. '비정상적 정의'를 다루는 4장에서 소개된 바와 같이 관련성(affectedness)에서 종속(subjection)으로의 전환은 정의 개념과 민주주의 개념 사이의 심층적 관계를 검토하는 나의 지속적인 노력을 반영하고 있다. 사후적인 개정에 의거하여 본래의 것을 지우는 대신에, 나는 여기서의 전환을 이 문제가 던지는 도전이 매우 중요하다는 것을 표현해 주는 하나의 기호로 남겨 두기로 한다.

하게 된다. 그리하여 다음과 같은 질문이 제기된다. 영토국가라는 우회로를 거치지 않으면서 관련된 모든 당사자 원칙을 정의와 관련된 틀을 설정하는 데에 직접적으로 적용하는 것은 불가능한 일인가?[29]

　이것이야말로 몇몇 변혁적 정치의 실천가들이 추구하고 있는 것이다. 불평등한 분배와 무시를 야기하는 국외적 원인들에 저항할 수 있는 수단들을 추구하는 몇몇 지구화 운동가들은 정치적 공간의 영토국가적 분할을 우회하기 위해 관련된 모든 당사자 원칙에 직접적으로 호소하고 있다. 환경주의자들과 원주민들은 케인스주의적-베스트팔렌적 틀에 의한 배제에 저항하면서 그들의 생활에 영향을 미치는 탈영토적이고 비영토적인 '권력들에

---

29) 모든 것은 '관련된 모든 당사자 원칙'에 대한 적합한 해석을 발견하는가 여부에 달려 있다. 핵심적인 문제는 어떻게 '관련성'이라는 개념의 폭을 좁혀서 그것이 다양한 틀들의 정의를 평가하는 기준으로 기능하게 만들 수 있을 것인가 하는 점이다. 이 문제는 모든 사람이 모든 것에 의해 영향을 받는다고 주장하는 소위 '나비효과'에서 기인하는 것이다. 불합리한 역설을 피하기 위해서 우리는 도덕적 지위를 부여하기에 충분할 정도의 영향력의 수준과 종류를 식별할 수 있는 질적이고 규범적인 기준을 마련할 필요가 있다. 캐럴 굴드(Carol Gould)가 주장한 제안은 그러한 지위를 특정한 관습이나 제도에 의해서 인권을 침해당하는 사람들에게만 제한적으로 부여하자는 것이다. 데이비드 헬드(David Held)가 주장한 다른 제안은 평균수명이나 삶의 기회들에서 중대한 영향을 받는 사람들에게 그런 지위를 부여하자는 것이다. 나 자신의 견해는 관련된 모든 당사자 원칙은 합당한 해석들의 다원성에 열려 있다는 것이다. 때문에 그 원칙에 대한 해석은 철학적 명령에 의해 독백적으로 결정될 수 없다. 관련성에 관한 철학적 분석들은 오히려 그 원칙의 의미에 관한 폭넓은 공적 논쟁들에 기여하는 것으로 이해되어야만 한다. 특정한 제도들이나 정책들에 의해서 영향을 받는 사람들이 누구인가에 관한 경험적인 사회과학적 설명들의 경우에도 이는 마찬가지이다. 일반적으로 말해서 '관련된 모든 당사자 원칙'은 민주적 토의에서 논증을 주고받는 것을 통해 대화적으로 해석되어야만 한다. 그러나 이는 적어도 한 가지만은 분명하다는 것을 말해 준다. 잘못 설정된 틀이 야기하는 부정의들은 오직 도덕적 지위가 이미 특정한 제도의 공식적 구성원으로 인정받은 사람들이나 특정한 관습의 참여자로 공인된 사람들에게 제한되지 않는 경우에만 극복될 수 있다는 것이다. 그러한 부정의를 극복하기 위해서는 문제가 되는 제도나 관습에 의해서 큰 영향을 받는 비(非)성원 혹은 비참여자들에게도 역시 지위가 부여되어야만 한다. 따라서 지구적 경제로부터 절연되어 있는 사하라 이남 아프리카인은, 비록 그들이 실제적으로 지구적 경제에 참여하지는 않는다고 하더라도, 지구적 경제와 관련된 정의의 주체들로 간주된다. 인권과 관련된 해석으로는 Carol Gould, *Globalizing Democracy and Human Rights*, Cambridge: Cambridge University Press, 2004 참조. 기대수명 및 삶의 기회와 관련된 해석은 David Held, *Global Covenant: The Social Democratic Alternative to the Washington Consensus*, Cambridge: Polity, 2004, p.99 이하 참조. 그리고 대화적 접근에 대해서는 이 책의 3장 「평등주의의 두 가지 독단」과 4장 「비정상적 정의」 참조.

대해 정의의 주체로서의 자신들의 지위를 요구하고 있는 중이다. 그들은 영향력이 국가-영토성보다 중요하다고 주장하면서 개발활동가들, 국제주의적 여성주의자들 등과 연대하고 있다. 이들은 자신들에게 피해를 주는 구조들——심지어 그것들이 고정된 위치를 갖지 않더라도——에 대해 그들의 요구를 제기할 권리를 주장하고 있다. 이러한 요구를 제기하는 사람들은 틀의 설정에 관한 베스트팔렌적 문법을 거부하면서 관련된 모든 당사자 원칙을 지구화하는 세계에서의 정의 문제에 직접적으로 적용하고 있다.

메타-정치적 정의

이 경우 틀에 관한 변혁적 정치는 여러 차원과 수준들에서 동시에 진행된다. 첫번째 수준에서 이러한 정치를 실행하고 있는 사회운동들은 불평등한 분배, 무시, 일상적인 정치적 대표불능이라는 일차원적 부정의들을 시정하는 것을 목표로 한다. 두번째 수준에서 이러한 운동들은 정의의 '당사자'를 재구성함으로써 잘못 설정된 틀이 야기하는 메타-수준의 부정의들을 교정하고자 한다. 나아가 영토국가 원칙들이 부정의에 도전하기보다는 그것들을 조장하는 경우에 변혁적 사회운동들은 영토국가 원칙 대신에 관련된 모든 당사자 원칙에 호소한다. 그들은 탈베스트팔렌적 원칙에 호소하면서 틀의 설정에 관한 문법 자체를 변화시키고자 한다. 그리고 이를 통해서 지구화하는 세계에서의 정의를 위한 메타-정치적 기초들을 재구성하고자 한다.

변혁적 정치의 요구는 여기서도 더 나아간다. 그들이 제기하는 여타의 다른 요구들을 넘어서서 이런 운동들은 틀을 설정하는 과정에서의 발언권까지도 요구한다. 틀의 설정을 국가나 초국적 엘리트들의 특권으로 생각하는 표준적 관점을 거부하면서 그들은 정의의 틀이 고안되고 교정되는 과정들을 실질적으로 민주화할 것을 목표로 삼는다. 정의의 '당사자'를 구성하는 데 참여할 권리를 요구하면서 그들은 동시에 '방법'을 변화시킨다. 내가 생각하는 방법이란 '당사자'를 결정하기 위한 공인된 절차를 의미한다. 따라서 가장 성찰적이고 야심 있는 변혁운동들은 틀에 관한 논쟁에 개입하기 위해 새로운 민주적 장(場)들의 창출을 요구하고 있다. 나아가 몇몇 경우 그 운동들은 스스로 그러한 장을 만들어 내기도 한다. 예컨대 세계사회포럼(World Social Forum)에서 변혁적 정치를 실행하는 몇몇 사람들은 틀에 관한 논의를 시작하고 그것을 해결하는 데 다른 사람들과 동등하게 참여할 수 있는 초국적 공론장을 만들어 냈다. 이런 식으로 그들은 탈베스트팔렌적이고 민주적인 정의를 위한 새로운 제도들의 가능성을 앞서서 예시해 나가고 있다.[30]

변혁적 정치가 가지는 민주주의적 차원은 이미 논의된 두 가지 차원의 부정의를 넘어서는 정치적 부정의의 세번째 수준을 지시하고 있다. 앞에서 나는 일상적인 정치적 대표불능이 야기하는 일차원적 부정의를 잘못 설정된 틀이 야기하는 이차원적 부정의와 구별했다. 이제 우리는 삼차원적인 정치적 부정의를 식별할 수 있게 되었으며, 이는 '방법'의 문제에 상응하는 것이다. 틀을 설정하는 비민주적 과정들에 의해서 예시되는 이러한 부정의는 '당사자' 문제와 관련된 토의와 결정들이라는 메타-정치적 수준에서 동등한 참여를 제도화하지 못하기 때문에 발생한다. 여기서는 일차원적 정치공간을 구성하는 과정이 문제가 되기 때문에, 나는 이러한 부정의를 메타-정치적 대표불능이라고 부를 것이다. 메타-정치적 대표불능은 국가와 초국적 엘리트들이 틀을 설정하는 활동을 독점할 때 발생한다. 그들은 이 과정에서

---

30) 당분간 틀의 설정과정을 민주화하려는 노력들은 초국적 시민사회에서의 저항들에 국한될 것이다. 이러한 수준이 필수불가결한 것임에도 불구하고, 초국적 공론을 구속력과 강제력을 지닌 결정들로 번역할 수 있는 공식적 제도들이 존재하지 않는 한 이런 노력은 성공할 수 없을 것이다. 따라서 일반적으로 말해서 초국적 민주정치의 시민사회 차원의 경로는 공식적인 제도적 경로에 의해서 보완될 필요가 있다. 이 책의 4장 「비정상적 정의」와 5장 「공론장의 초국적화: 탈베스트팔렌적 세계에서 공론의 정당성과 유효성에 대하여」 그리고 9장 「틀의 설정에 관한 정치: 케이트 내시·비키 벨과 낸시 프레이저의 대담」을 보라.

손해를 보게 될 사람들의 발언권을 부정하고, 그들의 주장들이 검토되고 교정될 수 있는 민주적 장의 창출을 차단한다. 그 결과는 정치적 공간의 공식적 분할을 결정하는 메타-담론에 압도적 다수의 사람들이 참여하지 못하도록 배제하는 것이다. 그러한 참여를 위한 제도적 장들이 결여되어 있고 '방법'에 관한 비민주적 접근에 굴복하고 있는 상황에서, 다수의 사람들은 '당사자' 문제에 관한 의사결정에 동등하게 개입할 기회를 박탈당하게 된다.

때문에 잘못 설정된 틀에 대한 투쟁들은 일반적으로 새로운 종류의 민주적 결함을 폭로하게 된다. 지구화가 잘못 설정된 틀이 야기하는 부정의를 가시화하는 것과 꼭 마찬가지로 신자유주의적 지구화에 대한 변혁적 투쟁들은 메타-정치적 대표불능이 야기하는 부정의들을 가시화한다. 이러한 투쟁들은 '당사자' 문제에 관한 논란들을 민주적으로 발의하고 해결할 수 있는 제도들이 결여되어 있다는 사실을 폭로하면서 '방법'에 대해서 관심을 집중한다. 그러한 제도들의 부재가 부정의를 극복하기 위한 노력들을 방해한다고 주장하면서 그들은 민주주의와 정의 사이의 심층적인 내적 연관을 보여주고 있다. 그 결과 최근의 국면이 가지는 구조적 특징이 드러난다. 만일 그것이 메타-정치적 민주주의를 위한 투쟁과 함께 가지 않는다면 지구화하는 세계에서의 정의를 위한 투쟁은 결코 성공하지 못할 것이다. 이 수준에서도 역시 대표가 없이는 그 어떤 재분배나 인정도 있을 수 없다.

독백적 이론과 민주적 대화

나는 최근 전개되고 있는 국면의 특징이 정의의 '당사자'와 '방법' 문제와 관련된 논쟁이 동시에 강화되었다는 데에 있다고 주장해 왔다. 이러한 상황 속에서 정의론은 패러다임 전환을 겪고 있다. 케인스주의적-베스트팔렌적 틀이 제대로 작동하고 있던 이전 시기에 대부분의 철학자들은 정치적 차원을 소홀히 다루어 왔다. 영토국가를 당연한 것으로 생각하면서 그들은 정의의 요건들을 독백적 방식으로 이론적으로 확정하고자 노력해 왔다. 때문에 그들은 국가라는 틀에 의해 배제되는 사람들은 말할 것도 없고 그것에 종속될 사람들조차도 이러한 정의의 요건들을 결정하는 데서 어떤 역할을 해야 한다고 생각하지 않았다. 틀에 관한 성찰을 소홀히 했기 때문에, 이 철학자들은 틀의 결정에 의해 운명에 결정적인 영향을 받게 될 사람들이 그러한 틀을 결정하는 데 참여해야 한다고는 한 번도 생각하지 못했던 것이다. 대화적이고 민주적인 계기의 필요성을 전적으로 부정한 채 그들은 사회정의에 관한 독백적 이론을 생산하는 데 만족해 왔다.

그러나 오늘날 사회정의에 관한 독백적 이론들은 점차로 받아들일 수 없는 것이 되고 있다. 우리가 살펴본 바와 같이 지구화는 그것이 '당사자' 문제를 정치화하는 한에서 '방법'에 관한 문제를 제기하지 않을 수 없다. 이 과정은 대략 다음과 같이 진행된다. 틀의 설정에 대한 발언권을 요구하는 사람들이 증가하면서 '당사자'를 결정하는 문제가 점차 정치적 문제로 인식된다. 이러한 정치적 문제들은 전문가나 엘리트들이 담당할 수 있는 기술적 문제라기보다는 민주적으로 다루어져야 할 문제라는 것이다. 그 결과 전문가의 특권을 주장하는 사람들은 자신들의 주장을 입증해야만 하는 상황으로 인해서 논증 부담을 지게 된다. 더 이상 논쟁을 피할 수 없게 되면서 특권을 옹호하던 사람들은 '방법'에 관한 논쟁에 불가피하게 휘말리게 된다. 그리하여 그들은 메타-정치적 민주화 요구들과 논쟁을 벌일 수밖에 없게 된다.

이와 유사한 전환이 규범적인 철학 내부에서도 최근 감지되고 있다. 몇몇 활동가들이 틀의 설정과 관련하여 엘리트들이 가지고 있는 특권들을 민주적 공중에게 이전하려고 하고 있는 것과 마찬가지로 몇몇 정의론자들은 이론가와 시민(demos) 사이의 고전적인 노동분업을 새롭게 사유할 것을 제안하고 있다. 더 이상 독백적 방식으로 정의의 요건들을 확정하는 데 만족하지 않는 이론가들은 점차로 대화적 접근을 추구하고 있다. 이러한 접근은 정의의 중요한 측면들을 집단적 의사결정의 문제로 다루면서, 이를 시민들 자신이 민주적 토의를 통해 결정해야 할 문제로 간주한다. 그들의 입장에 따르면 정의론의 문법은 현재 변화를 겪고 있는 중이다. 한때 "사회정의론"으로 명명되었던 것은 이제 "민주적 정의론"의 형태를 띠게 된다.[31]

그러나 그것의 최근 형태들을 볼 때 민주적 정의론은 여전히 불완전한 상태다. 독백적 이론에서 대화적 이론으로의 전환을 완성하기 위해서는 대화적 전환을 옹호하는 대부분의 이론가들이 숙고한 것들 이상으로 전진해 나가야만 한다.[32] 그리하여 민주적 의사결정 과정이 정의의 '내용'뿐만 아니라 정의의 '당사자'와 '방법' 문제에도 역시 적용되어야만 한다. 이렇게 '방법'에 대한 민주적 접근을 채택함으로써 정의론은 지구화하는 세계에 적합한 형태를 취하게 될 것이다. 일상적인 정치와 메타-정치 수준 모두에서 대화적인 형식을 취함으로써 정의론은 탈베스트팔렌적인 민주적 정의론이 될 수 있을 것이다.

정의를 동등한 참여로 보는 관점은 이러한 접근에 쉽게 적응할 수 있다. 이 원칙은 민주적 정의가 가지는 성찰적 성격을 보여 주는 이중적 성질을 가지고 있다. 먼저 동등한 참여의 원칙은 우리가 그에 의거하여 사회적 상태를 평가할 수 있는 실질적인 정의 원칙을 밝혀 준다는 점에서 결과와 관련된 개

---

31) 이 구절은 이언 샤피로(Ian Shapiro)의 *Democratic Justice*, New Haven: Yale University Press, 1999에서 온 것이다. 그러나 이러한 생각은 Seyla Benhabib, *The Rights of Others*, Cambridge: Cambridge University Press, 2004; Rainer Forst, *Contexts of Justice*, Berkeley: University of California Press, 2002; Jürgen Habermas, *Between Facts and Norms: Contributions to a Discourse Theory of Law and Democracy*, trans. William Rehg, Cambridge, MA: MIT Press, 1996에서도 역시 발견된다.
32) 앞서 언급된 이론가들 중 그 누구도 '민주적 정의'의 접근법을 틀에 관한 문제에 적용하려고 시도하지 않았다. 이런 생각에 근접한 사상가로 라이너 포르스트가 있지만, 그조차도 틀의 설정과 관련된 민주적 과정을 구상하지는 않았다.

념(outcome notion)이다. 사회적 상태는 관련된 모든 사회적 행위자가 동등한 자격으로 사회적 삶에 참여하도록 허용하는 경우에만 비로소 정당한 것이 된다. 다른 한편, 동등한 참여는 그에 의거하여 우리가 규범들의 민주적 정당성을 평가할 수 있게 해주는 절차적 기준을 밝혀 준다는 점에서 과정과 관련된 개념(process notion)이기도 하다. 규범들은 모두가 동등한 자격으로 참여할 수 있는 공정하고 공개적인 토론의 과정 속에서 관련된 모든 당사자의 동의를 받을 수 있는 경우에만 정당하다. 이러한 이중적 성질로 인해서 정의를 동등한 참여로 보는 견해는 내재적인 성찰성(reflexivity)을 가지게 된다. 내용과 절차 모두를 문제 삼을 수 있기 때문에 이 관점은 사회적 상태가 가지는 두 측면들 사이의 상호연관성을 가시화할 수 있다. 그래서 이러한 접근은 결과적으로 민주적 의사결정을 왜곡하게 되는 부정의한 배경적 상황들과 실질적으로 불평등한 결과를 발생시키는 비민주적 절차들 모두를 드러낼 수 있다. 그 결과 이러한 접근은 우리로 하여금 일차원적 수준과 메타-수준의 문제들 사이를 이리저리 손쉽게 이동할 수 있도록 해준다. 정의를 동등한 참여로 보는 관점은 민주주의와 정의 사이의 상호함축 관계를 드러냄으로써 지구화하는 세계가 요구하는 바로 그러한 종류의 성찰성을 제공하고 있는 것이다.

종합적으로 볼 때 동등한 참여라는 규범은 여기서 제시된 탈베스트팔렌적인 민주적 정의에 대한 설명에 부합한다. 세 차원들과 다층적 수준들을 포괄하는 이 설명방식은 현재 국면의 독특한 부정의들을 가시화하고 비판할 수 있게 해준다. 잘못 설정된 틀과 메타-정치적 대표불능을 개념화함으로써 이러한 접근은 표준 이론들이 간과하고 있는 핵심적 부정의들을 드러낸다. 정의의 '내용'뿐만 아니라 '당사자'와 '방법' 문제에도 주목함으로써 이러한 접근은 지구화하는 세계에서의 정의를 다루는 데서 틀에 관한 문제가 핵심적 문제라는 것을 우리가 인식할 수 있게 해준다.

3장 평등주의의 두 가지 독단

최근까지 정의를 실현하기 위한 투쟁은 그간 당연한 것으로 간주되어 온 틀, 즉 근대적 영토국가를 배경으로 하여 진행되어 왔다. 그러한 틀이 반성되지 않은 채 수용되었기 때문에 제2차 세계대전 이후에 정의의 범위가 명백한 논의의 대상이 된 경우는 거의 없었다. 문제가 되는 것이 사회경제적 분배든, 법적·문화적 인정이든 또는 정치적 대표든 간에 정의가 적용되는 단위는 주권국가 형태를 띤 지리적으로 제한된 정치공동체라는 사실은 일반적으로 당연시되었다. 그러한 '베스트팔렌적' 가정이 자리 잡게 되면, 또 다른 가정이 순조롭게 그에 이어지게 된다. 정의라는 의무에 구속되는 주체들은 그 정의상 영토국가 내의 동료 시민들이라는 가정이 바로 그것이다. 사회민주주의가 지배하던 시기에 이러한 가정들은 가장 맹렬한 정치적 투쟁에 대해서도 그러한 투쟁의 한계를 설정하는 역할을 해왔다. 적대하는 세력들이 정의가 요구하는 **내용**(what)에 대해서 아무리 심하게 그 의견을 달리한다고 하더라도, 그들 거의 모두는 정의를 요구할 **당사자**(who)가 누구인지에 대해서는 동의하고 있었다. 사회주의자와 보수주의자, 자유주의자와 공동체주의자, 여성주의자와 다문화주의자에게 정의의 '당사자'는 오직 자국의 정치적 시민일 수밖에 없었다.

그러나 오늘날 정의의 '당사자' 문제는 뜨거운 논란의 대상이 되고 있다. 획기적인 지정학적 진전들——공산주의의 붕괴, 신자유주의의 부상, 미국 패권의 쇠퇴——은 전후의 정치적 공간의 지형을 뒤흔들고 있다. 이와 동시에 이 불안정한 시기에 진행되는 정치적 투쟁들은 점차로 베스트팔렌적 틀 자체를 침탈하고 있다. 인권활동가들과 국제주의적 여성주의자들은 국경을 가로지르는 부정의를 공격하면서 구조조정에 대한 비판과 세계무역기구에 대한 비판을 결합시키고 있다. 이러한 운동들은 영토적 허상을 효과적으로 파열시키면서 정의의 경계를 좀더 넓은 범위에서 새롭게 배치하고자 노력하고 있다. 정의란 동료 시민들 사이에서 성립하는 일국 내의 관계일 수밖에 없다는 견해에 도전하면서 그들은 '누구를 고려할 것인가'와 관련된 새로운 '탈베스트팔렌적' 이해를 다듬어 나가는 중이다. 그들의 주장이 국가[민족]주의자나 영토적으로 정향된 민주주의자들의 주장과 충돌하게 되면서, 우리는 새로운 형태의 '메타-정치적' 논쟁을 목격하게 된다. 이러한 논쟁에서는 정의의 '당사자' 문제가 명백한 논란의 대상이 되고 있다.

　　일반적으로 이론은 실천을 따라잡기 위해서 애쓰기 마련이다. 이러한 상황에서 정의에 관한 이론을 제시하고자 하는 사람들은 한때 당연한 것으로 간주되었던 문제들에 도전해야만 한다. 정의를 이론화하기 위한 적절한 틀은 무엇인가? 국민경제라는 생각이 점차 유명무실해지고 있는 상황에서 분배정의 문제의 틀을 어떻게 설정할 것인가? 문화적·정치적 흐름들이 일상적으로 국가 간 경계를 넘어서며, 낡은 신분적 위계를 파괴하고 새로운 위계를 창조하고 있는 상황에서 인정 문제의 틀을 어떻게 설정할 것인가? 마지막으로 점차 영토에 기초한 정부의 관할구역 밖에서 중요한 결정들이 내려지고 있는 상황에서 대표 문제의 틀을 어떻게 설정할 것인가? 종합한다면, 우리는 탈베스트팔렌적인 세계에서 정의의 '당사자'의 범위를 어떻게 설정할 것인가?

이 장에서 나는 이 문제들을 우회적인 방식으로 다룰 것을 제안한다. 문제의 특징들을 설명하기 위해 나는 탈베스트팔렌적 세계에서의 사회정의를 사유하기에 적합한 틀을 설정하고자 하는 몇몇 주도적인 노력들을 설명할 것이다. 그들 각각의 강점과 약점을 평가하면서 나는 주류 정치철학자들이 정의의 '내용'에서 정의의 '당사자'로 관심을 돌리면서 발생하게 되는 일들을 살펴볼 것이다. 논증의 결과를 미리 예상해 말해 본다면, 그러한 논증의 결과는 정의의 '내용'과 '당사자' 문제 모두에 관해 새로운 질문들을 제기하게 될 것이다. 그래서 나는 이러한 질문들을 심각하게 고려한다면 우리는 불가피하게 내가 '방법'에 관한 질문이라고 부르게 될, 삼차원적 질서 수준, 즉 메타-메타적 수준에 관한 질문에 봉착하게 된다고 주장할 것이다. 여기서 문제가 되는 것은 본성상 절차적인 것이다. 특정한 경우에 우리는 정의에 관한 성찰에 적합한 틀을 어떻게 결정할 것인가? 우리는 어떤 기준과 결정절차를 통해 그것을 결정할 것인가? 관련된 틀을 결정하는 '사람들'은 누구인가?

'내용'에서 '당사자'로 그리고 '방법'으로

2장에서는 정의를 실현하기 위한 투쟁들의 문법에서 발생한 변화들의 지도를 그려 보았다. 이 장은 공론장의 정치로부터 정치철학으로 장면을 전환시킨다. 학문적 담론에서도 정의에 관한 논쟁의 문법은 유사한 변화를 겪고 있는 중이다. 정치철학자들 역시 점차 초국적 과정들을 인식하게 되면서 자신들이 지난 수십 년 동안 암묵적으로 가정하고 있었던 케인스주의적-베스트팔렌적 틀에 대해 의문을 제기하기 시작하고 있다. 이 중요한 철학적 논쟁이 새롭게 시작된 결과 그들은 내가—콰인(Willard Van Orman Quine)의 양해를 바라며—'평등주의의 두 가지 독단'이라고 명명하고자 하는 것 중 첫 번째 독단을 극복하고 있는 중이다.[1] 먼저 이에 대해서 살펴보자.

최근까지 정치철학자들은 아마르티아 센(Amartya Sen)이 "무엇의 평등인가?"라고 불렀던 질문, 즉 정의의 '내용'에 대한 질문과 관련된 자신만의 특수한 해석에 대해서 논쟁하는 데에 주로 몰두해 왔다.[2] 분석적 전통에서 분배정의에 관한 이론가들은 대부분 공정하게 분배되어야 하는 것이 **무엇**인가에 관해서 논쟁해 왔다. 그들은 사회적 관계가 정의로운지 여부를 평가하기 위한 대안적 규준들로서 권리, 자원, 기본적 가치(primary goods), 기회, 진정한 자유, 능력 등이 가지고 있는 상대적 장점들이 무엇인지에 대해서 논쟁해 왔다.[3] 이와 유사하게 헤겔적 전통에 서 있는 인정이론가들은 상호인정되어야만 하는 것은 **무엇**인가에 대해서 논쟁해 왔다. 인정해야 할 것이 집단적 정체성인가 개인적 성취인가 아니면 자율적 인격성인가가 논란이 되었고, 또 한편에서는 문화적 고유성인가, 공통적 인간성인가 아니면 사회적 상호작용 참여자로서 가지는 청구권자의 지위인가가 논란이 되었다.[4] 오직 '무엇의 평등인가?'에 집중하게 되면서 두 전통 모두에서 철학자들은 두번째 핵심적인 문제, 즉 데버러 자츠(Deborah Satz)가 "어떤 사람들 사이의 평등인가?"로 정식화한 문제를 간과하는 경향이 있어 왔다.[5] 공론장에서 진행되는 논쟁의 문법을 무의식적으로 모방하게 되면서 철학자들 역시 비판적 성찰 없이 케인스주의적-베스트팔렌적 틀을 단순하게 수용했던 것이

---

1) 이는 콰인의 유명한 논문 「경험주의의 두 가지 독단」(Two Dogmas of Empiricism)에 빗댄 것이다. W.V.O. Quine, *From a Logical Point of View: 9 Logico-Philosophical Essays*, Cambridge, MA: Harvard University Press, 1953, pp. 20~46.

2) Amartya Sen, "Equality of What?", *Liberty, Equality, and Law*, ed. Sterling M. McMurrin, Salt Lake City: University of Utah Press, 1987, pp. 137~162.

3) 이 논쟁에 관한 문헌은 방대하다. 도움이 될 만한 개관으로는 Elizabeth Anderson, "What is the Point of Equality?", *Ethics* 109, 2, 1999, pp. 287~337과 G. A. Cohen, "On the Currency of Egalitarian Justice", *Ethics* 99, 4, 1989, pp. 906~944.

4) *Multiculturalism: Examining the Politics of Recognition*, ed. Amy Gutmann, Princeton: Princeton University Press, 1994에 실린 찰스 테일러(Charles Taylor)의 기고문들 및 나와 호네트의 논쟁, Nancy Fraser and Axel Honneth, *Redistribution or Recognition?*을 보라.

다. 가능한 다른 대안들에 맞서서 그러한 가정들을 정당화하지 않음으로써, 그들은 내가 평등주의의 첫번째 독단이라고 부르고 있는 문제, 즉 국가단위의 '당사자'에 관한 검토되지 않은 전제에 굴복하게 되었다.[6]

이와는 대조적으로 오늘날의 철학자들은 '무엇의 평등인가?'에 대해서도 계속 논쟁하고는 있지만 '어떤 사람들 사이의 평등인가?'에 대해서도 역시 공개적으로 논쟁하고 있다. 점차적으로 논쟁의 장은 세계시민주의자들, 국제주의자들, 자유주의적 국가주의자들로 분열되고 있다. 첫번째 진영에 속한 사람들의 입장에서 볼 때, 다른 국가의 국민들에 대한 관심과 비교해서 자신이 속한 국가의 동료들에 대한 관심에만 특권을 부여할 그 어떤 강력한 도덕적 이유도 존재하지 않는다. 따라서 정의는 반드시 모든 인간들 사이의 관계를 고려해야만 한다.[7] 반면에 두번째 진영에 속한 사람들의 입장에서 보면 제한된 정치공동체의 특수한 성격은 구별되는 두 가지 정의 요구들을 정당화한다. 한편의 좀더 강력한 정의 요구들은 그러한 공동체 내부에서만 유효한 반면, 보다 약한 다른 편의 정의 요구들은 그러한 공동체들 사이에서 유효하다는 것이다.[8] 마지막으로 세번째 진영의 입장에서 볼 때 정의 요구들은 오직 공동의 정치적 헌법, 공유된 윤리적 지평, '운명공동체'로서의 역사적 자기정체성 등과 같은 도덕적으로 적합한 특징들을 소유하고 있는 공

---

5) Deborah Satz, "Equality of What among Whom?: Thoughts on Cosmopolitanism, Statism and Nationalism", *Global Justice*, eds. Ian Shapiro and Lea Brilmayer, New York: New York University Press, 1999, pp.67~85; Iris Marion Young, "Equality of Whom?: Social Groups and Judgments of Injustice", *Journal of Political Philosophy* 9, 1, 2001, pp.1~18.

6) 이른 시기에 나타난 중요한 두 가지 예외로는 Charles R. Beitz, *Political Theory and International Relations*, Princeton: Princeton University Press, first edition, 1979 (second edition, 1999)와 Henry Shue, *Basic Rights*, Princeton: Princeton University Press, 1980이 있다.

7) Martha Nussbaum with Respondents, *For Love of Country?: Debating the Limits of Patriotism*, ed. Joshua Cohen, Boston: Beacon Press, 1996; Peter Singer, *One World: The Ethics of Globalization*, second edition, New Haven: Yale University Press, 2004.

동체들 내부에서만 적용될 뿐이다. 그러한 특수한 요인들이 결여되어 있다면 정의가 가지는 구속력 있는 의무는 적용되지 않는다.[9]

이제 이런 의견불일치들이 명백하게 드러나고 있다는 사실 자체가 평등주의의 첫번째 독단, 즉 아무 논쟁도 없이 국민만을 '당사자'로 규정하는 암묵적 가정이 극복되고 있다는 것을 표현하고 있다. 물론 많은 정의이론가들은 여전히 케인스주의적-베스트팔렌적 틀에 찬동하고 있지만, 이제 그들은 다른 대안들에 맞서 그것을 공개적으로 논증해야 하는 상황에 처하게 되었다. 대안적 틀들의 상대적 장점들에 대해 공공연히 논쟁하면서 정치철학자들은 마침내 '당사자' 문제와 관련된 독단의 잠에서 깨어나게 된 것이다.

그러나 우리는 이러한 독단의 극복을 축하하기에 앞서서 이 논쟁들에 대해 보다 면밀히 검토해야만 한다. 이를 검토하면서 우리는 많은 철학자들이 평등주의의 첫번째 독단을 극복했음에도 불구하고 여전히 두번째 독단에 굴복하고 있다는 사실을 알게 될 것이다.

분배정의에 관한 분석적 이론가들 사이에서 진행된 '당사자' 문제에 관한 최근의 논쟁들을 살펴보자. 대체로 1999년 발간된 롤스의 『만민법』과 그보다 앞서 동일한 명칭으로 행해진 그의 앰네스티(Amnesty) 강연에 주목하

---

8) Craig Calhoun, "The Class Consciousness of Frequent Travelers: Toward a Critique of Actually Existing Cosmopolitanism", *South Atlantic Quarterly* 101, 4, 2002, pp.869~897; Susan L. Hurley, "Rationality, Democracy and Leaky Boundaries: Vertical vs. Horizontal Modularity", *Journal of Political Philosophy* 7, 2, 1999, pp.126~146; Onora O'Neill, *Bounds of Justice*, Cambridge: Cambridge University Press, 2000, pp.115~202; Kok-Chor Tan, *Justice without Borders: Cosmopolitanism, Nationalism, and Patriotism*, Cambridge: Cambridge University Press, 2004.

9) David Miller, *On Nationality*, Oxford: Oxford University Press, 1995; "The Ethical Significance of Nationality", *Ethics* 98, 1988, pp.647~662, "The Limits of Cosmopolitan Justice", *International Society: Diverse Ethical Perspectives*, eds. David Maple and Terry Nardin, Princeton: Princeton University Press, 1998, pp.164~183; Michael Walzer, *Spheres of Justice: A Defense of Pluralism and Equality*, New York: Basic Books, 1984, 특히 pp.31~63.

면서 그 논쟁들은 지구적이고 국제적인 분배정의 주창자들과 평등주의적인 자유주의적 국가주의자들 사이에 논란을 불러일으켰다.[10] 한편에는 롤스 자신이 서 있었으며, 그는 평등주의적 분배정의의 규범이 지구적이거나 국제적인 수준에서도 마찬가지의 적용 가능성을 갖는다는 주장에 반대했다. 그는 국내 영역과 국제 영역 사이의 엄격한 베스트팔렌적 분리에 의존하면서, 국내 영역을 분배정의가 가능한 유일하고 배타적인 영역이라고 보았으며, 반면에 국제적 정의는 평등주의적인 경제적 요구들에 대해 그 어떤 기초도 제공하지 않는다고 보았다.[11] 롤스의 반대편에는 두 그룹의 철학자들이 서 있었는데, 그들 모두는 보다 확장된 탈베스트팔렌적 대안들을 지지하면서 케인스주의적-베스트팔렌적 '당사자' 규정에 반대하였다. 세계시민적 '당사자' 규정을 옹호하는 첫번째 그룹의 입장에서 볼 때, 평등주의적 분배의 규범들은 국적이나 시민권 여부와는 무관하게 모든 개인에게 지구적 차원에서 적용된다. 따라서 말하자면 수단에 사는 빈곤한 개인은 국경을 넘어선 경제적 정의를 지구의 동료 거주자들에게 요구할 수 있는 인격으로서의 도덕적 지위를 갖게 된다.[12] 국제주의적 '당사자'를 옹호하는 두번째 집단의 입장

---

10) John Rawls, *The Law of Peoples*, new edition, Cambridge, MA: Harvard University Press, 2001과 "The Law of Peoples", *On Human Rights: The Oxford Amnesty Lectures*, eds. Stephen Shute and Susan Hurley, New York: Basic Books: 1994, pp. 41~84. 이후 『만민법』 인용은 2001년판에 따른다.

11) 한편으로 롤스는 사회적·경제적 권리들을 국제사회가 보호할 책무가 있는 "급박한" 인권의 목록에서 배제한다. 때문에 그는 제3세계의 가난한 개인들이 국경을 넘어서 분배정의를 요구할 수 있는 지위를 가지는 것을 부정하게 된다. 다른 한편으로 롤스는 번영하는 "질서정연한" 인민들이 "고통받는 사회들에" 존재하는 가난한 "인민들"에 대해 가지고 있는 경제적 책무들 역시 비평등주의적인 "원조의 의무"로 제한하고 있다. 때문에 그는 가난한 사회들이 집합적 정치공동체의 자격으로 국경을 넘어서는 평등 요구들을 정의의 문제 차원에서 제기할 수 있는 모든 근거를 부정해 버린다. 이로 인해서 이중적 배제가 산출된다. 개인으로서 그리고 동시에 집합적 정치공동체로서의 지구적 빈곤층은 영토적 경계들로 인해 부유한 사람들을 포함하는 분배정의의 '주체'로부터 배제되어 버린다.

12) Charles Jones, *Global Justice: Defending Cosmopolitanism*, Oxford: Oxford University Press, 1999; Martha Nussbaum, "Beyond the Social Contract: Capabilities and Global Justice", *Oxford Development Studies* 32, 1, 2004, pp. 3~18.

에서 볼 때, 평등주의적 분배의 규범들은 영토적으로 제약된 집단들 사이에서 국제적으로 적용된다. 여기서 수단인들과 같은 빈곤한 '인민들'은 독일인이나 미국인과 같이 그들과는 다른 보다 부유한 '인민들'에게 국경을 넘어선 경제적 정의를 요구할 수 있는 법인들(corporate bodies)로서의 도덕적 지위를 갖는다.[13] 따라서 세계시민주의자들의 경우 분배정의의 '당사자'는 일련의 지구적 개인들이며, 이와 달리 국제주의자들의 경우에는 영토국가를 소유하고 있는 일련의 집합적 정치공동체들이 '당사자'가 된다.

결과적으로 자유주의적 국가주의자들, 평등주의적 국제주의자들, 세계시민주의자들 사이에서 '당사자' 문제를 둘러싸고 삼자 간 논쟁이 성립하게 된다. 매우 어렵고 복잡하기는 하지만 이 논쟁은 자유주의 사회에서 정의와 관용 사이의 관계에 대한 중심적인 의견불일치를 포함하고 있다.[14] 그렇지만 여기에서 나는 이와는 다른 문제, 즉 논쟁 참여자들이 **얼마나** 정확하게 분배정의에 적합한 틀을 규정하고 있는가라는 문제에 집중하기 위해서 이 문제는 제쳐 두고자 한다. '당사자'에 대한 그들 각각의 관점들의 심층을 살펴보면서 나는 '방법'에 관한 그들의 기초적인 가정들을 검토할 것을 제안한다. 여기에서 문제가 되는 것은 절차에 관한 것이다. 다양한 논자들은 한편의 케인스주의적-베스트팔렌적 '당사자'와 다른 한편의 지구적 혹은 국제적 '당사자' 사이를 가르는 결정을 내리는 과정을 어떻게 제시하고 있는가?

---

13) Wilfried Hinsch, "Global Distributive Justice", *Metaphilosophy* 32, 1/2, 2001, pp.58~78; Andrew Hurrell, "Global Inequality and International Institutions", *Metaphilosophy* 32, 1/2, 2001, pp.34~57.
14) Charles R. Beitz, "Rawls's *Law of Peoples*", *Ethics*, 110, 4, 2000, pp.670~678; Charles Jones, "Global Liberalism: Political or Comprehensive?", *The University of Toronto Law Journal* 54, 2, 2004, pp.227~248; Thaddeus Metz, "Open Perfectionism and Global Justice", *Theoria: A Journal of Social & Political Theory* 104, 2004, pp.96~127; Richard W. Miller, "Cosmopolitanism and Its Limits", *Theoria: A Journal of Social & Political Theory* 104, 2004, pp.38~53; Paul Voice, "Global Justice and the Challenge of Radical Pluralism", *Theoria: A Journal of Social & Political Theory* 104, 2004, pp.15~37.

그들 각각은 어떠한 기준과 결정절차에 호소하고 있는가? 그 결과 각각의 철학자들은 그 틀을 결정하는 데에서 정확히 누구에게 실질적인 권위를 부여하고 있는가?

롤스를 따라서 이 논쟁의 대다수 참여자들은 '원초적 상황'이라는 도구에 호소하여 틀에 대한 그들의 선택을 정당화한다. 그 도구를 가장 잘 구상하고 적용하는 방법에 대해서는 의견이 상이함에도 불구하고 그들은 국제적 정의의 원칙들이 '당사자들'에 의해 선택된다는 사실에 대해서는 동의하고 있다. 이 당사자들은 그들 자신의 상황이 가지는 몇몇 특수한 성격들에 대해서는 무지하지만 사회와 역사에 대한 일반적인 배경지식들을 소유하고 있다.[15] 특히 논쟁 참여자들은 다음과 같이 가정하고 있다. 당사자들은 상이한 개인들의 상대적인 삶의 기회들을 결정하는 사회구조의 본성과 그것의 영향 범위에 대한 경험적인 사회과학적 이해 ——논란의 여지없이 명확한—— 에 의거하여 국제적 정의의 원칙을 결정한다는 것이다. 그러나 이들 철학자들은 당사자들이 가지고 있는 지식의 실질적 내용이 무엇인지에 대해서는 날카롭게 대립하고 있다. 자유주의적 국가주의자들은 당사자들이 한 사람의 삶의 전망이 자신이 속한 사회의 국내적인 제도적 틀에 크게 의존하고 있다는 사실을 '알고' 있다고 가정한다.[16] 반대로 세계시민주의자들은 당사자들이 개인적 행복의 주요한 결정요인이 지구적 경제의 기본구조라는

---

15) 핵심적인 차이들 중 하나는 다음과 같은 것들이다. 세계시민주의자들은 하나의 단일한 지구적인 원초적 상황에 찬성한다. 거기서 당사자들은 자신들의 동등한 자율성을 가장 우선시하는 개인들을 대변하고 있다. 자유주의적 국가주의자들은 2단계의 절차에 찬성한다. 여기서 국제적 정의의 원칙들은 두번째 원초적 상황 속에서 선택되는데, 이때 당사자들은 이미 확정된 '질서정연한 인민들'을 대변하며, 그들의 주된 관심사는 그들 자신만의 사회 내부에서 정의를 실현하는 것이다. 평등주의적 국제주의자들은 이러한 두 가지 구상들이 가진 요소들을 결합하는 절차를 제시하고자 한다. 그러나 현재 탐구의 목적상 이러한 불일치보다는 여기서 소개된 내용이 더 중요하다. 이는 현대사회의 본성 및 작용들과 관련하여 당사자들이 정확하게 알고 있다고 가정되는 바가 무엇인지와 관련되어 있다.

16) Rawls, *The Law of Peoples*, pp. 29~30.

사실을 '알고' 있다고 생각한다.[17] 마지막으로 평등주의적 국제주의자들이 볼 때 당사자들은 개인의 삶의 전망이 국내적이고 국제적인 수준 모두에서의 제도적 질서에 의해서 결정된다는 사실을 '알고' 있다.[18]

당사자들의 사회과학적 배경지식에서의 이러한 차이들은 국제적 정의 원칙을 선택하는 문제와 밀접한 연관을 맺고 있다. 롤스처럼 높은 수준의 국가단위 자급자족 상황을 가정한다면, 당사자들은 초국적 분배정의에 대한 그 어떤 조항도 포함하지 않는 '만민법'을 채택하게 될 것이다.[19] 국제주의자들처럼 국가단위 구조와 국제적인 구조 모두가 개인의 삶의 기회를 함께 결정한다고 가정한다면, 당사자들은 가장 열악한 사회의 이익을 극대화하기 위해서 국경을 넘어선 재분배를 인정하는 대안적 '만민법'을 채택할 것이다.[20] 만일 세계시민주의자들처럼 지구적 구조들이 우선성을 갖는다고 가정한다면, 당사자들은 세상에서 가장 열악한 상황에 처해 있는 개인들의 이익을 극대화하기 위해서 지구적 경제를 재구조화할 것을 요구하는 지구적 차등원칙(difference principle)을 선택하게 될 것이다.[21]

그러므로 이 논쟁에서 '당사자'에 대한 선택은 대체로 각각의 철학자들이 다음과 같은 질문들에 어떻게 대답하는가 하는 문제로 귀착된다. 지구적

---

17) Chris Brown, "International Social Justice", *Social Justice: From Hume to Walzer*, eds. David Boucher and Paul Kelly, London: Routledge, 1998, pp.102~119; Simon Caney, "Cosmopolitanism and *The Law of Peoples*", *Journal of Political Philosophy* 10, 1, 2002, pp.95~123, 특히 pp.114~118; Andrew Kuper, "Rawlsian Global Justice: Beyond *The Law of Peoples* to a Cosmopolitan Law of Persons", *Political Theory* 28, 5, 2000, pp.640~674, 특히 pp.645~648; Leif Wenar, "Contractualism and Global Economic Justice", *Metaphilosophy* 32, 1/2, 2001, pp.79~94.
18) Beitz, "Rawls's *The Law of Peoples*"; Thomas Pogge, "An Egalitarian Law of Peoples", *Philosophy & Public Affairs* 23, 5, 2000, pp.195~224, 특히 pp.197~199.
19) Rawls, *The Law of Peoples*, pp.111~120.
20) Beitz, "Rawls's *The Law of Peoples*"; Pogge, "An Egalitarian Law of Peoples".
21) Brown, "International Social Justice"; Caney, "Cosmopolitanism and *The Law of Peoples*"; Kuper, "Rawlsian Global Justice: Beyond *The Law of Peoples* to a Cosmopolitan Law of Persons"; Wenar, "Contractualism and Global Economic Justice".

'기본구조'라 할 만큼 개인들의 상대적 삶의 기회들에 충분한 영향력을 행사하는 그런 지구적 경제라는 것이 과연 존재하는가? 서로 다른 인민들의 상대적 삶의 기회들은 전적으로 혹은 우선적으로 각각의 일국적 사회들이 가지고 있는 헌법적 구조들에 의해 결정되는가? 마지막으로 삶의 기회들은 국내적이고 국제적인 구조들에 의해 공동으로 결정되는가?[22]

그렇다면 일반적으로 '당사자'의 선택은 결국 현재 국면에서 사람들의 삶의 기회를 결정하는 우선적 요인은 정확히 무엇인가라는 인과적 물음으로 귀착된다. 그러나 이 질문은 이러한 논쟁에서 적합하게 개념화된 적이 결코 없다. 각각의 철학자들은 실질적으로는 논쟁적인 문제를 마치 그것이 확

---

22) 첫번째 경우에서는 지구적 기본구조에 관한 경험적 가정이 지구적 세계시민주의의 틀을 선택하는 것을 정당화하는 것으로 간주된다. 두번째 경우에서는 자신 내부의 기본구조에 의해서 각각 자율적으로 규제되는 고도로 자족적인 사회들로 구성된 세계에 관한, 첫번째 경우와 상반된 경험적 가정이 케인스주의적-베스트팔렌적 틀을 선택하는 것을 정당화하는 것으로 간주된다. 마지막으로 세번째 경우에서는 국내적 요소들과 국제적 요소들로 구성된 두 바퀴로 굴러가는 기본구조에 관한 경험적 가정이, 분배와 관련하여 두 가지 상이한 책무들을 설정하는 다면적 틀을 선택하는 것을 정당화하는 것으로 간주된다. 달리 말하자면 '당사자'를 결정하는 것은 국가적·국제적·지구적 수준에서 사회구조들이 가지는 상대적인 인과적 무게다. 모두가 분배정의에 대해서 반성하기에 적합한 지점이라고 생각하고 있는 '기본구조' 개념에 대한 각각의 철학자들의 이해를 결정하는 것은 바로 경험적이고 인과적인 문제에 대해서 그들이 가지고 있는 견해이다. 국제주의자나 세계시민주의자의 경우 인과적 문제가 중심이 된다는 것은 명백하다. 기본구조를 객관적인 상호의존 체계와 연결시키면서 그들은 탈베스트팔렌적 '당사자'를 확보하기 위해 우리에게 필요한 것은 세계경제가 영토를 넘어서 발휘하는 인과적 효과를 입증하는 것뿐이라고 주장한다. 인과적 문제가 자유주의적 국가주의자들에게도 역시 결정적인 중요성을 갖는다는 것은 이만큼 분명하지 않을 수 있다. 주지하듯이 자유주의적 국가주의자들은 기본구조를 정치적으로 조직된 '협력의 틀'과 관련된 '헌법적 핵심요소들'과 같은 것으로 본다. 이러한 견해는 명시적으로 인과적이지는 않다. 또한 그들은 명백히 비인과적인 추론을, 즉 지구적이거나 국제적인 정치체가 존재하지 않는다면 탈베스트팔렌적 '당사자'의 존립 기반도 사라진다는 관점을 가지고 있다. 그러나 정치공동체가 분배정의를 실현하는 단위가 되어야만 하는 이유가 무엇인지를 밝히라는 압박을 받게 되면, 자유주의적 국가주의자들은 인과적 설명에 호소하게 될 것이다. 그들에게 어떤 구조가 '기본적인' 것이 되는 이유는 그것이 다른 무엇보다도 개인들이 좋은 삶을 살 기회를 결정하는 요인이 되기 때문이다. 이러한 인과적 가정은 제한된 정치공동체의 헌법적 핵심요소들에 특권을 부여하는 롤스뿐만 아니라 지구적 자본주의의 객관적인 운동기제에 보다 큰 영향력을 부여하는 롤스의 비판자들에게도 중심적인 것이다. 나는 이 문제를 제기해 준 셰일라 벤하비브에게 감사드린다. 그녀의 관점에 대해서는 Seyla Benhabib, "The Law of Peoples, Distributive Justice, and Migrations", *Fordham Law Review* 72, 5, 2004, pp.1761~1787 참조.

실한 사실이기라도 한 것처럼 제시하면서 직접적으로 이 문제를 다루지는 않고 그저 슬쩍 언급하고 말 뿐이다. 예를 들어 롤스는 케인스주의적-베스트팔렌적 '당사자'에 대한 그의 선택을 추정적인 사회과학적 사실에 호소함으로써 부분적으로 정당화하고 있다. 제3세계 빈곤의 주요한 원인은 국제적인 정치경제에 있는 것이 아니라 "고통받는 사회들" 내부 구조의 결함에 있다는 것이다.[23] 이와 마찬가지로 롤스에 대한 비판자들 역시 탈베스트팔렌적 '당사자'에 대한 그들의 선택을 반대되는 사회과학적 사실을 주장함으로써 정당화하고 있다. 지구적인 그리고/혹은 국제적인 구조들이 제3세계 사회들의 내부 정치구조를 왜곡시키는 데서만이 아니라 그러한 빈곤을 야기하고 재생산하는 데서도 중요한 역할을 한다는 것이다.[24] 그러한 사실들이 그 자체로 논란거리가 될 수 있는 묵시적인 사회이론적 가정들과 역사적 해석들에 의존하고 있음에도 불구하고, 그들 각각은 자신들이 요청하고 있는 '사실'이 논쟁적인 성격을 가지고 있음을 부인한다. 이러한 상황의 결과는 사회과학자들이 이미 그런 어려운 질문들을 해결해 둔 것으로 추정되는 무대 뒤의 '다른 어떤 곳'을 상정하는 것이다.[25]

결국 이 논쟁에서 모든 논자들은 '당사자'를 유사한 방식으로 규정하고 있는 셈이다. 모든 논자들은 분배정의의 틀이 어떤 구조가 '기본적인' 것 ——사람들의 삶의 기회에 대해서 지배적인 인과적 우선성을 가진다는 의

---

23) Rawls, *The Law of Peoples*, pp.105~113.
24) Beitz, "Rawls's *The Law of Peoples*"; Allen Buchanan, "Rawls's *Law of Peoples*: Rules for Vanished Westphalian World", *Ethics* 110, 4, 2000, pp.697~721; Caney, "Cosmopolitanism and The Law of Peoples"; Kuper, "Rawlsian Global Justice".
25) 토마스 포게(Thomas Pogge)는 예외다. 그는 '설명적 민족주의'를 논박하는 복잡한 개념적 논증을 전개했다. 그의 "The Influence of the Global Order on the Prospects for Genuine Democracy in the Developing Countries", *Ratio Juris* 14, 3, 2001, pp.326~343; *World Poverty and Human Rights: Cosmopolitan Responsibilities and Reforms*, Cambridge: Polity, 2002, 특히 5장을 참조하라.

미에서 ——으로 입증되는가 하는 연구의 결과에 상응해야만 한다고 가정하고 있다. 그리고 그들 모두는 그러한 구조를 확인하는 것은 경험적인 사실과 관련되어 있는 분명한 문제라고 생각한다. 그 결과 이 논쟁에 참여한 모든 철학자들은 결과적으로 그 틀을 규정하는 데서 사회과학자들에게 권위를 부여하게 된다.

결국 여기에 평등주의자들의 두번째 독단이 놓여 있다. 표준 사회과학이 정의의 '당사자'를 규정할 수 있다는 무언의, 입증되지 않은 가정이 바로 그것이다. 다음 절에서 나는 다른 대안들에 대해서 이러한 가정이 가지는 상대적인 장점이 무엇인지를 살펴볼 것이다. 그러나 여기에서는 우선 규범 이론과 사회과학의 관계에 대한 특수한 관점이 현재의 논쟁에 개입해 들어오는 무반성적인 방식에만 주목하고자 한다. 이러한 관점을 단순하게 수용하는 한, 철학자들은 절차에 관한 문제를 비판적 반성의 대상으로 만드는 데에 실패하게 된다. 그들은 다음과 같은 물음을 방법론적으로 자기성찰적인 방식으로 제기하는 데에 실패하게 된다. 지구화하는 세계에서 사회정의를 성찰하기 위한 적절한 틀을 우리는 **어떻게** 결정할 것인가? 우리는 어떤 기준과 결정절차에 호소해야만 하는가? 그리고 결국 그것을 결정해야만 하는 '사람'은 누구인가?

일반적으로 지금까지 정치철학자들은 그러한 질문들을 체계적으로 반성하는 데 실패해 왔다. 내가 여기서 고찰한 분배정의에 관한 분석적 이론가들의 경우 이는 분명하다. 나아가서 이러한 상황은 헤겔주의적인 상대방들의 경우에도 역시 마찬가지다. 이들의 인정이론의 경우, 비록 '당사자'에 대한 질문을 진지하게 던지기 시작하고는 있지만 그들 역시 '방법'에 대한 질문을 간과하는 경향이 있다.[26] 이러한 상황이 몇몇 사람들에게는 역설적으로 보일 것이다. 평등주의의 첫번째 독단을 극복하고 있는 바로 그 순간에 두 전통에 서 있는 철학자들 모두가 두번째 독단에 굴복하고 있는 셈이다.

그 결과 오늘날 정의에 대해서 논의하는 우리들은 어려운 상황에 처하게 된다. 한편으로 우리는 케인스주의적-베스트팔렌적 틀에 대한 독단적 집착으로부터 벗어나면서 '당사자' 문제에 관해서 주어질 수 있는 가능한 답변의 영역들에 접근할 수 있게 되었다. 그러나 다른 한편으로는 '방법'에 대한 중요한 반성을 하지 않았기 때문에 우리는 그러한 가능한 답변들 중 하나를 선택하는 데 필요한 정당한 절차를 결여하게 되었다. 따라서 우리는 다음과 같은 우리 시대의 중요한 질문들에 대한 확실한 답변을 여전히 기다릴 수밖에 없다. 지구화하는 세계에서 정의의 요건들을 성찰할 수 있는 유효한 틀은 과연 무엇인가?

두번째 독단을 넘어서: 표준 사회과학에서 비판적-민주적 '방법'으로

만일 이러한 문제에 대한 만족스러운 대답을 발견하고자 한다면, 우리는 '방법'에 대한 성찰적 토론을 새롭게 시작함으로써 평등주의의 두번째 독단을 극복할 필요가 있다. 이제 나는 그러한 토론을 위해 필요한 몇몇 요소들을 제시해 보고자 한다. 나는 내가 '표준 사회과학적 접근'[27]으로 부르고자

---

26) 통상 이 전통에 속한 철학자들은 '방법'과 관련해 전략적으로 해석학적 접근을 취한다. 따라서 (『다문화주의』[*Multiculturalism*]에서) 찰스 테일러는 '당사자'를 결정하는 적합한 방법은 문제가 되는 사람들의 집단적 자기-이해를 해명하는 것이라고 생각한다. 그러나 그는 대안적 접근들에 대해 이러한 가정이 가지는 장점이 무엇인지를 평가하는 것을 소홀히 하고 있다. 보다 유명한 또 다른 접근은 역시 인정이론적 가정에서 파생된 라이너 포르스트의 견해에서 발견된다. Rainer Forst, *Contexts of Justice*, Berkeley: University of California Press, 2002, 특히 pp. 230~241에서 그는 정의의 네 가지 맥락을 유용한 방식으로 구별하고 있다. 이는 상이한 네 가지 정당화 유형들에 상응하며 최종에는 상이한 네 종류의 규범적 '당사자들', 즉 도덕적·법적·정치적·윤리적 당사자들에 상응한다. 그러나 그는 이러한 상이한 맥락들을 언제 어디에 적용할 것인가 하는 논란들을 해결할 수 있는 방법을 우리에게 말해 주지 않고 있다. 그렇기 때문에 다양한 '당사자들'을 통찰력 있게 세분화하는 복잡한 설명 역시 '방법'의 문제를 진지하게 다루는 데서는 실패하고 있다.
27) Thomas Kuhn, *The Structure of Scientific Revolutions*, third edition, Chicago: University of Chicago Press, 1996을 참조하라.

하는, 방금까지 논의했던 바로 그 접근들이 가지는 몇몇 장단점을 서술하면서 논의를 시작하고자 한다. 그런 다음에 나는 '방법'에 관한 대안적 접근, 즉 '비판적-민주적' 접근에 대해서 서술할 것이다.

처음에 표준 사회과학적 접근은 적어도 다음과 같은 세 가지 상호연관된 발상들에 의해서 지지를 획득하게 된다. 첫째, 이러한 접근은 정의에 관한 논의를 그것을 발생시킨 사회적 상황과 연관 짓는 것이 중요하다는 점과 그러한 논의를 상황에 적합한 용어들을 통해 틀 지을 필요가 있다는 점을 인정한다. 둘째, 내가 여기서 살펴보았던 접근 유형들은 그러한 상황, 즉 기본 구조의 범위와 분배정의의 '당사자' 사이에 그럴듯한 개념적 연관을 제시한다. 다시 말하자면, 이러한 접근 유형들은 특정한 집단의 사람들을 분배정의 문제와 관련된 동료 주체들로 전환시키는 것은 그들이 공동의 틀 속에서 서로 뒤얽혀 있다는 사실이라고 상정하고 있다. 이러한 뒤얽힘은 그들 사이의 이익과 부담을 분배하고, 그들 각각의 삶의 기회를 규정하면서 그들의 상호작용 관계를 결정한다. 셋째, 이러한 생각의 근저에서 이러한 접근의 개연성을 높여 주는 것은 일종의 '관련된 모든 당사자'의 원칙이다. 이 원칙은 주어진 사회구조에 의해서 영향을 받는 모든 사람들은 그와 관련된 정의 문제를 다루는 데서 주체로서의 도덕적 지위를 갖는다고 주장한다.

이 세 가지 생각들은 서로 결합되어 강력한 개념적 연관체계를 형성한다. 이러한 생각들은 '당사자'에 대한 현재의 논쟁은 오직 우리가 스스로의 사회역사적 상황들을 잘 이해해야만 비로소 만족스럽게 해결될 수 있다고 주장한다. 우리의 사회역사적 상황에 대한 이러한 이해는 지구화하는 세계에 거주하는 사람들의 삶을 규정하는 힘들을 포괄하는 것이어야만 한다. 이렇게 매우 일반화해서 말한다면, 이러한 주장은 전혀 문제 삼을 수 없는 것처럼 보인다. '방법'에 대한 질문과 관련하여 우리가 수용할 만한 모든 접근은 정의의 상황들, 주요한 인과적 힘들 그리고 관련된 모든 당사자 원칙에 대해서 옹호할 만한 해석을 제시해야만 하며 이와 동시에 그들 간의 관계를 이론적으로 해명할 수 있어야만 한다.

그러나 모든 것은 우리가 이러한 생각들을 얼마나 정확하게 해명하는가에 달려 있다. 표준 사회과학적 접근에 의존하는 모든 사람은 이 문제를 논쟁의 대상이 될 수 있는 가정들과는 무관한 것으로, 경험적 사실에 관한 확정적 문제로 간주한다. 실증주의의 유산이라고 할 수 있는 그들의 관점에서 보면, 정의에 관해서 논의하는 우리들이 사회이론적 논쟁에 말려들 필요는 전혀 없다. 우리가 사실과 가치, 인과적 설명과 역사적 해석 사이의 연관에 대해서 걱정할 필요는 전혀 없으며, 우리는 오직 표준 과학의 확증된 성과들을 참고하기만 하면 된다는 것이다.

그러나 문제가 되는 핵심 개념들 중 그 어떤 것도 이런 방식으로는 설명될 수 없다. 정의의 상황들에 관해 제시된 설명들은 경험적 사실에 관한 확정적 문제들로 결코 환원될 수 없다. 이 설명들은 이론을 포함한(theory-laden), 가치를 포함한(value-laden) 설명들이며 그로 인해서 논쟁의 대상이 될 수밖에 없는 것들이다. 그러한 상황들을 설명하기 위한 노력들이 규범적으로 혼란스러운 해석들과 정치적 판단들에 의존한다는 사실을 알고자 한다면, 우리는 그저 지구화의 범위와 현실에 관한 최근의 논쟁들을 상기해 보기만 하면 된다.[28] 따라서 실증주의적으로 이해된 사회과학이 이러한 대립하는 설명들을 판결하는 과업을 담당할 수는 없다. 오히려 그런 문제들은 대화를 통해서, 다차원적인 실천적 담론을 통해서 다루어져야만 한다. 그러한 담론은 대안적 구상들을 검토하고 그것들의 암묵적 전제를 드러내고 그

---

28) David Held, Anthony McGrew, David Goldblatt, and Jonathan Perraton, *Global Transformations: Politics, Economics and Culture*, Cambridge: Polity, 1999; Paul Hirst and Graham Thompson, *Globalization in Question: The International Economy and the Possibilities of Governance*, Oxford: Blackwell Publishers, 1996.

것들의 상대적 장점을 평가해야 하며, 담론에 참여하는 우리 모두는 사회적 지식과 규범적 성찰 사이의 내적 관계를 충분히 인식하고 있어야만 한다. 결과적으로 우리는 '당사자'에 관한 논쟁을 마치 그것이 논쟁의 여지없는 경험적 사실의 문제라도 되는 것처럼 '정의의 상황들'에 호소함으로써 해결할 수는 없는 것이다. 반대로 정확히 무엇을 연관된 상황으로 고려할지, 이러한 상황이 어떻게 정확하게 서술될 수 있는지 하는 문제들에 관한 의견불일치를 공개하고 분명하게 만들어서, 그러한 문제들을 지구화하는 세계에서 사회정의의 '당사자' 문제를 다루는 보다 폭넓은 정치적 논쟁의 한 부분으로 받아들여야만 한다.

'기본구조' 개념 역시 마찬가지다. 그 개념은 1971년 롤스의 저작 『정의론』(*A Theory of Justice*)에서 처음 제시되었으며, 이는 오직 출생을 통해서만 진입하고 사망을 통해서만 벗어나는 "폐쇄된 사회"를 위해서 구상된 개념이었다.[29] 모든 국경이동 운동을 배제하면서 롤스는 자급자족 사회를 설정하였으며, 그 사회 구성원들의 삶의 기회는 전적으로 그들 내부의 제도적 질서들에 의존하는 것으로 간주하였다. 이러한 이상화된 가정을 받아들인다면, 그러한 질서들이 단일한 범위 내에 존재하는 유일한 구조를 형성하면서 오로지 확인 가능한 제한된 인구의 삶의 기회만을 결정하는 것으로 상상하는 것이 유의미할 수도 있을 것이다. 그러나 그런 반(反)사실적 가정들이 없다면 단일한 범위 내에 존재하는 유일한 기본구조라는 생각은 더 이상 유지될 수 없을 것이다. 국경을 넘어서는 상호작용 개념을 도입하자마자 우리는 어떤 것은 지방적이고, 어떤 것은 국가적이며, 어떤 것은 지역적이고, 어떤 것은 지구적인 다양한 비동형적 구조들의 가능성을 수용하게 될 것이다. 이런 구조들은 다양한 문제들에 대한 '당사자들'의 다양성 문제를 드러낼 것

---

29) John Rawls, *A Theory of Justice*, Cambridge, MA: Harvard University Press, 1999, p.7.

이다. 동시에 우리는 사람들의 삶의 기회들이 부분적으로는 상호중첩되면서도 그 범위가 다른 다수의 구조들에 의해서 중층결정될 개연성 역시 수용하게 될 것이다. 사회과학자들은 그러한 구조들이 정확히 어떻게 상호작용하는지 결코 이해하지 못한다. 그들의 설명은 상호모순적이고 논란의 여지를 지니고 있다. 이러한 상황에서 단순히 사회과학적 사실에 호소하여 '당사자' 문제를 결정하려는 시도들은 불가능한 것처럼 보인다. 오늘날 구조적 인과성이 무엇을 의미하는지 진지하게 고민한다는 것은 서로 대립하는 사회이론들과 역사적 해석들을 평가해야만 하는 논쟁의 영역에 진입한다는 것을 의미한다. 이러한 문제들에 관한 논쟁들 역시 공개되고 분명하게 언급될 필요가 있다. 이러한 논쟁들을 더 이상 정의론과는 무관한 외적 문제로 생각해서는 안 되며, '당사자' 문제에 관한 보다 폭넓은 논의를 통해서 규범적 성찰의 대상으로 직접적으로 다루어 나가야만 할 것이다.

관련된 모든 당사자 원칙의 경우에도 유사하게 복잡한 상황이 존재한다. 해당 구조에 의해 영향을 받는 모든 사람이 그 구조와 관련된 정의 문제의 주체로서 도덕적 지위를 갖는다는 주장이 직관적으로 그럴듯하다는 것은 분명해 보인다. 그러나 이로부터 논란의 여지가 없는 사회과학적 사실에 호소함으로써 이러한 원리를 기능하게 만들 수 있다는 결론이 나오지는 않는다. 소위 '나비효과'라는 것을 가정한다면, 문제가 되는 것은 우리가 모든 일에 의해서 모든 사람이 영향을 받게 된다는 점에 대해 경험적 증거를 제시할 수 있다는 것이다. 따라서 우리에게 필요한 것은 도덕적 지위를 부여할 만큼 충분한 영향력의 수준과 종류들을 그렇지 않은 영향력들과 구별하는 방법이다. 그러나 표준 사회과학은 그러한 기준을 제시할 수 없다. 관련된 모든 당사자 원칙이 작동되기 위해서는 오히려 경험적 정보에 관한 규범적 성찰을 역사적인 해석 및 사회이론과 결합하는 복잡한 정치적 판단이 필요하다. 본질적으로 대화적인 그러한 판단은 '당사자' 문제에 대해서 선택 가능한 설명들을 제시하고 있는 관련된 모든 당사자 원칙에 관한 대안적 해석들이 가지는 상대적 장점들을 평가할 것을 요구한다.[30]

결국 일반적으로 말해 '방법'에 관한 표준 사회과학적 접근은 그것의 핵심 개념들을 실증주의적으로 오해하고 있다. 게다가 이러한 접근은 틀의 결정이 가지고 있는 수행적 차원을 인식하는 데서도 실패하고 있다. 이러한 접근을 고수하는 사람들은 누가 무엇에 의해서 영향을 받는지와 관련하여, 세계 내의 사태를 참조함으로써 '당사자'의 범위를 선택하는 것을 자신들이 정당화할 수 있다고 생각한다. 그들은 이런 선택이 틀의 결정과는 무관하다고 생각한다. 그러나 많은 경우 주어진 구조에 의해 영향을 받는 사람이 누구인가 하는 문제와 관련하여 사실 차원의 문제란 존재하지 않는다. 그런 문제들은 그러한 구조를 특정한 방식으로 특정한 범위 내에서 구성하겠다는 결정으로부터 독립적일 수 없는 법이다. 구조들이 명백하게 특수한 '당사자'를 지시하도록 설계된 경우에는, 그러한 구조들 자체가 '실체적 사실들'(facts on the ground)을 창조해 낸다. 결국 영향을 받는 사람이 누구인가 하는 문제와 관련된 '경험적 사실'이란 결코 독립적인 사실이 아니며, 선행하는 설계가 만들어 낸 수행적인 인공물일 뿐이다. 그런 경우 '당사자' 문제를 결정하는 데서 표준 사회과학에 호소하는 것은 독자적인 인식론적 고민을 하지

---

30) 2장과 마찬가지로 3장도 2004~2005년에 작성되었으며, 내가 관련된 모든 당사자 원칙에 매료되어 있음을 보여 주고 있다. 그러나 여기서 나의 의심들은 원리의 기준, '규범적-과학적' 해석에 대한 비판의 형태로 보다 강력하고 명백하게 정식화되고 있다. 여기서 주도적인 가정은 관련성에 관한 '비판적-민주적' 해석을 제시함으로써 이런 결함을 교정할 수 있을 것이라는 데에 있다. 그러나 2006~2007년에 이르러서는 재구성의 어려움은 너무 커 보였던 반면에 대안의 가능성은 준비되고 있는 것처럼 보였다. 그래서 다음 장에서 나는 관련된 모든 당사자 원칙을 재구성하기보다는 거부하는 다른 방책을 취했다. 나는 4장에서 '비정상적 정의'에 대해 숙고하면서 '종속된 모든 사람들의 원칙'이라는 대안을 고안해 냈다. 이것이 최근의 나의 입장이다. 그렇지만 2장에서와 마찬가지로 여기에서도 사후 개정을 하기보다는 원래의 형태를 유지하여, 나의 생각이 발전되어 온 과정을 기록하고 이 문제를 내가 지속적으로 고민하는 문제로 표시해 두도록 하였다.

않는 것이다. 오히려 그것은 기존에 설정된 틀을 무비판적으로 인정하는 것에 지나지 않는다.

또한 이러한 접근은 정의 문제의 주체들에 대해서도 역시 오해하고 있다. 표준 과학에 호소해서 '당사자'를 결정하려는 사람들은 정의 문제의 주체들을 마치 그들이 대상이기라도 한 것처럼 취급하는 경향이 있다. 무엇에 의해 누가 영향을 받는가 하는 문제와 관련된 사실을 발견하는 데에 집중하면서, 그들은 인간을 주로 구조적 힘들의 지배하에 놓여 있는 수동적 대상으로 해석하게 된다. 물론 그들의 궁극적인 목적은 개인의 사적 자율성을 신장시키고, 개인들이 자신의 삶의 계획을 설계하고 추구할 동등한 자유를 증진시키는 것이다. 그러나 그 결과는 공적 자율성의 중요성, 즉 자신들을 구속하는 규범들의 틀을 설정하는 데에 함께 참여하는 연합된 사회적 행위자들의 자유가 가지는 중요성을 간과하는 것이다. 틀을 규정할 권위를 사회과학 전문가들에게 넘겨주는 한, 이러한 접근은 전문가들의 결정에 종속된 사람들의 공적 자율성을 부정하게 된다. 결국 이러한 접근은 틀을 규정하는 결정의 민주적 정당성을 박탈하게 된다.

종합적으로 볼 때, 표준 사회과학적 접근이 가지는 이러한 단점들은 지구화하는 세계에서 '당사자'를 결정하는 '방법'의 문제가 재검토될 필요가 있음을 보여 주고 있다. 실행 가능한 접근은 정의의 상황들, 구조적 인과성, 관련된 모든 당사자 원칙 등에 대한 새로운 개념화를 요구한다. 이러한 과업을 수행하기 위해서는 사회적 지식에 대한 탈실증주의적 이해에 기초해서 각각의 개념들을 재구성할 필요가 있다.

우리는 이 중요한 개념들에 대한 확정적이고 논란의 여지없는 설명을 현재 소유하지 않고 있다는 점을 솔직하게 시인하는 것에서 출발해야 한다. 이러한 메타-가정은 앞 절에서 논의해 온 철학자들이 가지고 있는 일차원적 가정들과는 종적으로 다른 것이다. 그들이 인과적 우선성에 대한 이런저런 실질적인 주장들이 가지는 확정적 진리성을 가정하고 있는 반면, 여기서 나는 그런 모든 주장이 논쟁적인 성격을 가진다는 점을 전제하면서 출발할 것을 제안한다.[31] 이러한 제안의 결과는 '당사자' 문제에 관한 논쟁들이 해결되는 과정을 기존과는 다른 좀더 복잡한 방식으로 고찰할 것을 요구한다.

내가 '방법'에 관한 '비판적-민주적' 접근이라고 명명하고자 하는 이러한 관점에서 볼 때, '당사자' 문제에 관한 논쟁들은 이중적 성격을, 즉 인식론적인 동시에 정치적인 성격을 갖는다. 인식론적 측면에서 이러한 논쟁들은 지구화하는 세계에 내재하는 취약성의 본질과 상호의존도에 관한 인지적 주장들을 제시하는데, 사실 이런 주장들은 표준 과학에 의해 입증될 수 없는 것들이다. 이러한 인지적 주장들을 판단하기 위해 요구되는 것은 오히려 정정 가능한 폭넓은 추론양식이다. 이러한 추론 속에서 진행되는 논쟁들은 확증적 질문, 해석적 질문, 규범적 질문, 역사적 질문, 개념적 질문 등 상이한 수준과 종류의 질문들을 오고간다. 비록 무엇을 좋은 논거로 간주할지에 대한 확정된 동의는 없지만 각각의 수준에서 논쟁 당사자들은 논거와 반대 논거들을 제시한다. 때문에 그들의 논쟁은 그들 각각의 논의들 중 이전에는 당연한 것으로 간주했던 측면들을 검토하게 만들면서 종종 성찰적인 성격을 가지게 된다. 따라서 이러한 접근에서는 틀에 대한 논쟁들이 사회적 지식에 대한 탈실증주의적 이해에 부합하는 일종의 대화적이고 의사소통적인 합리성을 보여 주게 된다. 이 경우 '방법'에 대한 비판적-민주적 접근은 표준 과학에 호소하지 않고 비판이론과 연계된 추론양식을 도입하게 된다.

---

31) 이 문제와 관련해 유익한 토론을 해준 데이비드 페리츠에게 감사드린다. 나는 그의 미발간 원고 두 편에서 큰 도움을 얻었다. "A Diversity of Diversities: Liberalism's Implicit Social Theories", Political Studies Association Conference 53차 연례발표회 발표문, University of Leicester, 2003.04.15~17, Panel 6~11, Copyright ⓒ [PSA]; "The Complexities of Complexity: Habermas and the Hazards of Relying Directly on Social Theory", Critical Theory Roundtable의 토론 발제문, San Francisco, 2001 Oct..

그러나 이러한 인식론적 차원이 '당사자' 문제에 관한 논쟁들의 본성을 모두 말해 주지는 않는다. 비판적-민주적 관점에서 볼 때, 이러한 논쟁들에는 정치적 차원 역시 존재한다. 다양한 수준에서의 논의들을 포함하는 이러한 논쟁들은 논쟁 당사자들의 평가적이고 해석적인 태도들을 함축하고 있다. 비판적-민주적 접근은 표준 과학에 호소함으로써 이러한 정치적 성격을 은폐하는 대신 오히려 그것을 공개할 것을 주장한다. 이러한 접근은 대화자들이 그들의 주장에 산재하는 이해관계와 가치평가들을 공개적으로 드러내고 솔직하게 논쟁할 것을 권고한다. 그렇지만 현재 논쟁 당사자들은 틀에 대한 논쟁에 동등하게 참여하고 있지 않다. 불평등한 사회적·지리적 위치에 처해 있는 논쟁 당사자들은 불평등한 권력이 그들의 논쟁을 관통하고 있다는 점을 알고 있다. 이러한 권력의 불평등 역시 명백하게 드러나야 한다. 비판적-민주적 접근은 의사소통 이성의 성찰적 능력에 다시 한 번 의존하면서 참여자들로 하여금 그들의 논쟁을 오염시키고 있는 권력의 불평등을 문제 삼을 것을 고무한다. 달리 말하면, 우리의 목표는 어차피 불가피한 일이라면 그것을 잘 짚고 넘어가자는 것이다. 이러한 접근은 환원 불가능한 정치적 성격을 인정함으로써 '당사자'에 관한 논쟁을 가능한 한 민주화하고자 한다.[32]

결국 일반적으로 '방법'에 관한 비판적-민주적 접근은 두 가지 근본적인 생각들을 결합시킨다. 한편에는 사회적 지식과 규범적 성찰 사이의 관계에 대한 비판이론적 이해가 존재하고, 다른 한편에는 공정한 공적 논쟁에 대한 민주적인 정치적 관심이 존재한다. 인식론적 태도와 정치적 태도 사이의 이러한 결합 덕분에 이 접근은 표준 사회과학적 접근 자체를 거부하지는 않으면서 그 접근의 결함을 해소할 수 있게 된다. 이러한 접근은 '정의의 상황들', '구조적 결정', '관련된 모든 당사자' 원칙 등과 같은 중요한 개념들 자체

---

32) 이 문제에 대해 유익한 토론을 해준 베르트 판 덴 브린크(Bert van den Brink)에게 감사드린다.

를 거부하지는 않으면서도 그것들을 민주적 토론을 통한 비판적 반성이 가능한 대화의 대상으로 만든다. 그 결과는 지구화하는 우리의 세계에 대한 사회적 지식을 배제하지 않으면서 그것을 전문가들로부터 되찾아 와서 '당사자' 문제에 관한 폭넓은 민주적 토론의 장 안에 다시 위치시키는 것이다. 이러한 접근은 틀에 대한 모든 결정이 가지는 수행적 차원의 환원 불가능성을 인정하면서, 정의의 주체를 인과적 대상으로서만이 아니라 사회적이고 정치적인 행위자로 해석한다. 공적 자율성의 중요성을 인정하는 이러한 접근은 민주적인 정당성을 요구할 수 있는 방식으로 정의의 '당사자' 문제를 결정하는 절차들을 제시하고자 한다.

'당사자' 문제에 관한 논쟁의 민주화 : 제도적 문제들과 개념적 문제들

몇몇 측면에서 '방법'에 관한 비판적-민주적 접근은 표준 사회과학적 대안을 개선하고 있다. 그러나 그것이 가지는 완전한 함의는 아직 충분히 밝혀지지 않았다. 제도적 측면에서 이러한 접근은 '당사자' 문제에 관한 논쟁들을 민주적으로 논의하고 해결하기 위해 국경을 초월하는 새로운 무대를 창조할 필요성을 지적하고 있다. 그러한 무대는 영토에 기초한 현존하는 틀들이 자신들을 부당하게 배제하고 있다고 주장하는 사람들의 이야기를 듣기 위한 담론의 장들이 될 것이다. 그러나 중요한 것은 케인스주의적-베스트팔렌적 틀을 모든 것을 포괄하는 하나의 단일한 지구적 틀로 대체하는 것이 아니다. 지구화가 정의롭지 못한 복수적 구조들의 상호침투를 포함하는 한에서, 중요한 것은 배제된 자들의 주장들에 관한 민주적 논쟁을 통해 주어진 경우에 고려대상이 되는 사람들이 누구인가에 대해서 보다 적절하고 상호주관적으로 옹호될 수 있는 이해방식을 창출하는 것이다. 우리가 받아들일 만하다고 생각해 볼 수 있는 결론은 복수적이면서 기능적으로 정의된 일련의 틀들을 도입하는 것이 될 것이다. 이러한 틀들은 관련된 논의를 통해 나타나게 될 것이며, 다양한 문제들과 관련하여 고려대상이 되는 복수적이고 기능적으로 정의된 '당사자'들에 상응하는 그런 틀들이 될 것이다. 그럼에도 불구하고 '방법'에 관한 비판적-민주적 접근은 영토적으로 정의된 틀들을 폐기하거나 그것들 전체를 기능적으로 정의된 대안들로 대체해 버리려고 하지는 않는다. 오히려 영토적으로 규정된 틀들과 '당사자들'의 의지는 여러 가지 목적과 관련하여 그 중요성을 유지하고, 기능적으로 정의된 틀이나 '당사자'들과 계속해서 병존해 나갈 가능성이 크다.

어쨌든 핵심적인 요지는 다음과 같다. 어떤 형태의 틀들이 잠정적으로 정당화된 것으로 출현한다 하더라도, 그 틀들은 배제에 관한 새로운 주장들이 그것들에 도전해 출현하는 경우 미래에 있을 수도 있을 수정에 대해서 항상 열려 있어야만 한다. 틀에 관한 논쟁들이 결정적이고 최종적인 해결책에 도달할 수는 없다고 가정하기 때문에, '방법'에 관한 비판적-민주적 접근은 그러한 논쟁을 지구화하는 세계에서의 정치적 삶이 가지는 지속적인 특징으로 간주한다. 따라서 이 접근은 그러한 논쟁을 민주적으로 제기하고 잠정적으로 해소하기 위해서 새롭고 영구적인 제도들을 창출할 것을 제안한다.

물론 이러한 접근을 어떻게 제도화할 것인가와 관련해서는 아직 답변되지 않은 어려운 질문들이 많이 남아 있다. 한 가지 문제는 주어진 주제와 관련하여 자신들에게 적합한 지위를 요구하지만 영토에 기초한 기존의 틀들에 의해 배제되어 있던 사람들을 적절하게 대표하고 그들의 동등한 목소리를 보증할 수 있는 방법에 관한 것이다. 또 다른 문제는 대안적 틀들에 관해 그저 논쟁만 할 뿐인 약한 공중과 구속력 있는 결정들로 그 논쟁을 잠정적으로 해결하는 강한 공중 사이의 적합한 노동분업을 어떻게 제시할 것인가 하는 것이다.[33] 그리고 또 다른 문제는 틀에 대한 논쟁들을 경청하고 해결하는 데 공정한 제3자적 재판관이나 중재자가 할 수 있는 역할은 무엇인가

하는 문제와 관련된다.[34] 더 나아간 문제로는 탈베스트팔렌적 '당사자'의 권리를 옹호하고자 하는 사람들과 진지한 대화를 시작하는 것 자체를 거부하는 경직된 이데올로기적 국가[민족]주의를 어떻게 다룰 것인가 하는 문제도 있다. 이런 문제들 그리고 이와 연관된 문제들을 다루려면 현실주의적 유토피아주의 정신을 가지고 제도적인 상상력을 발휘하는 것이 필요할 것이다.

또한 비판적-민주적 접근은 적어도 다음과 같은 세 가지의 강력한 개념적 도전에 직면하게 된다. 그러한 도전들 중 하나는 무한퇴행의 망령과 관련된다. 비판적-민주적 접근이 새로운 메타-메타-수준의 질문, 즉 틀을 결정하는 민주적 과정에 **누가** 참여해야 하느냐는 질문을 던지는 한에서 이런 도전이 제기된다. 비판적-민주적 접근은 이차원적인 민주적 '당사자' 혹은 메타-시민을 요구한다. 그런 한에서 이 접근은 시민이 시민을 규정할 수 없기 때문에 경계들과 틀들이 민주적으로 결정될 수 없다는 일종의 '민주주의의 역설'을 자초하는 것처럼 보인다.[35] 때로는 이러한 반론이 결정적인 논박으

---

33) 강한 공중과 약한 공중의 구별에 대해서는 다음을 참조하라. Nancy Fraser, "Rethinking the Public Sphere: A Contribution to the Critique of Actually Existing Democracy", *Habermas and the Public Sphere*, ed. Craig Calhoun, Cambridge, MA: MIT Press, 1992, pp.109~142[Fraser, *Justice Interruptus: Critical Reflections on the "Postsocialist" Condition*, London: Routledge, 1997에 재수록]. 또한 Jürgen Habermas, *Between Facts and Norms: Contributions to a Discourse Theory of Law and Democracy*, trans. William Rehg, Cambridge, MA: MIT Press, 1996, p.307 이하와 이 책의 5장 「공론장의 초국적화: 탈베스트팔렌적 세계에서 공론의 정당성과 유효성에 대하여」도 보라.

34) Daniele Archibugi, "A Critical Analysis of the Self-Determination of Peoples: A Cosmopolitan Perspective", *Constellations* 10, 4, 2003, pp.488~505.

35) 정치적 틀들이 민주적으로 결정되지 않는다는 논증에 대해서는 다음을 참조하라. Frederick Whelan, "Democratic Theory and the Boundary Problem", *Nomos XXV: Liberal Democracy*, eds. J. Roland Pennock and John W. Chapman, New York and London: New York University Press, 1983, pp.13~47. 민주주의의 역설들에 대한 다른 글들로는 William Conolly, *Identity/Difference: Democratic Negotiations of Political Paradox*, Minneapolis: University of Minnesota Press, 2002; Chantal Mouffe, "Democracy, Power and the 'Political'", *Democracy and Difference: Contesting the Boundaries of the Political*, ed. Seyla Benhabib, Princeton: Princeton University Press, 1996, pp.245~256 을 보라.

로 간주되기도 하지만, 나는 이러한 반론이 설득력 있다고 보지 않는다. 비민주적으로 규정된 (국가단위) 당사자에 대한 요구가 폭넓게 수용되었던 케인스주의적-베스트팔렌적 시기에 그러한 반박이 그 어떤 위력을 가지고 있었든 간에, 내가 보기에 민주적 기대가 고양되고, 영토적으로 제약된 '당사자'가 논박되고, 정의에 관한 질문의 틀을 바꾸라고 많은 사람들이 요구하는 오늘날에는 그런 위력도 사라져 버린 것처럼 보인다. 틀에 관한 논쟁이 조만간 사라질 것처럼 보이지는 않기 때문에, 우리는 그러한 논쟁들을 도전으로서만이 아니라 창조적인 제도적 사고를 위한 자극이자 기회로도 생각해야만 한다. 따라서 논리적 역설에 직면하여 손을 드는 대신에, 우리는 그러한 논쟁을 민주적으로 해결하기 위한 제도적 배치를 상상하여 그 논쟁을 처리하는 방법을 제시하도록 노력해야만 할 것이다.[36]

'방법'에 관한 비판적-민주적 접근에 대한 두번째 개념적 도전은 정의와 민주주의가 가지는 관계의 순환성으로부터 발생한다. 틀에 관한 논쟁을 민주주의적으로 해결하고자 하는 한에서 비판적-민주적 접근은 그것이 촉진하고자 하는 바로 그 산출물을 선차적인 배경조건으로 가정하고 있는 것처럼 보인다. 즉 이러한 접근은 모든 사람이 민주적 토론과 의사결정에 동등하게 참여하는 것을 허용할 정도로 충분히 정의로운 사회적 상태를 전제하고 있는 것처럼 보인다는 것이다. 이러한 반론은 민주적이라고 주장하는 현존하는 토의들을 오염시키고 있는 현실 세계에 존재하는 자원과 신분상의 불평등을 지적하고 있을 뿐만 아니라 민주주의와 정의 사이의 내적인 개념적 연관도 올바르게 지적하고 있다. 이 반론은 영토국가 수준을 포함하여 모

---

36) 성공적으로 민주주의의 역설을 처리하고 있는 것으로서 내가 염두에 두고 있는 제도적 창조성에 관한 사례로는 토마스 포게의 훌륭한 글들을 참조하라. Thomas Pogge, "How to Create Supra-National Institutions Democratically: Some Reflections on the European Union's Democratic Deficit", *Journal of Political Philosophy* 5, 1997, pp.163~182.

든 민주적 과정들에 대해서 매우 일반적으로 적용된다. 민주주의자들이 이러한 반론에 각각의 수준에서 소심하게 굴복해서는 안 되는 것과 꼭 마찬가지로 우리도 여기서 굴복해서는 안 된다. 오히려 우리는 악순환처럼 보이는 것을 선한 나선형으로 변형시키는 방법을 제시하기 위해서 노력해야만 한다. 이러한 발상은 위니코트(Donald Woods Winnicott)의 양해를 구하여 우리가 "충분히 만족할 만한(good-enough) 토의"라고 부를 수 있는 것을 확립하는 데에서부터 시작된다.[37] 그러한 토의가 참여적 평등이라는 기준에는 많이 못 미치는 것임에도 불구하고, 그것은 어떤 사회적 개혁들을 정당화하는 데에는 충분한 것일 수 있다. 물론 그러한 개혁은 일단 제도화되고 나면 다시 참여적 평등에 좀더 근접한 다음번 토의의 장을 열게 될 것이다. 또한 그 다음 논의의 장은 추가적이고 보다 급진적인 개혁들을 정당화하는 데에는 '충분히 만족할 만한' 것이 될 것이고, 다시 이러한 개혁은 다음 번 토의의 질을 개선하게 될 것이며, 이러한 과정은 계속 진행될 것이다.[38] 앞서 논의한 첫번째 도전과 마찬가지로 이러한 개념적 도전의 경우에도 그 해결책은 민주주의의 반성능력에, 즉 자신의 절차와 틀들 중 기존에 당연한 것으로 간주되던 측면들을 문제시하고 개정할 수 있는 능력에 의존해야만 한다.

---

37) 사적인 대화에서 이 표현을 제안해 준 베르트 판 덴 브린크에게 감사드린다.
38) 몇몇 정치이론가들은 '충분히 만족할 만한 토의'에서부터 출발하는 선한 나선형에 관한 생각과 유사한 무언가를 염두에 두고 있는 것으로 보인다. 라이너 포르스트의 한 가지 유망한 제안은 "기본적인 정당화 절차"를 제도화하는 것이다. 그 절차 속에서 지구적 정의에 관한 논증들이 토의되며, 그러한 절차 자체는 논증들을 통해서 출현하고 승인되는 개혁들에 의해 점차 평등주의적이고 정당한 용어들로 재구성될 수 있다. 지금까지 내가 알고 있는 바에 따르면, 아직까지 포르스트는 기본적인 정당화 절차에 관한 그의 생각을, 단지 '내용'이 아니라 '당사자'까지 문제가 되는 틀에 관한 메타-수준의 논의에 적용할 가능성을 염두에 두고 있지 않다. 그러나 나는 그렇게 하지 못할 이유가 없다고 생각한다. Rainer Forst, *Contexts of Justice* 참조. 이와 유사한 생각은 하버마스의 제안에서도 볼 수 있다. 그는 정치적 자유의 적정 가치를 지향하는 기본권을 제도화할 것을 주장하는 동시에 그러한 권리들의 내용은 지속적인 (준)민주적 논쟁들로 인해서 시간의 흐름에 따라 발전되고 풍부해질 수 있다고 주장한다. Jürgen Habermas, *Between Facts and Norms* 참조.

세번째 개념적 도전은 도덕적인 것과 정치적인 것 사이의 구별과 관련된다. 이러한 구별은 동료 시민들에 대한 정치적 의무들과 인간 자체에 대한 도덕적 의무들을 대조시키는 케인스주의적-베스트팔렌적 틀 안에서 선명하게 나타난다. 반대로 여기서 제안된 접근은, 지구화하는 세계에서는 정의에 관한 모든 질문이 정치적인 것이 되어야 한다고 주장함으로써 이러한 구별을 붕괴시키고 결국 정치를 도덕화할 위험이 있는 것처럼 보인다. 혹은 그런 것처럼 주장하는 논박이 제시되고 있다. 그러나 사실 이런 반론은 잘못된 것이다. 비판적-민주적 접근은 낡은 관점에서는 '그저' 도덕적인 것으로만 보였던, 영토를 넘어서는 정의 문제들을 다루기 위해 새로운 정치적 제도들을 건설하는 과정을 수반한다. 그러나 이것이 정의에 관한 모든 질문이 똑같은 방식으로 정치적인 것이 되어야만 한다는 주장을 수반하는 것은 아니다. 보다 그럴듯한 결론은 도덕적인 것과 정치적인 것 사이에 성립했던 첨예한 베스트팔렌적 대립이 완화된다는 것이다. 이제 한쪽 극에는 영토적 틀에서 제기되는 정치적 질문들이라는 '두꺼운' 축이 존재하고 다른 쪽 극에는 비영토적 틀에서 제기되는 정치적 질문들이라는 '얇은' 축이 존재하는 하나의 연속체가 상정된다. 이런 경우 결과는 정치를 도덕화하는 것이라기보다는 상이한 형태의 정치적인 것들을 드러냄으로써 정치 내부에 존재하는 미묘한 차이들을 보여 주는 것이 될 것이다. 더 나아가 이런 관점에 서면 정치적인 것과 도덕적인 것 사이의 첨예한 구별이 케인스주의적-베스트팔렌적 틀이 구성해 낸 일종의 인공물일 뿐이라는 사실이 드러난다. 케인스주의적-베스트팔렌적 틀은 초국적인 정치적 제도들의 존재 가능성을 부정하는 오류를 범했다. 그렇지만 이런 설명으로부터 정치와 도덕의 구별 자체가 더 이상 불가능하다는 결론이 나오는 것은 아니다. 이로부터 귀결되는 것은 그 구별이 다른 방식으로 설정되어야만 한다는 사실이다. 그러한 구별이 논쟁 가능하고 개정 가능한 것으로 간주되면, 그 구별 역시 대화를 통해서 결정되어야만 할 것이다. 결국 이제 언제 어디서 도덕적인 것과 정치적인 것을 구별할 것인가 하는 문제는 민주적 토론에 종속되는 정치적 문제로서 나타난다.[39]

따라서 일반적으로 말하자면 '방법'에 관한 비판적-민주적 접근은 원칙적으로 개념적 반박들에 의해 좌절될 필요가 없다. 따라서 나는 비판적-민주적 접근을 대표적인 제도적·개념적 문제들을 만족스럽게 해결할 수 있는 형태로 발전시키는 것이 노력할 만한 가치가 있는 일이라는 결론을 제시하고자 한다. 여기서 세 가지 점을 특별히 강조할 필요가 있다.

첫째, 이러한 접근을 발전시킴으로써 우리는 평등주의의 두번째 독단을 극복하는 데서 중요한 전진을 이룰 수 있다. 그럴듯하고 매력적인 비판적-민주적 대안을 명확히 제시함으로써 우리는 최근에 우리로 하여금 '방법'에 대한 표준 사회과학적 접근을 비판적으로 성찰하지 못하도록 방해하고 있는 부당한 자명성의 아우라를 해소하는 데 도움을 줄 수 있을 것이다.

둘째, 이러한 접근을 발전시킴으로써 우리는 정의와 민주주의 사이의 관계를 심화시킬 수 있다. 현재 탈베스트팔렌적 정의에 관해 제시되고 있는 가장 강력한 평등주의적 이론들은 대체로 민주주의 이론과 무관하게 발전하고 있다. 반면에 우리의 가장 야심 찬 탈베스트팔렌적 민주주의 이론들은 아직 강력한 평등주의적 사회정의관들을 발전시키지 못했으며, 따라서 이러한 이론들은 그러한 정의관들을 필수적인 보완물로 요구하고 있다. '방법'에 관한 비판적-민주적 접근은 한편으로는 평등주의와 기술관료주의 사이에 맺어진 현재의 사실상의 동맹관계에 맞서고, 다른 한편으로는 민주주의와 국가[민족]주의 사이에 맺어진 또 다른 동맹관계에 맞서면서, 정치이론적 반성의 이 두 흐름을 연결시킬 것을 약속한다.

---

39) 이 문제에 관한 계몽적 토론을 해준 알레산드로 페라라(Alessandro Ferrara)에게 감사드린다. 그의 견해에 대해서는 "Two Notions of Humanity and the Judgment Argument for Human Rights", *Political Theory* 31, 3, 2003 Jun., pp.394~420 참조.

마지막으로, 가장 중요한 것은 만일 우리가 '방법'에 관한 비판적-민주적 접근을 옹호 가능한 형태로 발전시키지 못한다면, 우리는 결코 '당사자' 문제에 관해 옹호할 만한 답변에 도달할 수 없게 된다는 것이다. 그리고 이는 우리가 여전히 우리 시대의 중요한 문제, 즉 지구화하는 세계에서의 정의 문제의 틀을 어떻게 설정할 것인가 하는 문제에 대해서 답을 할 수 없는 상황에 처하게 될 것이라는 사실을 의미한다.

4장 비정상적 정의

오직 한 가지 방식만이 있는 것은 아니라는 영감을 준
리처드 로티를 추모하며

어떤 상황에서는 정의에 관한 공적 논쟁들이 정상적 담론의 형태를 취한다.
이 경우에는 주어진 상황에서 정의가 요구하는 것이 정확히 무엇인가에 대
해서 사람들 사이에 아무리 심각한 의견차이가 있다고 하더라도, 논쟁 당사
자들은 합당한 정의 요구가 어떤 것인지에 대해서 몇몇 기초적인 가정들을
공유하고 있다. 이러한 공유된 가정들에는 그러한 주장을 제기할 자격이 있
는 사람(보통은 개인들)은 누구인지와 관련되어 있는 존재론적 가정들, 그들
이 부정의를 교정하기 위해서 의존하는 기관(전형적으로는 영토국가)은 어
디인가에 관한 존재론적 가정들이 속한다. 또한 정의의 범위에 관한 가정들
역시 여기에 포함된다. 범위에 대한 가정들은 정의 요구와 관련된 논의에 참
여할 당사자들의 범위(통상적으로는 제한된 정치공동체의 시민들)를 확정하
며, 누구의 이익과 관심이 고려되어야 하는지(마찬가지로 통상적으로는 제한
된 정치공동체의 시민들)도 규정한다. 마지막으로 논쟁 당사자들은 정의에
관한 문제들이 발생하는 합당한 영역(통상적으로는 분배와 관련된 경제적 영
역)에 관한 사회이론적 가정들을 공유하며, 부정의를 유발하는 사회적 분열
(전형적인 것으로는 계급과 종족)에 대한 가정들도 공유한다. 정의에 관해 논

쟁하는 사람들이 일련의 기초적 가정들을 공유하는 이런 상황에서는 그들 사이의 논쟁도 상대적으로 규칙적이고 우리가 알아볼 수 있는 형태를 갖게 된다. 일련의 조직화 원칙을 통해 구성되고 식별 가능한 문법에 따라서 진행 되는 갈등들의 경우에는 '정상적(normal) 정의'의 형태를 취한다.[1]

물론 정의에 관한 담론이 지금 서술된 의미에서 완전하게 정상적인 경 우가 과연 존재하는지는 의심스러운 일이다. 전적으로 주어진 일련의 중심 적 가정들에 의해서 설정된 한계 내부에만 머무는 정의에 관한 공적 논쟁이 란 현실세계의 상황 속에서는 결코 존재하지 않는다. 그리고 우리는 모든 논 쟁 참여자가 모든 가정에 동의하는 그런 경우를 결코 발견할 수 없을 것이 다. 나아가 정상성에 근접하는 상황이 벌어진다면, 우리는 오히려 지배적인 합의를 거부하는 사람들을 억압하거나 배제함으로써 그런 상황이 벌어지고 있는 것은 아닌지 의심해 보는 것이 마땅할 것이다.

이런 단서들에도 불구하고 우리는 '정상적 정의'에 관해서 유의미한 방 식으로 말할 수는 있을 것이다. 정상과학에 대한 토머스 쿤(Thomas Kuhn) 의 이해에 비추어 보면 정의 담론은 그것의 핵심적 가정들에 대한 공식적 인 반대와 불복종이 억제되고 있는 한에서만 정상적이라고 할 수 있을 것이

---

1) 여기서 내가 리처드 로티(Richard Rorty)에게 빚지고 있는 한 측면은 명백하다. 그것은 정상 적 담론과 비정상적 담론에 관한 그의 구별을 내가 차용하고 있다는 것이다. 그만큼 분명하지 는 않은 측면은 그가 제공한 보다 큰 영감이다. 예를 들어 로티는 모든 세대의 미국 철학자들에 게 대학원을 거세게 압도하여 그 기능을 마비시켜 왔던 전문적인 분석철학의 위험을 거부할 용기를 주었다. 내가 나만의 철학적 길을 걷고 내가 중요하다고 생각하는 것에 관한 나 자신의 견해를 써나갈 수 있도록 용기를 준 것은 바로 그의 책 『철학과 자연의 거울』(*Philosophy and the Mirror of Nature*)이었다. 나는 그에게 아무리 감사해도 지나치지 않다. 그리고 이 장에서 의 논증을 다듬도록 도움을 준 호르스트 브레데캄프(Horst Bredekamp), 뱅상 데콩브(Vincent Descombes), 라이너 포르스트, 로버트 구딘(Robert Goodin), 킴벌리 허칭스(Kimberly Hutchings), 윌 킴리카(Will Kymlicka), 마리아 피아 라라, 제인 맨스브리지(Jane Mansbridge), 파비올라 리베라-카스트로(Faviola Rivera-Castro), 게이브리얼 록힐(Gabriel Rockhill), 낸시 로젠블룸(Nancy Rosenblum), 앤 로라 스톨러, 필립 판 파레이스(Philippe Van Parijs), 엘리 자 레츠키, W.J.T. 미첼(W.J.T. Mitchell), 그리고 『비판적 탐구』(*Critical Inquiry*) 편집진의 풍부 한 응답에 감사드린다.

다.[2] 일탈적인 현상이 사적인 것으로만 머물거나 예외적인 것으로 간주되는 한에서, 그러한 일탈들이 누적되어 담론을 파괴하지 않는 한에서, 정의에 관한 공론장에서의 갈등들은 우리가 인정할 수 있는, 따라서 '정상적인' 형태를 취하게 된다.

이런 기준에서 볼 때 현재의 상황은 일종의 '비정상적 담론'의 상황이다.[3] 정의에 관한 공적 논쟁이 확산되고 있음에도 불구하고 그러한 논쟁들은 점점 더 정상적 담론의 구조적 특징들을 결여하고 있다. 오늘날 논쟁 당사자들은 종종 정의를 요구할 수 있는 사람이 누구인지에 대해서 그 어떤 공유된 이해도 가지고 있지 않다. 어떤 사람들은 집단이나 공동체를 선호하는 반면에 다른 사람들은 오직 개인들만을 정의의 주체로 인정한다. 마찬가지로 오늘날 정의에 대해 논쟁하는 사람들은 종종 부정의를 시정할 기관은 어디인지에 대해서도 공유된 관점을 가지고 있지 않다. 어떤 사람들은 새로운 초국적 제도 혹은 세계시민적 제도들을 제시하는 반면에 다른 사람들은 우리가 호소할 수 있는 것은 오직 영토국가뿐이라고 주장한다. 또한 논쟁 당사자들은 대화 참여자의 적절한 범위가 어디까지인지에 대해서도 상이한 견해를 가지고 있는 경우가 많다. 어떤 사람들은 그들의 요구를 국제적 공론에 호소하는 반면에 다른 사람들은 제한된 정치공동체 내부로 토의를 제한하고자 한다. 나아가서 오늘날 논쟁 당사자들은 종종 정의의 문제와 관련하여 고려해야 할 사람이 누구인지에 대해서도 서로 의견을 달리한다. 어떤 사

---

2) Thomas Kuhn, *The Structure of Scientific Revolutions*, third edition, Chicago: University of Chicago Press, 1996.

3) 만일 우리가 엄밀하게 쿤에게 충실하자면, 여기서 우리는 '혁명적 정의'에 관해서 이야기해야만 할 것이다. 그러나 그 표현과 연결된다고 전제하면서도 나는 로티로부터 단서를 얻는 방식을 택하여 '혁명적 정의'라는 표현 대신에 '비정상적 정의'라는 개념을 사용하고자 한다. 로티는 *Philosophy and the Mirror of Nature*, Princeton: Princeton University press, 1981과 *Contingency, Irony, and Solidarity*, Cambridge: Cambridge University Press, 1989에서 '정상적' 담론과 '비정상적' 담론을 구별하고 있다.

람들은 모든 인간에게 이러한 자격을 부여하는 반면에 다른 사람들은 그들의 동료 시민으로 그 범위를 제한한다. 또한 그들은 정의 요구가 제기될 수 있는 개념적 영역에 대해서도 자주 의견을 달리한다. 어떤 사람들은 재분배에 대한 (경제적) 요구들만을 받아들이는 반면에 다른 사람들은 인정에 대한 (문화적) 요구와 대표에 관한 (정치적) 요구 역시 수용한다. 마지막으로 오늘날 논쟁 당사자들은 종종 어떤 사회적 분열이 부정의를 야기하는지에 대해서도 의견을 달리한다. 어떤 사람들은 국적(민족, nationality)과 계급의 분열만을 인정하는 반면에 다른 사람들은 젠더와 섹슈얼리티(sexuality)의 분열도 부정의를 야기한다고 주장한다.

그 결과 정의에 관한 현재의 논쟁은 제멋대로 진행되고 있다. 질서를 부여하는 힘을 가진 공유된 전제들이 사라지면서 현재의 논쟁은 정상적 담론이 가지는 구조적 형식을 상실하게 되었다. 시민사회 내에서 진행되는 비공식적 논쟁들에서 이러한 상황은 분명하게 드러난다. 이런 비공식적 논쟁들에서는 원칙상 상식적 견해(doxa)를 문제 삼는 것이 언제든 가능하다. 예언자 마호메트에 관한 덴마크 풍자만화 사건(2006년)의 경우, 그것을 문명의 충돌이나 자유주의적인 공적 이성의 사용과 관련된 문제로 볼 때보다 일종의 비정상적 담론의 경우로 볼 때 더 잘 이해할 수 있다. 그러나 비정상성은 정의를 제도화하는 것을 그것의 핵심적인 존재이유로 삼고 있는 법정이나 중재기관들과 같은 제도화된 논쟁 영역들과도 관련된다. 예를 들면, 최근 사형과 관련하여 미국 대법관들 사이에서는 외국 법원의 견해를 참조하는 것이 과연 적합한지 여부를 두고 논쟁이 일어난 바 있다.[4] 근본전제들에 관한 이러한 논쟁들이 확산되면, 일탈은 예외라기보다는 규칙이 되어 버린다. 비

---

4) '외국법'에 대한 미국의 '수입'을 다루는 훌륭한 논의로는 다음을 참조하라. Judith Resnik, "Law's Migration: American Exceptionalism, Silent Dialogues, and Federalism's Multiple Ports of Entry", *The Yale Law Journal* 115, 7, 2006 May., pp.1564~1570.

정상성이 상대적으로 안정된 논증의 장 안에서 등장하는 변칙성의 형태를 벗어던지게 되면, 그것은 정의 담론의 중심 영역에 침투하게 된다. 일차원적 논쟁들이 발생하자마자 그것들은 누구를 고려하고 무엇을 문제 삼을 것인가 하는 문제들과 관련된 핵심적 가정들을 다루는 메타-논쟁들로 전이된다. 내용의 문제뿐 아니라 정의의 문법 자체를 누구나 문제 삼게 되는 것이다.

이러한 상황이 전대미문의 상황인 것은 결코 아니다. 매우 간단히만 고찰해 보아도 이와 유사한 역사적 사례들을 발견할 수 있다. 유럽에서 비정상적 정의 상황이 발생했던 선례로는 봉건적인 정치적 상상력이 소멸해 가고 있었지만 아직 영토국가 체제가 공고화되지는 못했던 시기, 즉 베스트팔렌 조약이 체결되기 이전 시기를 들 수 있다.[5] 다른 사례로는 주요한 세 제국들이 몰락하는 와중에 미숙한 국제주의가 부활하는 민족주의와 충돌했던 제1차 세계대전 이후 시기를 들 수 있다.[6] 안정적인 일정한 패권이 부재했던 이러한 상황들 속에서 경쟁하는 패러다임들은 서로 충돌하였으며 정의를 정상화하기 위한 노력들은 성공하지 못했다. 이런 경우들이 예외적이라고만 볼 수는 없다. 사실 정상적 정의라는 것이 역사적으로 비정상적인 반면에, 오히려 비정상적 정의가 역사적 표준에 가까운 것처럼 보이기도 한다.

그럼에도 불구하고 오늘날의 비정상적 상황은 역사적으로 특수한 것이며, 이는 냉전질서의 종식, 도전받는 미국의 패권, 신자유주의의 부상, 지구화의 새로운 전개 등과 같은 최근의 상황들을 반영하고 있다. 이러한 상황 속에서 기존의 패러다임들은 불안정해지고 있으며, 정의와 관련된 요구들은 그것들이 기존에 정박하고 있던 정상상태라는 섬에서 손쉽게 떠밀려 나

---

5) John Ruggie, "Territoriality and Beyond: Problematizing Modernity in International Relations", *International Organization* 47, 1993, pp.139~174.

6) Hannah Arendt, *The Origins of Totalitarianism*, new edition with added prefaces, New York: Harcourt Brace Jovanovich, 1973.

오고 있다. 정의 요구의 주요한 세 형태들, 즉 사회경제적 재분배 요구, 법적 혹은 문화적 인정 요구, 정치적 대표에 대한 요구 모두가 이러한 상황에 봉착해 있다. 국경을 초월한 생산, 지구화된 금융, 신자유주의적 무역과 투자체제의 파고 속에서 재분배에 대한 요구들은 점차로 국가 중심적인 논쟁의 문법과 공간이라는 경계들을 넘어서게 된다. 마찬가지로 국경을 넘나드는 이주와 지구적 매체의 물결 속에서 한때 멀리 떨어져 있던 '타자들'에 대한 인정의 요구는 새로운 근접성을 획득하게 되며, 이는 이전에는 당연한 것으로 간주되었던 문화적 가치지평들을 동요시킨다. 마지막으로 초강대국의 패권이 도전받고, 지구적 협치와 초국적 정치가 등장하는 시기에 정치적 대표의 문제는 점차로 근대적 영토국가라는 기존의 틀을 파열시키고 있다. 탈정상화라는 이러한 상황 속에서 정의 요구들은 즉각적으로 그것들과 기본적인 가정들을 달리하는 반대 주장들에 직면하게 된다. 문제가 되는 것이 재분배이든 인정이든 아니면 대표이든, 현재의 논쟁들은 정의 담론의 언어적 이질성(heteroglossia)을 드러내며, 이러한 상황 속에서는 그 어떤 형태의 정상성도 존재하지 않게 된다.

이러한 상황에서 우리에게 익숙한 정의론들은 아무런 도움도 되지 못한다. 정상적 정의의 맥락을 위해서 정식화된 이러한 정의론들은 대체로 일차원적인 질문들에 집중한다. 부와 자원을 정당하게 분배하는 방법은 무엇인가? 상호인정 혹은 동등한 존중이란 무엇인가? 공정한 정치적 대표와 동등한 발언권을 보장할 수 있는 방법은 무엇인가? 공유된 문법을 가정하는 이러한 이론들은 우리가 도덕적 지위, 사회적 분열, 교정의 주체 등과 관련하여 상충하는 가정들에 부딪히게 되는 경우 이를 어떻게 처리할지에 대해서는 아무것도 말해 주지 않는다. 따라서 이러한 이론들은 비정상적 정의의 문제들, 즉 우리 시대를 특징짓는 문제들을 다룰 수 있는 개념적인 자원들을 제공하지 못한다.

이런 상황에서 우리에게 도움을 줄 수 있는 것은 어떤 종류의 정의론인가? 정의에 관한 일차원적 논쟁들이 무엇을 합당한 일차원적 요구들로 간주할 것인지를 묻는 메타-논쟁과 중첩되는 상황에 대처할 수 있는 이론은 어떤 유형의 이론인가? 이 장에서 나는 비정상적 시대의 (부)정의 문제에 대해 접근하는 한 가지 방식을 제안하고자 한다. 여기서 내가 이야기할 내용은 세 부분으로 나누어진다. 첫째, 나는 정의에 관한 현대적 논쟁에서 나타나는 비정상성의 세 마디를 확인할 것이다. 둘째, 나는 이 비정상성들을 해명하기 위해 각각에 상응하는 세 가지 개념적 전략을 정식화할 것이다. 마지막으로 나는 이러한 전략들이 비정상적 시대에 부정의에 항거하여 투쟁하는 이론과 실천에 대해서 가지는 몇 가지 함의들을 살펴볼 것이다.

지구화하는 세계에서 나타나는 비정상성의 마디들

사회정의에 관해 벌어지고 있는 최근의 논란들의 개요를 제시하면서 논의를 시작해 보자.

선진국의 노동조합들은 자국과 외국의 노동자들을 위해 정의를 신장할 것을 요구하면서 국내적인 환경·건강·안전 기준을 충족시키지 못하는 수입 물품들에 대한 수입을 차단하려고 노력한다. 개발도상국 노동자들을 대표하는 기구들은 이에 반대하면서, 현재 상황에서 그들이 충족시킬 수 없는 기준들을 부과하고 있는 이러한 접근은 언뜻 보기에는 진보적인 것처럼 보이지만 사실상 일종의 정의롭지 못한 보호주의일 뿐이라고 주장한다. 국내적인 공론장과 초국적인 공론장 모두에서 논의가 진행되면서 첫번째 입장은 영토국가 수준에서의 민주정치를 통해 정의를 실현하고자 하는 사람들 사이에서 지지를 받게 되었으며, 반면에 두번째 입장은 지구적 정의를 옹호하는 사람들과 자유시장주의자들 사이에서 지지를 받게 되었다. 한편 기업들과 국가들은 국제법 영역에서 이와 관련된 주제들에 대하여 논의를 벌인다. 예를 들어 미국에 근거를 둔 초국적 기업들은 캐나다의 상대적으로 엄격한 환경법과 노동법이 불법적인 무역규제에 해당한다고 북미자유무역협정(North American Free Trade Agreement)의 중재기구에 호소한다. 세 명의 재판관 중 미국 대표는 자유무역 논리에 기초하여 기업들의 입장을 지지한다. 캐나다 대표는 캐나다 시민들의 자치권을 옹호하면서 이에 대해서 반대한다. 멕시코 대표가 결정권을 쥐게 되며, 그는 미국의 편을 들어 기업들의 입장을 지지하면서 빈곤한 나라들의 발전권을 주장한다. 그러나 이와 동시에 이러한 절차의 정당성이 논란의 대상이 된다. 초국적 시민사회에서 시위대들은 북미자유무역협정, 세계무역기구 그리고 다른 지구적 경제의 협치구조들에 대항해서 투쟁한다. 세계사회포럼에 모인 활동가들은 이러한 구조들이 부정의하고 비민주적이라고 선언하면서 '아래로부터의 지구화'라는 대안의 윤곽에 대해서 토론을 진행한다.

이것은 '비정상적 정의'에 관한 한 사례다. 몇몇은 공식적이고, 몇몇은 비공식적이며, 몇몇은 주류에 속하고, 몇몇은 종속적인 지위에 있는 복수의 담론장들을 가로지르면서 논쟁의 장소는 현기증이 날 정도로 빠르게 전환된다. 논쟁의 지형 그 자체도 당연한 것으로 간주되기는커녕 논란의 대상이 되어 버린다. 국가주의자들과 국가 수준의 민주주의자들이 논쟁을 영토적 틀 안에 국한시키려고 함에도 불구하고 해외의 논쟁 참여자들은 국내적 논쟁의 경계를 뚫고 들어가기 위해서 노력한다. 한편 초국적 사회운동들이 논쟁의 범위를 확대시키고자 노력함에도 불구하고 국가들과 기업들은 논쟁을 지역적인 사법기구들 내부로 제한시키고자 한다. 그로 인해 여기서는 정상적 담론에서는 논란이 되지 않았던 논쟁의 형식 자체가 명백한 투쟁의 중심

대상이 되어 버린다. 그들이 내용적인 문제에 대해서 논쟁을 벌인다고 하더라도, 논쟁 참여자들은 다음과 같은 문제들에 관해 심각한 의견차이를 드러내게 된다. 무엇에 관해서 누가 누구에게 요구를 제기할 자격이 있는지, 그러한 요구들은 어디서 어떻게 처리되어야만 하는지, 그리고 그런 요구들이 제기되는 경우 문제를 해결할 책임은 누구에게 있는지 하는 문제들이 바로 그런 문제들이다.

하지만 비정상적 상태가 전적으로 임의적인 것만은 아니다. 왜냐하면 그것은 세 가지의 중요한 마디를 중심으로 배치되어 있기 때문이다. 첫번째 마디는 정의의 '내용'과 관련하여 공유된 관점이 존재하지 않는 상황을 반영하고 있다. 여기서 문제가 되는 것은 정의의 실질적 내용이 무엇인가 하는 것이다. 정의가 비교의 문제와 관련된다면, 그것이 비교하는 내용은 도대체 무엇인가? 어떤 사회-존재론적 가정들이 제대로 된 정의 요구와 잘못된 요구를 구별해 주는가? 정상적 정의상황에서는 이러한 문제들에 대해서 고민할 필요가 없다. 예를 들어 모든 당사자가 정의를 분배와 관련된 용어를 통해서 이해하고, 그것을 그 본성상 전형적으로 경제적이라고 할 수 있는 분할 가능한 재화의 할당과 관련된 문제로 간주하는 경우 이러한 문제들은 등장하지 않을 것이다. 반면에 비정상적 상황에서는 정의의 '내용'이 논란의 대상이 된다. 여기서 우리는 공통의 존재론을 공유하지 않는 요구들에 직면하게 된다. 한 당사자가 분배부정의를 감지하는 곳에서 다른 당사자는 신분과 관련된 위계질서를 보게 되며 또 다른 당사자는 정치적 지배를 발견한다.[7] 따라서 현재의 상태가 부정의하다고 동의하는 사람들조차도 그 부정의한 상황을 어떻게 기술할 것인가에 대해서는 의견일치를 이루지 못한다.

---

7) 사회-존재론에 대한 의견불일치는 종종 부정의를 야기하는 사회적 균열에 관한 의견불일치로 전환된다. 때문에 한쪽 편이 계급적 부정의를 보는 곳에서 다른 편은 젠더 부정의를 보게 되며, 또 다른 편은 종족적 혹은 종교적 단층에서 기인하는 부정의를 보게 된다.

정의의 '내용'에 관한 상이한 가정들은 위에서 기술된 사례 속에서도 나타난다. 이 경우 분배부정의를 온존시키는 보호주의 장벽을 제거하고자 하는 외국 노동자들의 경제적 요구는 특정한 정치공동체의 민주적 주권을 위협하는 신자유주의적 침투를 격퇴시키고자 하는 영토국가 시민들의 정치적 요구와 충돌하게 된다. 이로 인해서 민주주의와 평등주의를 공개적으로 지지하는 사람들 사이에서조차도 부정의를 어떻게 시정할 것인지는 물론이고 부정의를 어떻게 이해해야 하는지에 대해서도 심각한 의견불일치 상태가 초래된다. 결국 정의의 '내용' 자체를 누구나 문제 삼게 된다.

비정상성의 두번째 마디는 정의의 '당사자' 문제에 관한 공유된 이해가 부재하는 상황을 반영하고 있다. 여기서 문제가 되는 것은 정의의 범위의 문제, 정의가 적용되는 틀의 문제이다. 주어진 문제와 관련하여 **누구**를 정의의 주체로 간주할 것인가? 누구의 이익과 필요가 고려될 만한 자격이 있는 것인가? 동등한 고려의 대상이 되어야 할 사람들의 범위에 속하는 사람은 누구인가? 정상적 정의상황에서는 이런 것들이 문제가 되지 않는다. 예를 들어 모든 당사자가 그들의 논쟁을 영토국가 내부의 문제들로 간주하고, 따라서 정의의 '당사자'를 제한된 정치공동체의 시민과 동일시하는 경우에 이런 문제들은 발생하지 않는다. 반면에 비정상적 정의상황에서는 '당사자'가 누구에게나 문제가 된다. 여기서 우리는 정의 논쟁에 관한 상충하는 틀들에 직면하게 된다. 한 당사자가 국내적·영토적 '당사자'를 통해서 문제의 틀을 설정하는 곳에서 다른 당사자들은 지역적·초국적 혹은 지구적 '당사자'라는 틀을 부과한다.[8]

이 문제에 관한 상이한 가정들 역시 위에서 제시된 사례, 즉 상충하는 틀들을 포함하는 사례 속에 들어 있다. 이 경우 어떤 논쟁 당사자들은 캐나다의 노동규제를 국내적인 효과를 기준으로 삼아 평가하는 반면에 다른 사람들은 그것들이 보다 넓은 북미 지역에서 낳는 효과들에 주목하고, 또 다른 사람들은 여기에서 더 나아가 개발도상국의 노동자들 혹은 지구 인류의 이해관계에 주목한다. 그 결과 '누구'를 고려할 것인가에 대한 합의가 이루어지지 않게 된다. 정의의 '내용'뿐만이 아니라 정의의 '당사자'도 논란의 대상이 되어 버린다.

비정상성의 세번째 마디는 정의를 실현하는 '방법'에 관한 공유된 이해가 존재하지 않는 상황을 반영하고 있다. 여기서 논란이 되는 것은 본질적으로 절차적인 문제다. 특정한 경우에 우리는 정의를 성찰하기 위한 타당한 문법이 무엇인지를 **어떻게** 결정할 것인가? 우리는 어떤 기준이나 결정절차에 따라서 정의의 '내용'과 '당사자'에 관한 논란을 해결할 것인가? 정상적 정의 상황에서는 이런 문제들이 그 정의상 발생하지 않는다. 왜냐하면 정의의 '내용'이나 '당사자' 자체가 논란의 대상이 되지 않기 때문이다. 반면에 비정상적 상황에서는 이 두 요소 자체가 논란이 되기 때문에 '방법'에 관한 의견불일치가 분출할 수밖에 없게 된다. 여기서 우리는 논란을 해소하기 위한 상충하는 각본에 직면하게 된다. 한 당사자가 국가 간 조약이 가지는 권위에 호소하는 곳에서 다른 당사자는 국제연합(United Nations), 힘의 균형 혹은 새롭게 고안되어야 할 세계시민적 민주주의의 제도화된 절차들에 호소한다.[9]

위에서 묘사한 사례에는 '방법'에 관한 불확실성 역시 표현되고 있다. 이 경우 관련 국가들과 기업들은 문제를 해결하기 위해 북미자유무역협정에 호소하지만, 신자유주의에 반대하는 활동가들은 그 대신 지구적 공론에

---

8) 많은 경우 관심범위에 관한 불일치는 수신자의 범위에 관한 불일치로, 즉 정의 요구가 정당하게 그 앞에서 논의될 수 있는 공중들이 누구인가에 관한 불일치로 전환된다. 따라서 한쪽이 그 요구들을 영토적으로 제한된 공중들에게 제기하는 반면에 다른 쪽은 지역적·초국적 혹은 지구적 공중들에게 그들의 요구를 제기하는 것은 비정상적 상황에서 전형적으로 나타나는 현상이다.

9) 절차에 관한 이견들은 종종 대표 혹은 정치적 발언권에 대한 논란으로 전환된다. 한편의 논쟁 당사자들이 논란 해결 기구들에서의 대표를 국가들로 제한하는 곳에서 다른 사람들은 비정부기구들의 대표에 찬성하고, 또 다른 사람들은 '세계시민'으로서의 개인들을 직접적으로 대표하는 세계시민적 민주주의의 틀을 기대한다.

영향을 미치고자 하는 초국적 대중운동에 주목하고 있다. 전자가 논란을 해결하기 위해서 조약에 기초한 지역적 무대에 호소하는 반면에 후자는 구속력 있는 결정들을 내리고 실행할 제도적 권위를 결여하고 있는 '세계사회포럼'에 의지한다. 따라서 여기서는 정의의 문법에 관한 논란들을 어떻게 해결할 것인지에 대한 합의가 존재하지 않는다. 정의의 '내용'과 '당사자'뿐 아니라 정의를 구현하는 '방법'도 논란의 대상이 되어 버린다.

전체적으로 비정상성의 이 세 마디는 기존의 지배적 문법이 불안정해진 상황을 반영하고 있다. 오늘날 '내용'의 불확실성은 정의의 내용에 대한 기존 문법의 정의(定義)가 탈중심화되고 있는 상황을 반영한다. 여기서 문제가 되는 것은 정의를 전적으로 공정한 경제적 분배로만 간주해 왔던 관점이다. 이런 견해가 제2차 세계대전 이후 수십 년간 진행된 대부분의 논쟁을 지배해 왔다. 제1세계의 사회민주주의, 제2세계의 공산주의, 제3세계의 '발전주의'라는 서로 상이한 정치문화들이 마주하는 상황에서 정의의 '내용'에 관한 분배적 해석은 비경제적인 문제들을 배제하는 경향이 있었던 것이 사실이다. 이러한 해석은 불평등한 분배를 핵심적 부정의로 규정하면서, 사회의 정치적 구성에서 기인하는 대표불능의 부정의뿐만 아니라 신분적 위계질서에서 기인하는 무시와 같은 부정의도 모호한 것으로 만들어 버렸다.[10]

이와 유사하게 오늘날 '당사자' 문제와 관련된 불확실성도 기존 문법의 틀이 불안정해지고 있는 상황을 반영한다. 이 경우 문제가 되는 것은 근대적 영토국가가 정의가 적용될 수 있는 유일한 단위라는 베스트팔렌적 관점이다. 전후 시기에 정의 문제를 다루었던 대부분의 담론들은 베스트팔렌적 관점의 틀 속에서 진행되었다. 인권에 대한 공치사들, 프롤레타리아 국제주의,

---

10) 이 틀은 젠더·성·종교·인종 혹은 종족과 관련된 요구들을 포함하는, 계급과는 다른 사회적 전선에 속하는 요구들을 주변화하는 경향도 있다.

제3세계의 연대성 등에도 불구하고 정의에 관한 분배적 이해와 결합된 베스트팔렌적 관점이 전 세계의 상이한 정치문화들을 지배하고 있었다.[11] 정의를 특정 영토 내의 문제로 효과적으로 제한시킴으로써 베스트팔렌적 틀은 관심의 범위를 제한된 정치공동체의 시민들로 국한시켰다. 그 결과 국경을 넘어서는 정의에 대한 구속력 있는 책무는 비록 전면적으로 배제된 것은 아니었지만 상당한 정도로 제약될 수밖에 없었다. 분리되어 병치된 일련의 영토적으로 제한된 국내적 '당사자들을' 구축함으로써 베스트팔렌적 틀은 국경을 초월하는 부정의들을 은폐해 왔다.[12]

　　마지막으로 '방법'과 관련된 오늘날의 불확실성은 전후의 문법이 가지고 있기는 했지만 예전에는 언급되지 않았던 특징이 새롭게 분출하고 있는 상황을 반영하고 있다. 감추어져 있던 지배적 가정들이 그간 가시화되었고 그로 인해 논란의 대상이 되어 버렸다. 대부분의 정의 담론이 베스트팔렌적이고 분배주의적인 가정들에 의해서 지배되는 한, 정의의 '내용'과 '당사자'에 관한 논란을 해소하기 위한 제도나 절차의 필요성은 명확히 감지되지 않는다. 만일 그런 필요성이 감지되었다고 하더라도 사람들은 강력한 국가들이나 민간 엘리트들이 이러한 논란들을 정부 간 기구나 담배 연기 자욱한 뒷방에서 해결해 줄 것이라고 생각했다. 그 결과 정의의 '내용'과 '당사자'에 관

---

11) 몇몇 독자들은 이 틀이 진정으로 표준화된 적이 결코 없었기 때문에 식민지 민중들은 베스트팔렌적 틀의 정당성을 결코 수용하지 않았다고 주장했다. 그러나 내가 보기에 제2차 세계대전 이후 대부분의 반식민주의자들은 그들 자신만의 베스트팔렌적인 독립국가를 이룩하기 위해 노력했다. 반면에 오직 극소수만이 일관되게 지구적 틀 속에서의 정의를 주장해 왔다. 그 이유는 전적으로 이해할 만한 것이었다. 결국 나의 주장은 반제국주의 세력들은 결코 베스트팔렌적 틀 그 자체에 반대하지 않았으며 일반적으로 그 틀을 진정으로 보편적이고 공정한 방식으로 실현하고자 했다는 것이다. 비록 나의 대답에 만족하지는 않았지만 이 문제를 강력하게 제기해 준 앤 로라 스톨러에게 감사드린다.
12) 베스트팔렌적 틀은 정의에 관한 공적인 논쟁들도 국가단위로 구획지었다. 베스트팔렌적 틀은 정의에 대한 요구들을 영토국가의 내부 공론장들에 제한시킴으로써 정의의 문제에 관한 초국적인 공적 논쟁을 위축시켰다.

한 공개적이고 민주적인 논쟁은 활성화될 수 없었다.

그러나 오늘날에는 이러한 세 가지 정상적 가정들이 더 이상 당연한 것으로 간주되지 않는다. 정의의 '내용'에 대한 분배 중심의 이해가 가지는 지배적 지위는 적어도 두 방향에서 도전받고 있다. 첫째, 차이를 수용하려는 다문화주의자들에서 차이를 제거하려는 종족민족주의자들(ethno-nationalists)에 이르기까지 인정정치를 실행하는 다양한 실천가들에 의해서, 둘째, 선거에서 젠더 할당을 요구하는 여성주의자들로부터 권력의 공유를 요구하는 소수 민족들에 이르기까지 대표정치를 실행하는 다양한 사람들에 의해서 정의의 내용에 대한 분배 중심의 이해는 도전받고 있다. 그 결과 정의의 내용에 대해서 현재 적어도 세 가지 이해방식들이, 즉 재분배, 인정, 대표의 입장들이 경합하고 있다.

한편 베스트팔렌적 '당사자' 규정의 지배적 지위는 적어도 세 방향에서 도전을 받고 있다. 첫번째 도전은 고려의 범위를 국가의 하부단위로 설정하고자 하는 지방주의자들(localists)과 자민족 중심주의자들(communalists)에 의해서 제기된다. 두번째 도전은 정의의 '당사자'를 비록 완전히 보편적이지는 않지만 보다 큰 범위로, 즉 '유럽' 혹은 '이슬람'과 같은 방식으로 설정하고자 하는 지역주의자들(regionalists)이나 초국가주의자들에 의해서 제기된다. 세번째 도전은 모든 인간을 동등하게 고려하자고 주장하는 지구주의자들과 세계시민주의자들에 의해서 제기된다. 결국 현재 정의의 '당사자' 문제와 관련하여서 적어도 네 가지의 서로 경쟁하는 견해들이 작동하고 있다. 베스트팔렌적 견해, 지방주의적-자민족 중심주의적 견해, 초국가주의적-지역주의적 견해, 지구주의적-세계시민주의적 견해들이 그것이다.

마지막으로 지배적인 '방법'에 관한 암묵적 동의는 민주화에 대한 기대가 일반적으로 고조되는 상황으로 인해서 도전받고 있다. 왜냐하면 민주화를 위해 동원된 모든 운동은 정의의 '내용'과 '당사자' 문제에 관한 발언권을 요구하고 있기 때문이다. 그런 운동들은 지배적 제도와 틀들에 저항하면서, 정의의 문법을 결정하는 것과 관련해 국가나 엘리트들이 가지고 있는 특권에 효과적으로 도전해 왔다. 이러한 운동들은 정의의 '내용'과 '당사자'에 관한 폭넓은 논쟁을 자극하면서 정의의 '방법'에 관한 인민주의적(populist)이고 민주적인 견해가 지배적인 전제와 경합하도록 만들었다.

정의의 '내용'과 '당사자' 그리고 '방법'에 관한 경쟁적 견해들이 출현하는 상황은 오늘날 부정의에 대해서 고민하는 모든 사람에게 중요한 문제가 되고 있다. 우리는 일차원적 정의와 관련된 급박한 문제들을 간과하지 않으면서 이러한 메타-논쟁들을 어떻게든 계속 고민해야만 한다. 그러나 이 세 요인이 동시에 작동하는 상황에서 우리는 확실한 입각점을 가지고 있지 못하다. 우리는 매번 비정상성에 직면하고 있다.

비정상적 시대의 정의론을 수립하기 위한 전략들

이러한 상황에서 어떤 종류의 정의론이 우리의 지침이 될 수 있을까? 확실한 해답을 얻으려면 우리는 주어진 문제에 대한 균형 잡힌 관점을 가지고 출발해야만 한다. 내가 생각하기에 비결은 비정상성이 가지는 긍정적 측면과 부정적 측면을 평가하는 것이다. 비정상성이 가지는 긍정적 측면은 논쟁의 영역이 확장되고, 이에 따라 기존의 문법이 간과하고 있던 부정의들을 문제 삼을 수 있는 기회가 확대된다는 것이다. 예를 들어 분배를 중심으로 정의의 '내용'을 규정하는 방식이 탈중심화되면, 무시나 대표불능과 같은 비경제적인 폐해들이 가시화되고 비판의 대상이 될 수 있게 된다. 이와 마찬가지로 베스트팔렌적 '당사자'가 더 이상 표준적인 것이 되지 않으면, 지금까지 은폐되었던 메타-부정의의 유형들이 고려될 수 있게 된다. 이러한 부정의를 '잘못 설정된 틀'로 인해서 야기되는 부정의라고 부를 수 있는데, 이런 경우

정의에 관한 일차원적인 질문들은 부당한 틀 속에서 다루어지게 된다. 예를 들어 분배 문제를 국가라는 틀로 규정하게 되면 지구적 빈곤층의 요구들이 차단당하게 된다.[13] 만일 우리가 무시, 대표불능, 잘못 설정된 틀이 원칙적으로 진정한 부정의의 목록들에 속한다고 생각한다면——사실 나는 이렇게 생각하는 것이 옳다고 보는데——그러한 부정의들을 은폐하는 문법을 동요시키는 것은 긍정적인 발전으로 간주되어야만 할 것이다. 바로 여기에, 즉 부정의에 저항할 수 있는 가능성을 확대시켜 준다는 데에 비정상적 정의가 가지는 긍정적 측면이 존재한다.

그러나 비정상적 정의는 부정적 측면도 가지고 있다. 문제는 논란이 확대된다고 해서 그 자체로 부정의를 극복하지는 못한다는 것이다. 부정의를 극복하기 위해서는 적어도 다음과 같은 두 가지 추가조건이 필요하다. 첫째, 요구들을 공정하게 검토할 수 있는 상대적으로 안정된 틀이 필요하다. 둘째, 부정의를 시정할 제도화된 기관과 수단들이 필요하다. 이러한 두 가지 조건이 비정상적 정의상황에서는 존재하지 않는다. '내용', '당사자', '방법'이 논란이 되는 상황 속에서 어떻게 요구들이 공정하게 평가되고 부정의가 정당하게 시정될 수 있을 것인가? 바로 여기에 비정상적 정의가 가지는 부정적 측면이 있다. 논란이 확대되는 과정에서 부정의를 숙고하고 그것을 시정할 수단은 축소된다.

비정상적 시대에 정의론을 제시하고자 하는 사람들은 이러한 두 측면 모두를 염두에 두어야만 한다. 어떤 종류의 이론이 확대된 논란을 안정화시키고, 부정의를 판결하고 시정할 수 있는 능력이 약화되는 것을 막고, 나아가서 그러한 능력을 강화시킬 수 있을 것인가? 충분한 답을 가지고 있는 것처럼 가장하지 않으면서, 나는 지금 기술된 비정상성의 세 마디를 재검토하

---

13) 나는 이하에서 그리고 이 책의 2장에서 **잘못 설정된 틀**에 관해 매우 상세하게 논의했다.

면서 단서를 찾아보고자 한다. 이 세 마디들을 차례대로 고찰해 보면, 그것들 각각은 우리에게 비정상적 시대에 정의를 사유하는 방법과 관련하여 중요한 무엇인가를 말해 줄 수 있을 것이다.

정의의 '내용' : 세 차원에서의 동등한 참여

먼저 '내용'의 문제에 대해서 생각해 보자. 여기서 문제는 어떤 접근이 환원주의적 분배주의에 대한 저항들이 가지는 정당성을 인정하면서 동시에 정의 문제를 둘러싼 논쟁들을 해결할 수 있는 전망을 명확히 제시할 수 있는가 하는 것이다. 이에 대한 간략한 해답은 다차원적 사회-존재론을 규범적 일원론과 결합시키는 접근이다. 이에 대해서 설명해 보도록 하자.

확대된 저항들의 정당성을 인정하기 위해서 정의론은 논쟁 당사자들의 요구들을 공정하게 경청할 수 있는 전망을 제시해야만 한다. 만일 이러한 요구들을 미리 차단해 버리고자 하지 않는다면, 이론은 정의의 '내용'과 관련된 비표준적인 관점들을 수용할 수 있어야만 한다. 이론은 포용성을 확대하면서, 부정의가 여러 가지 형태로 나타나며 정의의 '내용'에 관한 한 가지 관점만으로는 그것들 모두를 포착할 수 없다는 점을 인정하는 데서 출발해야만 한다. 이러한 이론은 사회-존재론적 일원론을 거부하고 정의가 여러 가지 차원을 포함하고 있다는 점을 이해해야만 한다. 그리고 그 각각의 차원들이 분석적으로 구별되는 부정의의 양상들과 결합되어 있으며, 개념적으로 구별되는 사회적 투쟁의 유형들을 통해서 그것들이 드러난다는 점을 인정해야만 한다.

내가 이미 언급한 세 가지 가능성들에 대해서 생각해 보도록 하자. 첫째, 노동자들의 투쟁이라는 관점에서 볼 때, 정의는 경치경제에 뿌리박고 있는 경제적 차원을 포함하며, 이와 연관된 부정의는 **불평등한 분배** 혹은 계급적 불평등이다. 둘째, 다문화주의와 관련된 투쟁들의 관점에서 볼 때, 정의는 신분질서에 뿌리박고 있는 문화적 차원을 포함하며, 이에 상응하는 부정의는 **무시** 혹은 신분적 위계질서다. 마지막으로 민주화 투쟁의 시각에서 볼 때, 정의는 사회의 정치적 구성에 뿌리박고 있는 정치적 차원을 포함하며, 이와 연관된 부정의는 **대표불능** 혹은 정치적 발언권 상실이다.

이와 같이 정의의 '내용'에 관한 상이한 세 관점이 존재한다. 그것들 각각이 다른 것으로는 환원될 수 없는 진정한 부정의의 형태들에 상응하는 한에서, 현대적인 이론구성에서 이들 중 하나라도 배제하는 것은 결코 정당화될 수 없다. 따라서 부정의와 관련된 존재론적 일원론은 매우 잘못된 것이다.[14] 정의의 '내용'에 관한 단일한 일원론적 설명보다는 **재분배, 인정, 대표**라는 세 가지 차원을 포괄하는 다차원적 이해가 정의의 문제를 더 잘 고찰하고 있다.[15] 특히 이러한 이해는 비정상적 시대에 그 유용성이 크다. 처음부터 이세 차원의 요구들 모두가 원칙적으로 합당한 것이라고 가정함으로써만 우리는 정의의 '내용'에 관한 여러 관점을 포괄하고 있는 논쟁들 속에서 모든 요구자의 목소리를 공정하게 경청할 수 있게 될 것이다.

그러나 왜 이 세 가지뿐인 것인가? 위에서 제시된 예들은 정의의 차원

---

14) 악셀 호네트와 로널드 드워킨(Ronald Dworkin)은 철학적인 스펙트럼의 양 극단에 서 있는 두 사례라고 할 수 있다. 드워킨은 모든 부정의는 결국 자원의 불평등한 분배로 환원된다고 주장하는 반면에 호네트는 모든 부정의는 근본적으로 무시의 변형태들이라고 주장한다. 드워킨의 견해에 대해서는 Ronald Dworkin, "What is Equality? Part 2: Equality of Resources", *Philosophy & Public Affairs* 10, 4, 1981 Fall, pp.283~345를 보라. 이에 대한 비판은 Elizabeth Anderson, "What is the Point of Equality?", *Ethics* 109, 2, 1999 Jan., pp.287~337. 호네트의 견해에 대해서는 Axel Honneth, "Redistribution as Recognition: A response to Nancy Fraser", Fraser and Honneth, *Redistribution or Recognition?: A Political-Philosophical Exchange*, trans. Joel Golb, James Ingram, and Christiane Wilke, London: Verso, 2003, pp.110~198 참조. 이에 대한 비판은 나의 글 "Distorted Beyond All Recognition: A Rejoinder to Axel Honneth", 같은 책, pp.198~237을 보라.
15) 이러한 관점에 대한 충분한 설명 및 정당화에 대해서는 나의 글 "Social Justice in the Age of Identity Politics", 같은 책을 참조하라.

들이 한꺼번에 주어지기보다는 사회적 투쟁들을 매개로 하여 역사적으로 출현하게 된다는 사실을 보여 주고 있다. 이런 견지에서 보면, 사회운동들은 자신의 주장을 표준적 정의에 관한 기존의 문법을 넘어서는 그럴듯한 주장으로 확립하는 데 성공하는 경우 정의의 새로운 차원을 보여 주게 된다. 이렇게 되면 기존의 표준적 정의는 돌이켜 볼 때 해당 사회의 구성원들이 겪고 있는 불이익을 은폐해 온 것으로 보이게 될 것이다. 그러나 '내용'에 관한 새로운 이해가 널리 공유되기 전까지 경계를 넘어서는 요구들의 출현은 비정상적 담론을 유발하게 된다.[16] 이 경우 정의의 새로운 차원이 드러나고 있는 것인지 그렇지 않은지 여부가 불분명한 상황이 계속될 것이다. 따라서 이런 상황에서 정의론을 제시하려는 모든 시도는 정의의 새로운 차원이 드러나고 있을 수도 있다는 가능성을 허용해야만 한다. 그런 전망을 독단적으로 차단해 버리는 모든 사람은 자신의 사유가 이러한 시대에 부적합하다고 선언하는 셈이 될 것이다.

비정상적 시대의 정의론과 관련하여 이것이 의미하는 바는 무엇인가? 우선 우리는 '내용'과 관련하여 요구자들이 가지고 있는 비표준적 관점들에 대해, 그것들은 이해될 수 있으며 잠재적 타당성을 가질 수 있다고 가정하면서 해석학적 자비를 실천해야만 한다. 동시에 정의론은 그러한 관점들이 실제로 기존 문법이 은폐해 온 진정한 형태의 부정의를 드러내고 있는지를 고려하면서 그 관점들을 검토해야 한다. 그리고 만일 정말로 그러하다면 새롭게 폭로된 부정의의 형태들이 이제까지 간과되었던 사회질서의 차원들에 뿌리박고 있는 것인지를 검토해야 한다.[17] 오늘날의 상황에서 이는 정의의 '내용'에 관해서 적어도 세 가지 구별되는 관점들, 즉 재분배, 인정, 대표라는

---

16) 이러한 선상에서 여성주의의 제2의 물결을 설명하는 것으로는 Richard Rorty, "Feminism and Pragmatism", *Michigan Quarterly Review* 30, 2, 1991, pp.231~258 참조.

관점들에 기초하고 있는 요구들을 원칙상 적절하고 합당한 것으로 수용해야 한다는 것을 의미한다.[18] 정의론은 잠정적으로는 경제·문화·정치를 중심으로 하는 정의에 관한 삼차원적 관점을 받아들이지만, 그럼에도 불구하고 사회적 투쟁을 통해서 새로운 정의의 차원들이 출현하는 것에 열린 태도를 취해야만 할 것이다.

그러나 다차원적 사회-존재론 그 자체가 문제의 해결책이 되지는 않는다. 부정의의 여러 가지 양상들을 수용하자마자 우리는 그러한 부정의들을 공통의 척도하에서 평가할 수 있는 방법을 필요로 하게 된다. 따라서 우리는 그것들 모두를 연결시킬 수 있는 규범적 원칙을 필요로 하게 된다. 그러한 측정 원칙이 존재하지 않으면, 상이한 차원들이 교차하는 요구들을 평가할 수 있는 방법을 갖지 못하게 되며, 결국 '내용'에 관한 여러 관점을 포함하는 논쟁들을 진행시킬 수 없게 될 것이다.

그런 원칙이란 어떤 원칙인가? 나는 세 차원 모두에서 등장하는 요구들을 **동등한 참여**(parity of participation)라는 포괄적인 규범적 원칙 아래 포섭시킬 것을 제안한다. 이 원칙에 따르면, 정의는 모든 사람이 동료로서 사회생활에 참여하도록 하는 사회질서를 요구한다.[19] 정의를 동등한 참여로

---

17) 내가 제안하는 '검토'는 도덕철학적 측면과 사회이론적 측면의 두 측면을 갖는다. 도덕철학적 관점에서 문제는 다음과 같다. 정의의 '내용'에 관해서 제안된 새로운 해석이 도덕적으로 타당한 규범을 파괴하는 진정한 부정의를 식별해 내는가? 사회이론적 관점에서의 문제는 다음과 같다. 새롭게 제안된 해석이 지금까지 간과되었던 동등한 참여에 대한 제도적 장애물을, 즉 기존에는 소홀히 다루었던 사회질서에 뿌리박고 있는 장애물을 폭로하는가?

18) 앞의 주석이 보여 주는 바와 같이 이러한 논의에 함축되어 있는 것은 '내용'에 관한 삼차원적 견해에 대한 또 다른 사회이론적 설명이다. 근대 사회들에는 경제적 구조, 신분질서 그리고 정치적 구성이라는 세 가지 구별되는 사회질서의 차원들이 존재한다. 이 질서들 중 어느 것도 다른 것으로 환원될 수 없으며, 그 각각이 부정의를 야기할 수 있다. 이에 대한 충분한 논의는 나의 글 "Social Justice in the Age of Identity Politics", Fraser and Honneth, *Redistribution or Recognition?*을 참조하라.

19) 나는 나의 글 "Social Justice in the Age of Identity Politics"에서 이 원칙을 숙고하고 정당화한 바 있다.

규정하는 관점에서 볼 때, 부정의를 극복한다는 것은 누군가가 다른 사람들과 완전한 동료로서 사회적 상호작용에 동등하게 참여하는 것을 방해하는 제도적 장애물을 제거하는 것을 의미한다. 지금까지의 논의가 보여 준 바와 같이 그러한 장애물에는 적어도 세 가지 유형이 존재한다. 첫째, 사람들은 그들이 동등한 동료로서 다른 사람들과 상호작용하는 데 필요한 자원을 제공할 것을 거부하는 경제적 구조 때문에 완벽한 참여를 방해받을 수 있다. 이 경우 그들은 분배부정의 혹은 불평등한 분배로 인해 고통받게 된다. 둘째, 사람들은 그들에게 필수적인 지위를 부여할 것을 거부하는 문화적 가치에 관한 제도화된 위계질서 때문에 동등한 상호작용을 방해받을 수도 있다. 이 경우 그들은 신분의 불평등 혹은 무시로 인해 고통받게 된다.[20] 셋째, 사람들은 공적인 토론과 민주적 의사결정에서 동등한 발언권을 박탈하는 의사결정 규칙들 때문에 완전한 참여를 방해받을 수 있다. 이 경우 그들은 정치적 부정의 혹은 대표불능으로 인해 고통받는다.[21]

이로써 세 가지 상이한 유형의 부정의들은 공통적 결과를 산출한다는 것이 설명된다. 각각의 경우 몇몇 사회적 행위자들은 다른 사람들과 동등하게 사회적 상호작용에 참여하는 것을 방해받는다.[22] 결국 세 가지 부정의는 모두 동등한 참여의 원칙이라는 하나의 원칙을 파괴한다. 그 원칙이 세 차원을 연결시키고 그것들을 통약 가능하게 만들어 준다.[23]

---

20) 인정에 관한 '신분(status) 모델'에 관해서는 "Rethinking Recognition", *New Left Review* 3, 5/6, 2000, pp.107~120 참조.

21) 정치적 대표를 정의의 세번째 차원으로 포함시킨 것은 본래 이차원적이었던 나의 틀에 대한 중요한 개정이다. 이 세번째 차원에 대한 설명과 그것을 내가 추가하게 된 이유에 관해서는 이 책의 2장 「지구화하는 세계에서의 정의에 대한 새로운 틀의 설정」과 9장 「틀의 설정에 관한 정치」 참조. 또한 나의 "Identity, Exclusion, and Critique: A Response to Four Critics", *European Journal of Political Theory* 6, 3, 2007, pp.305~338도 참조.

22) 첫번째 경우 문제는 정의의 경제적 차원에 상응하는 사회의 경제적 구조로 인해 발생한다. 두번째 경우 문제는 문화적 차원에 상응하는 신분질서로 인해 발생한다. 세번째 경우 문제되는 것은 정의의 정치적 차원에 상응하는 정치체제의 구성이다.

여기에서는 이러한 설명의 정확한 세부사항들보다는 그것의 전체적인 개념적 구조가 더 중요하다. 여기에서 가장 중요한 것은 정의의 '내용'에 관한 이러한 관점이 다차원적인 사회-존재론을 규범적인 일원론과 결합시키고 있다는 점이다. 그 결과 이러한 관점은 비정상적 정의가 가지는 두 가지 측면, 즉 긍정적 측면과 부정적 측면 모두를 고려하게 된다. 그것의 존재론적 다차원성으로 인해서 이 관점은 표준적인 분배주의에 대한 저항의 정당성을 인정한다. 무시와 대표불능이 진정한 부정의라는 것을 원칙적으로 인정함으로써 이 관점은 기존의 문법을 넘어서는 요구들을 공정하게 경청한다. 동시에 그것이 가지는 규범적인 일원론 덕분에 이 접근은 세 가지 종류의 부정의를 공통의 척도로 측정할 수 있다. 재분배, 인정, 대표에 대한 요구를 동등한 참여라는 포괄적 원칙 아래 포섭시킴으로써 이 접근은 이들 모두

---

23) 우리는 왜 통약(commensuration)이라는 대안적 원리 대신에 동등한 참여를 이야기하는지를 물을 수 있을 것이다. 여기서 충분히 정당화할 수는 없지만, 나는 동등한 참여라는 개념이 비정상적 정의의 문제와 선택적 친화성을 갖는다는 점만은 지적해 두고자 한다. 정의의 근본요소들이 논란이 되는 경우에 우리는 각각의 정의 요구들이 가지는 장점이 무엇인지를 평가할 수 있는 공인된 기준을 상실하게 된다. 결국 절차적 기준에 의존할 수밖에 없게 된 상태에서 우리는 모든 당사자가 서로 동등한 조건에서 관계 맺는 상황을 그려 보는 것 이외에는 대안이 없게 된다. 이 경우 우리는 '관련된 모든 사람이 **동료로서** 완벽하게 참여할 수 있는 동등한 기회들을 가졌는가? 아니면 참여에 대한 구조적인 방해를 제도화하는 부당한 사회적 질서로 인해서 누군가가 배제되거나 주변화되었는가?'라는 물음을 던져야만 한다. 결국 동등한 참여의 원칙은 우리로 하여금 사회질서를 검토하고, 공정한 개입을 방해하는 기존의 장애물들을 폭로하고 비판하도록 이끈다. 나아가서 통약 원리와 마찬가지로 이 원리도 세 차원 모두에서 정의 요구들을 평가하는 기준으로 기능한다. 각각의 차원에서는 동등한 참여를 촉진하는 요구들만이 도덕적으로 정당화된다. 분배, 인정, 대표 중 무엇이 문제가 되든 간에 부정의로 고통받고 있다고 주장하는 사람들은 첫째, 기존 질서가 동료로서 그들이 사회생활에 참여하는 것을 방해한다는 점, 둘째, 그들이 제안하는 처방이 불평등을 감소시킨다는 점을 입증해야만 한다. 나아가서 동등성 기준은 정의의 상이한 차원들을 가로질러 초범주적으로 적용된다. 예를 들어 우리는 제안된 경제적 개혁이 사회적 신분에 미치는 영양을 평가하거나, 그 반대 경우를 평가하기 위해서 이 기준을 사용할 수 있다. 마찬가지로 동등성 기준은 종속의 상이한 축들을 가로질러 반복적으로 적용된다. 예를 들어 우리는 특정한 형태의 종족적·문화적 인정이 젠더에 미치는 영향을 평가하거나, 그 반대 경우를 평가하기 위해서 이 기준을 사용할 수 있다. 이러한 복잡한 문제에 대한 충분한 설명을 보려면 나의 글 "Social Justice in the Age of Identity Politics"를 참조하라.

를 수용할 수 있는 단일한 토론의 공간을 창출한다. 따라서 이러한 접근은 정의의 '내용'에 관한 다수의 견해들이 작동하고 있는 비정상적 담론의 조건 속에서 그러한 요구들을 평가할 수 있는 전망을 제공한다.

그럼에도 불구하고 중요한 질문이 여전히 남아 있다. 과연 **어떤 사람들** 사이의 동등한 참여인가? 어떤 사회적 상호작용에 정확히 **누가 누구와** 동등한 자격으로 참여한다는 말인가? 우리가 정의의 '당사자'를 규정하는 적합한 방법을 찾아내지 못한다면, 정의의 '내용'에 대한 이러한 접근은 아무런 소용도 없게 될 것이다.

정의의 '당사자' : 잘못 설정된 틀과 종속

이제 나는 비정상적 정의의 두번째 마디를 다루고자 한다. 그것은 '당사자' 문제와 관련되어 있다. 이 주제와 관련하여서도 가장 필요한 것은 비정상적 정의의 긍정적 측면과 부정적 측면 모두를 고려하는 것이다. 어떤 종류의 이론이 베스트팔렌적 틀에 대한 저항들을 수용하면서 동시에 당사자 문제에 관한 상충하는 견해들을 포함하는 논쟁을 해명할 수 있을 것인가? 이에 대한 간략한 답은 성찰적인(reflexive) 동시에 확정적인(determinative) 이론이어야만 한다는 것이다. 그러면 이에 대해 설명해 보도록 하자.

확대된 논란을 수용하기 위해 비정상적 정의에 관한 성찰은 정의에 관한 일차원적인 질문들이 잘못 설정된 틀 속에서 다루어지고 있다는 주장을 포용할 수 있는 태도를 취해야만 한다. 그러한 주장들이 공정하게 경청될 수 있게 하기 위해서 우리는 잘못 설정된 틀로 인해 발생하는 부정의들이 원칙적으로 존재할 수 있다는 가정을 처음부터 받아들여야만 한다. 따라서 비정상적 정의를 다루는 이론은 반드시 성찰적이어야만 한다. 분배, 인정, 대표에 관한 일차원적인 문제들에 동등한 참여의 원칙을 적용하려면, 우리는 틀 자체가 논란의 대상이 되는 다음 수준으로 도약할 수 있어야만 한다. 성찰적인 태도를 취함으로써만 우리는 '당사자' 문제를 정의에 관한 문제로서 인정할 수 있게 된다.

우리는 비정상적 정의가 요구하는 성찰성을 어떻게 획득할 수 있는가? 나의 제안은 정치적 차원에 대한 고유한 이해에 의존하고 있다. 지금까지 나는 정치적 차원을 통상적인 방식으로, 그것이 오로지 '일상적인 정치적 대표 불능'이 야기하는 부정의들과만 관련되는 것으로 간주해 왔다. 이런 부정의는 그 경계와 구성원 자격이 전반적으로 매우 안정된 것으로 간주되는 정치공동체 내부에서 발생하는 정치적 부정의들이다. 따라서 일상적인 정치적 대표불능은 한 정치공동체의 의사결정 규칙이 원칙상 그 사회의 구성원으로 간주되는 어떤 사람들로부터 그들이 동료로서 완벽하게 참여할 기회를 박탈하는 경우에 발생한다. 최근 그러한 부정의들은 일상적인 정치적 대표 양상에서의 변화에 대한 요구를 야기하고 있다. 이러한 요구는 한편에서는 선거에서의 젠더 할당 요구, 다문화 권리 요구, 원주민 자치 요구, 지방 자율성 요구로, 다른 한편에서는 선거자금개혁(campaign finance reform) 요구, 지역구 조정 요구, 비례대표 요구, 누적투표 요구로 폭넓게 제기되고 있다.[24]

이런 문제들이 중요하기는 하지만, 이는 전체 문제의 반쪽에 불과하다.

---

24) 이 문제에 대한 논의는 다음을 참조하라. Lani Guinier, *The Tyranny of the Majority*, New York: Free Press, 1994; Mala Htun, "Is Gender Like Ethnicity?: The Political Representation of Identity Groups", *Perspectives on Politics* 2, 3, 2004, pp.439~458; Will Kymlicka, *Multicultural Citizenship: A Liberal Theory of Minority Rights*, London: Oxford University Press, 1995; Shirin M. Rai, "Political Representation, Democratic Institutions and Women's Empowerment: The Quota Debate in India", *Rethinking Empowerment: Gender and Development in a Global/Local World*, eds. Jane L. Parpart, Shirin M. Rai, and Kathleen Staudt, New York: Routledge, 2002, pp.133~146; Robert Ritchie and Steven Hill, "The Case for Proportional Representation", *Whose Vote Counts?*, eds. Robert Ritchie and Steven Hill, Boston: Beacon Press, 2001, pp.1~33; Melissa Williams, *Voice, Trust, and Memory: Marginalized Groups and the Failings of Liberal Representation*, Princeton: Princeton University Press, 1988.

제한된 정치공동체의 틀 내부에서 발생하는 일상적인 정치적 부정의 이외에도 우리는 또 다른 수준의 부정의, 즉 '메타-정치적 부정의'에 대해 논의할 수 있다. 이런 부정의들은 정치적 공간을 제한된 정치공동체들로 분할한 결과 발생하는 부정의들이다. 이 두번째 수준은 **잘못 설정된 틀** 때문에 발생하는 부정의들을 포함한다. 이런 부정의들은 정치공동체의 경계선들이 어떤 사람들을 정의에 관한 공인된 논란에 **전혀** 참여하지 못하도록 만드는 방식으로 잘못 설정될 때 발생한다. 이 경우에 구성원이 아닌 사람들은 분배, 인정, 일상적인 정치적 대표와 관련해 정치공동체 안에서 고려의 대상이 될 수 없는 상태로 배제되어 버린다. 더 나아가, 정치적 분할의 결과가 정의의 몇몇 중요한 측면들을 접근 불가능한 영역으로 방치해 버리는 것인 한에서, 한 정치공동체로부터 배제된 사람들이 다른 정치공동체에서 정의의 주체로 포용된다고 하더라도 이런 부정의는 그대로 남아 있게 된다. 평등한 것으로 간주되는 주권국가들 사이의 국제체제가 지구적 빈곤층의 희생을 대가로 하여 정치적 공간을 왜곡하는 경우가 이런 부정의의 한 사례라고 할 수 있다.

비록 이런 용어를 사용하고 있지는 않지만, 세계사회포럼과 연결되어 '대안지구화'를 추구하는 많은 활동가들의 요구는 암묵적인 방식으로 잘못 설정된 틀이라는 개념을 지시하고 있다. 그들이 보기에 베스트팔렌적 틀은 지구적 빈곤층이 국경을 넘어 부정의를 저지르는 세력들에 대해 도전하는 것을 방해한다는 점에서 정의롭지 못한 것이다. 베스트팔렌적 틀은 지구적 빈곤층의 요구들을 취약하거나 실패한 국가들의 국내적 정치공간 안에 차폐시킴으로써 국경을 초월한 범죄자들에게 효과적으로 면죄부를 부여하게 된다. 국경을 초월한 범죄자들로는 보다 강력한 약탈국가들, 외국인 투자자와 채권자들, 국제적 환투기세력들, 초국적 기업들 등을 들 수 있을 것이다.[25]

---

25) 이 책 2장의 각주 20 참조.

이와 마찬가지로 중요한 것은 베스트팔렌적 틀이 해외 세력들의 약탈을 가능하게 해주는 배후 구조에 대한 저항을 방해한다는 점이다. 특히 지구적 경제의 착취적 협치구조와 국가 간 체제의 비민주적 설계방식이 이런 배후 구조들의 대표적 사례에 속한다.[26]

어쨌든 이런 지적들이 바로 몇몇 세계사회포럼 활동가들이 주장하는 것들이다. 그들의 관심은 우리가 말하는 정의의 두번째 수준, 즉 잘못 설정된 틀이 야기하는 오류들을 포괄하는 메타-정치적 수준에 속한다. 정의의 일차원적 틀 자체가 정의롭지 못할 가능성을 염두에 두면서, 이 수준에서는 틀에 관한 문제를 정의에 관한 문제로 간주한다. 그 결과 이 수준은 비정상적 정의상황에서 발생하는 '당사자' 문제에 관한 논쟁들을 분석하기 위해서 필요한 성찰성을 제공하게 된다.

그러나 성찰성 자체가 해결책은 아니다. 잘못 설정된 틀이 야기하는 부정의가 원칙적으로 존재할 수 있다는 사실을 받아들이자마자 우리는 그런 부정의들이 현실적으로 언제 어디에 존재하는지 결정하기 위해 어떤 수단들을 요구하게 된다. 결국 비정상적 시대의 정의론은 이런저런 틀들을 평가하기 위해 확정적인 규범적 원칙을 요구하게 된다. 그런 확정적인 원칙이 없다면 우리는 대안들을 평가할 방법을 찾을 수 없을 것이며, 따라서 '당사자'에 관한 상충하는 견해들을 포함하는 논쟁들을 해명할 수도 없을 것이다.

이런저런 틀들을 평가하기 위한 확정적인 원칙이란 어떤 것인가? 현재 상황에서는 세 가지 주요 후보자가 존재한다. **구성원**(membership) **원칙**의 옹호자들은 정치적 귀속이라는 기준에 호소하여 '당사자' 문제와 관련된 논

---

26) Richard L. Harris and Melinda J. Seid, *Critical Perspectives on Globalization and Neoliberalism in the Developing Countries*, Boston: Leiden, 2000; Ankie M. M. Hoogvelt, *Globalization and the Postcolonial World: The Political Economy of Development*, Baltimore: Johns Hopkins University Press, 2001. 또한 이 책 2장의 각주 21 과 22 참조.

란을 해결할 것을 제안한다. 그들의 입장에 따르면, 일단의 개인들로 이루어진 집단을 정의와 관련된 동료 주체로 전환시키는 것은 그들이 공유하고 있는 시민권(citizenship) 혹은 국적(nationality)이다.[27] 이러한 접근은 정치적 구성원 원칙에 입각하여 틀을 설정하기 때문에 현존하는 제도적 현실 그리고/혹은 폭넓게 수용되고 있는 집단적 정체성에 기초하고 있다는 장점을 갖는다. 그러나 이러한 장점은 동시에 약점이 되기도 한다. 실제로 구성원 원칙은 손쉽게 특권적이고 위력적인 배타적 민족주의를 지지하는 데 이용되며, 또한 이미 확립된 틀들에 대한 비판적 검토를 불가능하게 만들기 위해서 이용되기도 한다.

그렇기 때문에 몇몇 철학자나 활동가들이 이러한 원칙 대신에 **휴머니즘 원칙**에 기대를 거는 것도 당연한 일이다. 보다 포괄적인 기준을 추구하는 그들은 인간성이라는 기준에 호소하여 '당사자'에 관한 논쟁을 해결하고자 한다. 그들의 입장에 따르면, 일련의 개인들로 구성된 집단을 정의와 관련된 동료 주체로 전환시키는 근거는 자율성, 합리성, 언어 사용, 선(善)의 이념을 형성하고 추구할 수 있는 능력, 도덕적으로 상처받기 쉬운 성격 등과 같은 인간성이라는 독특한 특징을 그들이 공통적으로 소유하고 있다는 사실에 있다.[28] 이러한 접근은 인간성에 기초하여 틀을 설정하기 때문에 배타적 민

---

27) 구성원 원칙에 대한 시민권적인 변형에 대해서는 다음을 참조하라. Will Kymlicka, "Territorial Boundaries: A Liberal-Egalitarian Perspective", *Boundaries and Justice: Diverse Ethical Perspectives*, eds. David Miller and Sohail H. Hashmi, Princeton, NJ: Princeton University Press, 2001, pp.249~275; Thomas Nagel, "The Problem of Global Justice", *Philosophy & Public Affairs* 33, 2005, pp.113~147. 국적 형태의 변형에 대해서는 David Miller, *On Nationality*, Oxford: Oxford University Press, 1995, 특히 3장 참조. 시민권과 국적 사이의 어딘가에 위치하는 '인민들'을 지향하는 설명에 대해서는 John Rawls, *The Law of Peoples*, new edition, Cambridge, MA: Harvard University Press, 2001 참조.

28) 마사 누스바움은 이러한 입장의 옹호자에 속한다. Martha Nussbaum, "Patriotism and Cosmopolitanism", Martha Nussbaum with Respondents, *For Love of Country?: Debating the Limits of Patriotism*, ed. Joshua Cohen, Boston: Beacon Press, 1996, pp.3~21.

족주의에 대한 비판적 검토를 가능하게 해준다. 그러나 그것이 가지는 높은 추상성은 동시에 그것의 약점이 되기도 한다. 이러한 접근은 현실적이고 사회역사적인 상황을 무모하게 망각해 버리면서 모든 문제에 관해서 모든 사람에게 무차별적인 지위를 부여하게 된다. 지구적 인류애라는 무차별한 틀을 채택하면서 이러한 접근은 상이한 문제들이 상이한 틀 또는 상이한 정의의 범위를 요구할 가능성을 배제해 버린다.

또 다른 철학자들과 활동가 집단이 구성원들만의 배타적 민족주의와 휴머니즘의 추상적 지구주의를 모두 거부하는 것은 자연스러운 일이다. 초국적 정의를 개념화하고자 하는 **관련된 모든 당사자 원칙**의 옹호자들은 상호의존적인 사회관계들에 호소함으로써 '당사자' 문제에 관한 논란을 해결하고자 한다. 그들이 보기에 한 집단의 사람들을 정의에 관한 동료 주체로 만드는 것은 그들이 인과적 관계의 그물망 속에서 객관적으로 서로 뒤얽혀 있다는 사실이다.[29] 이러한 접근은 구성원에 대한 이기주의적 정의(定義)를 비판적으로 검토할 수 있게 하는 동시에 사회관계들을 인식하게 한다는 장점도 가지고 있다. 그러나 관계들을 인과성을 통해서 객관주의적으로 이해함으로써 이 접근은 '당사자'를 선택하는 문제를 결국 주류 사회과학자들에게 위임하게 된다. 뿐만 아니라 관련된 모든 당사자 원칙은 모든 사람은 모든

---

29) 토마스 포게는 이런 입장의 옹호자에 속한다. Thomas Pogge, *World Poverty and Human Rights: Cosmopolitan Responsibilities and Reforms*, Cambridge: Polity, 2002; Peter Singer, *One World: The Ethics of Globalization*, second edition, New Haven: Yale University Press, 2004; Iris Marion Young, "Responsibility and Global Justice: A Social Connection Model", *Social Philosophy and Policy* 23, 1, 2006, pp.102~130. 최근까지 나 자신도 관련된 모든 당사자 원칙이 틀의 설정에 관한 '탈베스트팔렌적 원칙'을 제시할 수 있는 가장 유망한 대안이라고 생각하였다. 물론 나는 이에 대한 표준적인 과학적 해석을 비판하였으며, 이하에서 설명할 '나비효과'로 인한 비결정성의 문제를 제기하기도 하였다. 그러나 이 문제들이 너무 심각하기 때문에, 지금 나는 더 나은 지혜를 얻기 위해서 관련된 모든 당사자 원칙을 포기하고 여기에서 설명한 대안을 선택하기로 하였다. 나의 초기 견해에 대해서는 이 책의 2장 「지구화하는 세계에서의 정의에 대한 새로운 틀의 설정」과 3장 「평등주의의 두 가지 독단」을 보라.

일에 의해 영향을 받게 된다는 나비효과(butterfly effect)로 인해서 불합리한 역설에 빠진다. **도덕적으로 중요한** 사회관계들이 무엇인지를 규정하는 데에 실패함으로써 이 접근은 그것이 회피하고자 했던 무차별한 지구주의에 대항하는 데서 곤란을 겪게 된다. 그로 인해 이러한 접근은 비정상적 시대에 정의의 '당사자'를 규정하기 위해서 필요한 정당한 기준을 제시하는 데도 역시 실패하게 된다.

구성원 원칙, 휴머니즘 원칙, 관련된 모든 당사자 원칙이 가지는 각각의 결함들을 고려할 때, 비정상적 시대에 경쟁하는 틀들을 평가하는 데서 우리에게 도움을 줄 수 있는 확정적인 원칙이란 과연 무엇인가? 나는 잘못 설정된 틀과 관련된 주장들을 내가 **종속된 모든 사람들의 원칙**(all-subjected principle)이라고 부르고자 하는 원칙 아래에 포섭시킬 것을 제안한다. 이 원칙에 따르면 특정한 협치구조에 종속된 모든 사람은 그 구조와 관련된 정의 문제와 관련하여 주체로서의 도덕적 지위를 갖는다. 이런 관점에서 볼 때, 특정한 집단의 사람들을 정의와 관련된 동료 주체로 만드는 것은 공유된 시민권이나 국적이 아니며, 또한 추상적 인격성을 공동으로 소유하고 있다는 사실이나 그들이 인과적으로 상호의존하고 있다는 단순한 사실도 아니다. 오히려 그들의 상호작용을 지배하는 기본규칙들을 설정하는 협치구조에 그들이 함께 종속되어 있다는 사실로 인해서 그들은 정의 문제의 주체가 된다. 종속된 모든 사람들의 원칙은 모든 협치구조와 관련하여 도덕적 관심의 범위를 종속(subjection)의 범위와 연결시킨다.[30]

물론 모든 것은 우리가 '협치구조에 대한 종속'이라는 문구를 어떻게 해

---

30) '종속된 모든 사람들의 원칙'이라는 표현은 나 자신의 것이지만 이러한 발상은 Joshua Cohen and Charles Sabel, "Extra Rempublicam Nulla Justitia?", *Philosophy & Public Affairs* 34, 2006, pp.147~175; Rainer Forst, "Justice, Morality and Power in the Global Context", *Real World Justice*, eds. Andreas Follesdal and Thomas Pogge, Dordrecht: Springer, 2005, pp.27~36에서도 발견된다.

석하는지에 달려 있다. 나는 이 표현을 다양한 유형의 권력에 대한 관계를 포괄하는 것으로 폭넓게 이해하고 있다. 협치구조는 국가로만 한정되는 것이 아니며, 중요한 사회적 상호작용들의 구조를 결정하는 강력한 규칙들을 작동시키는 비국가기구들도 포함하고 있다. 가장 명백한 예로는 지구적 경제의 기본규칙들을 설정하는 세계무역기구나 국제통화기금(International Monetary Fund) 같은 기구들을 들 수 있다. 또한 환경 규제, 원자력과 핵 문제, 치안, 안보, 보건, 지적 재산권, 민법 및 형법 행정 등을 관리하는 초국적 기구들을 포함하는 다양한 사례들이 제시될 수 있을 것이다. 비록 규칙을 제정하는 사람들이 그들이 지배하는 사람들에 대해서 책임을 지고 있는 것은 아니지만, 그러한 기구들이 거대한 초국적 인구들의 상호작용을 규제하는 한에서, 그런 기구들은 거대한 초국적 인구들을 종속시키고 있다고 말할 수 있을 것이다. 협치구조에 대한 이러한 포괄적 이해를 전제한다면, '종속'이라는 용어 역시 폭넓게 이해할 수 있게 된다. 공식적인 시민권에, 혹은 특정 국가의 사법권에 귀속되기 위한 보다 복잡한 조건들에 국한되지 않는 이러한 정의(定義)는 비국가적이고 초국적인 통치성의 형태들이 가지고 있는 강압적 권력에 대한 종속과 관련하여 보다 폭넓은 조건들도 포함하고 있다.

이런 방식으로 이해하면 종속된 모든 사람들의 원칙은 틀들이 야기하는 (부)정의를 평가하기 위한 비판적 기준을 제공하게 된다. 모든 문제는 오로지 관련된 사회적 상호작용(들)을 규제하는 협치구조(들)에 종속된 모든 사람이 동등한 고려의 대상이 되는 한에서만 정당한 틀 속에서 다루어진다고 할 수 있다. 또한 동등한 고려의 대상이 되기 위해서 문제가 되는 구조와 관련하여 미리 공식적으로 인정된 구성원이 될 필요도 없다. 단지 그것에 종속되기만 하면 되는 것이다. 따라서 지구적 경제의 협치구조에 의해서 부과된 규칙들이 낳는 결과로 인해 비자발적으로 지구적 경제로부터 절연된 사하라 이남 아프리카인들은, 비록 공식적으로 지구적 경제에 참여하는 것으

로 인정받지 못하고 있지만 지구적 경제와 관련된 주체로 간주된다.[31]

종속된 모든 사람들의 원칙은 기존의 원칙들이 가지고 있는 주요한 결함들을 극복할 수 있다. 구성원 원칙과 달리 이 원칙은 잘못 설정된 틀로 인한 부정의들을 숙고하기 위해서 배타적 민족주의라는 이기적 방패를 꿰뚫는다. 휴머니즘 원칙과 달리 이 원칙은 사회관계들에 주목함으로써 추상적으로 모든 것을 포괄하는 지구주의를 극복한다. 관련된 모든 당사자 원칙과 달리 이 원칙은 도덕적으로 중요한 사회관계의 유형, 즉 협치구조에 대한 공동의 종속을 제시함으로써 나비효과로 인한 무차별성을 극복한다. 종속된 모든 사람들의 원칙은 베스트팔렌적인 '당사자'를 단일한 지구적 '당사자'로 대체하지 않으면서 정의에 관한 무분별한 틀의 설정에 저항한다. 오늘날 우리 모두는 다수의 상이한 협치구조들에 종속되어 있다. 협치구조들 중에서 어떤 것은 지방적이고, 어떤 것은 국가적이며, 어떤 것은 지역적이거나 지구적이다. 그렇기 때문에 우리에게 필요한 것은 다양한 문제와 관련된 다수의 상이한 틀들이 가지고 있는 한계를 설정하는 것이다. 상이한 목적을 위해서 '당사자'의 다원성을 표기할 수 있는 종속된 모든 사람들의 원칙은 언제 어디에서 어떤 틀을 설정해야 하는지를 우리에게 말해 주며, 따라서 주어진 경우에 누가 누구와 함께 동등하게 참여할 자격이 있는지를 말해 준다.

이러한 목적을 위해 보다 중요한 것은 세부적인 사항들보다는 전체적인 개념적 구조를 제시하는 것이다. 여기서 결정적인 것은 이러한 접근법이 정의의 틀에 관한 성찰적 질문들을 확정적인 평가 원칙과 결합시키고 있다는 점이다. 이런 방식으로 이 접근법은 비정상적 정의가 가지는 긍정적 측면과 부정적 측면 모두를 고려한다. 이 접근법이 가지는 성찰성으로 인해서

---

31) James Ferguson, "Global Disconnect: Abjection and the Aftermath of Modernism", *Expectations of Modernity: Myths and Meanings of Urban Life on the Zambian Copperbelt*, Berkeley: University of California Press, 1999, pp.234~254.

잘못 설정된 틀이라는 개념은 베스트팔렌적 틀에 대한 저항들을 수용한다. 이 개념은 메타-수준에 맞추어져 있기 때문에, 우리로 하여금 정의에 관한 일차원적 질문들이 부당한 틀 속에서 다루어질 수도 있다는 가능성을 수용하게 해준다. 동시에 이 접근법은 그것이 가지는 확정적인 성격으로 인해서 '당사자'에 관한 다양한 정의를 평가할 수 있는 방법을 제공한다. 제안된 틀들을 종속된 모든 사람들의 원칙에 포섭시킴으로써 이 접근법은 우리로 하여금 그러한 틀들이 가지는 상대적 장점들을 평가할 수 있게 해준다. 따라서 이 접근법은 비정상적 시대에 정의의 '당사자' 문제와 관련해 진행되는 논쟁을 해명하는 데서 상당한 희망을 제공하고 있다.

그러나 다른 중요한 질문이 여전히 남아 있다. 우리는 종속된 모든 사람들의 원칙을 정확히 **어떻게 이행해야만 하는 것인가?** 그 원칙은 어떤 절차와 과정을 통해서 비정상적 시대에 누구를 고려할 것인가를 다루는 논쟁들에 적용될 수 있는 것인가? 만일 우리가 정의를 실현하는 '방법'의 문제를 다룰 수 있는 적합한 길을 발견하지 못한다면, '당사자'에 관한 이러한 접근도 아무런 소용이 없게 될 것이다.

정의의 '방법' : 메타-민주주의의 제도화

이제 마지막으로 '방법'의 문제에 대해서 생각해 보도록 하자. 이 문제와 관련하여서도 비결은 비정상적 정의가 가지는 긍정적 측면과 부정적 측면 모두를 고려하는 것이다. 어떤 종류의 정의론이 확대된 논란을 안정화시키고, 동시에 정의를 실현하는 '방법'에 관한 공유된 이해가 존재하지 않는 상황에서 논란을 해명할 수 있을 것인가? 간략한 답은 대화적인(dialogical) 동시에 제도적인(institutional) 이론이 필요하다는 것이다. 그러면 이에 대해 설명해 보도록 하자.

확대된 논란들을 안정화시키기 위해서 비정상적 시대의 정의론은 앞선 고찰에서 이미 드러난 바 있는 두 가지 접근법을 포기해야만 한다. 첫째, 정의론은 강력한 국가들과 민간 엘리트들이 정의의 문법을 결정해야 한다는 지배적 가정을 유보해야 한다. 우리가 살펴본 바와 같이 이러한 견해는 '당사자'에 관한 논쟁이 매우 드물고 제한적이어서 담배 연기 자욱한 뒷방에서 처리될 수 있는 정상적 정의상황에서는 당연한 것으로 간주된다. 그러나 사회운동들이 베스트팔렌적 틀에 저항하고 있는 오늘날 이러한 운동들은 그러한 특권들에 도전하고 있다. 그들이 틀에 관한 문제를 폭넓은 공적 토론에 적합한 주제로 보고 있다는 단순한 사실로 인해서 그러한 특권들은 도전받게 된다. '당사자'를 결정하는 데서 발언권을 주장하면서 그들은 동시에 지배적인 '방법' 역시 문제 삼게 된다. 이러한 운동들은 그것들이 제기하는 다른 요구들을 넘어서 결국 보다 나아간 무엇인가를 요구하게 된다. 즉 그러한 운동들은 비정상적 시대에 정의의 틀을 설정하는 문제에 관한 논란을 다루기 위해서 비지배적인 새로운 절차를 만들어 낼 것을 요구한다. 이러한 요구역시 공정하게 경청될 자격이 있다. 미리 그러한 요구를 차단하는 것을 피하기 위해서 오늘날과 같은 시대의 정의론은 '방법'에 관한 비표준적 관점을 받아들여야만 한다.

둘째, 비정상적 시대의 정의론은 내가 '과학주의적 가정'이라고 부르고자 하는 것을 거부해야만 한다. 관련된 모든 당사자 원칙의 옹호자들이 가정하고 있는 정의의 '방법'에 관한 이러한 이해방식은 틀에 관한 결정이 표준 사회과학에 의해서 확정되어야만 한다고 주장한다. 그들은 표준 사회과학이 무엇에 의해서 누가 영향을 받는지, 따라서 어떤 문제와 관련하여 누가 고려될 만한 자격을 지니고 있는지와 관련된 분명한 사실들을 알고 있다고 생각한다. 그러나 비정상적 시대에 벌어지는 틀에 관한 논쟁은 경험적 사실에 관한 단순한 질문으로 환원되지 않는다. 왜냐하면 사실과 관련된 주장들의 필연적 기초가 되는 역사적 해석들, 사회이론들, 규범적 가정들 자체가 논란이 되기 때문이다.[32] 더 나아가 정의롭지 못한 현실에 존재하는 사회'과 학' 주류에서 통용되는 내용들은 기득권자들의 관점을 잘 반영하고 그들의 약점을 방어하기 마련이다. 이런 상황에서 과학주의적 가정을 채택하는 것 은 불이익을 당하고 있는 사람들의 요구를 은폐할 위험이 있다. 따라서 확대 된 논란에 기여하고자 하는 이론은 이런 과학주의적 가정을 거부해야 한다. 사회적 지식의 중요성을 부정해서는 안 되지만, 이론은 '당사자'에 관한 논 란들이 '정의 문제를 다루는 기술관료들'에 의해 해소될 수 있다는 식의 그 어떤 가정도 거부해야 한다.[33]

그렇다면 남아 있는 가능성은 무엇인가? 양자가 가지고 있는 차이점에 도 불구하고 지배적인 가정과 과학주의적인 가정은 공통의 전제를 공유하 고 있다. 양자는 모두 틀에 관한 논란들을 (한 경우는 권력이라는, 다른 경우에 는 과학이라는) 권위에 호소하여 독백을 통해서 해결하고자 한다. 그러한 권 위는 정치적 논쟁의 담론적 교환에 대해서는 아무런 책임도 지지 않는다. 비 정상적 시대의 정의론은 이러한 독백적 전제를 거부해야만 한다. 논란을 안 정화시키기 위해서 정의론은 틀에 관해 벌어지는 논란을 대화를 통해서 다 루어야만 한다. 정의론은 이러한 논란을, 정당한 해결을 위해서는 무제약적 이고 포용적인 공적 토론을 필요로 하는 정치적 갈등처럼 다루어야만 한다. 비정상적 정의에 관한 이론은 권위에 호소하는 것을 거부하면서, 종속된 모 든 사람들의 원칙을 '당사자'에 관한 논쟁에 적용하기 위해 대화의 과정을 제시해야만 한다.

따라서 비정상적 시대의 정의론은 대화적으로 되어야만 한다. 그렇지

---

32) 이 책의 3장 「평등주의의 두 가지 독단」을 보라.
33) 이와 유사한 논증은 Amartya Sen, *Development as Freedom*, New York: Anchor Books, 1999에서 발견된다.

만 대화 그 자체가 해결책은 아니다. 틀에 관한 갈등들이 담론을 통해 해결되어야만 한다는 사실을 받아들이자마자 우리는 '당사자'에 관한 공적 토론이 구속력 있는 해결책이 될 수 있는 방법을 제시할 필요가 있게 된다. 논쟁과 정당한 의사결정 사이의 관계에 대해서 설명하지 못한다면, 우리는 종속된 모든 사람들의 원칙을 실행할 방법이 없게 되며, 따라서 비정상적 시대에 논쟁을 전개시킬 방법을 상실하게 된다.

우리는 이런 상황을 어떻게 이해해야 하는가? '인민주의'라고 불리는 하나의 접근은 논쟁과 의사결정의 망을 시민사회 내에 위치시킨다. 따라서 이러한 접근은 종속된 모든 사람들의 원칙을 적용하는 과업을 사회운동에 혹은 세계사회포럼과 같은 담론 장(場)에 부과한다.[34] 비록 그것이 대화주의라는 요건을 충족시키는 것처럼 보이기는 하지만, 그럼에도 불구하고 인민주의는 적어도 다음과 같은 두 가지 이유 때문에 불만족스럽다. 첫째, 최상의 시민사회가 형성된다고 하더라도 그것은 정의의 틀을 새롭게 규정하자는 그들의 제안을 정당화할 정도로 충분히 대표성이 있거나 민주적일 수 없다. 둘째, 이러한 시민사회 형태들은 그들의 제안을 구속력 있는 정치적 결정으로 전환시킬 능력을 결여하고 있다. 달리 말하자면, 비록 시민사회들이

---

34) 인민주의의 변형태 중 영향력을 지닌 것으로는 Michael Hardt and Antonio Negri, *Empire*, Cambridge, MA: Harvard University Press, 2000을 보라. 약간은 덜 낭만적인 또 다른 형태로는 제임스 보먼(James Bohman)의 최근 저술들을 참조하라. 그는 공론장에서의 논쟁만으로 '당사자' 문제에 관한 갈등들을 해결할 수 있으며, 따라서 그 어떤 세계시민적 정치제도들도 그런 목적을 실현하기 위해서 필요하지 않다고 주장하는 것처럼 보인다. 세일라 벤하비브도 유사한 입장을 가지고 있다. 그녀는 다른 측면에서는 인민주의자가 아니지만, 그녀 역시 '당사자' 문제에 관한 논쟁을 해결하는 모든 책임을 시민사회에서 수행되는 "민주적인 되풀이들(iterations)"에 부여하고 있는 것처럼 보인다. 보먼의 견해에 대해서는 그의 글 "From Demos to Demoi: Democracy across Borders", *Ratio Juris* 18, 3, 2005, pp.293~314; "The Democratic Minimum: Is Democracy a Means to Global Justice?", *Ethics and International Affairs* 19, 1, 2005, pp.101~116 참조. 벤하비브의 견해에 대해서는 *Another Cosmopolitanism: Hospitality, Sovereignty, and Democratic Iterations*, ed. Robert Post, Oxford: Oxford University Press, 2006에 있는 그녀의 태너(Tanner) 강연을 보라.

새로운 요구들을 공적 토론의 장에 끌어들일 수는 있다고 하더라도, 시민사회의 행위자들만으로는 그들의 주장들을 보증하지도 못하고 구속력 있는 결정을 내리지도 못한다.

이러한 한계들은 대화과정의 두번째 경로, 즉 공식적이고 제도적인 경로가 필요하다는 점을 보여 주고 있다. 이 두번째 경로는 첫번째 경로와 역동적인 상호관계를 유지해야만 한다. 두 가지 의사소통 과정 중 한 축으로 간주되는 공식적인 제도적 경로는 시민사회의 경로들에 즉각적으로 반응해야만 한다.[35] 그러나 이 경로는 두 가지 점에서 시민사회의 경로와는 차별성을 갖는다. 첫째, 제도적 경로는 공정한 절차와 대표 구조를 통해서 그 토의과정의 민주적 정당성을 보증할 수 있어야만 한다. 둘째, 공론과 선거를 통해서 책임성을 가지게 되는 대표들은 '당사자' 문제에 관해 구속력 있는 결정을 내릴 수 있는 능력을 소유해야만 한다. 물론 이러한 결정은 사실상 누가 특정한 협치구조에 종속되는 것인가와 관련하여 사람들이 의사소통을 통해서 도달한 판단을 반영하는 것이어야만 한다.

결국 결론은 비정상적 정의는 틀에 관한 논란들이 시작되고 해결될 수 있는 새로운 지구적이고 민주적인 제도들을 고안할 것을 요구한다는 것이다. 그러한 논란이 조만간 종식되지는 않을 것이며, 어떤 명확하고 최종적인 해결책에도 이르지 못할 가능성이 크다. 이런 점들을 가정하면서 내가 제안하는 접근법은 이러한 논란이 지속되는 것이 지구화 시대의 정치적 삶이 가지는 항구적인 특징이라고 보고 있다. 따라서 이 접근법은 초국적 시민사회와의 영속적인 대화 속에서 그러한 논란을 진행하고 그것을 잠정적으로나

---

35) 두 경로 모델에 대한 의사소통 이론적 설명에 대해서는 Jürgen Habermas, *Between Facts and Norms: Contributions to a Discourse Theory of Law and Democracy*, trans. William Rehg, Cambridge, MA: MIT Press, 1996을 보라. 이러한 설명이 가지고 있는 암묵적인 베스트팔렌적 틀에 대한 비판으로는 이 책의 5장 「공론장의 초국적화: 탈베스트팔렌적 세계에서 공론의 정당성과 유효성에 대하여」를 보라.

마 해결할 수 있기 위한 새로운 제도들을 옹호한다.

물론 그러한 제도의 구성과 기능방식에 대해서는 더 많은 이야기들이 필요할 것이다. 그러나 여기서 내가 제시하고 있는 논증의 목적을 고려할 때, 세부적인 사항보다는 나의 제안의 전체적인 개념적 구조를 제시하는 것이 보다 중요하다. 여기서 가장 중요한 것은 정의의 '방법'에 관한 이러한 관점이 대화적인 측면과 제도적인 측면들을 결합하고 있다는 사실이다. 그 결과 이러한 접근은 비정상적 정의의 두 측면, 즉 부정적 측면과 긍정적 측면 모두를 주목하게 된다. 대화주의적 태도로 인해 이 접근법은 당연한 것으로 간주되었던 정의의 기본적 특징들에 대한 저항을 수용한다. 독백주의를 거부하면서 이러한 접근은 패권주의와 과학주의가 차단해 온 요구들을 공정하게 경청하고자 한다. 이와 동시에 두 경로를 모두 고려하는 특징으로 인해서 이러한 접근은 인민주의가 가지는 정당성의 결여 및 의사결정 불가능성이라는 결점들을 극복하고 있다. 정의의 틀을 새롭게 설정하라는 메타-요구들을 시민사회와 새로운 지구적 대표기구들 사이의 쌍방향 의사소통에 종속시킴으로써 이 접근은 '당사자' 문제에 관한 의견불일치가 존재하는 상황 속에서 종속된 모든 사람들의 원칙을 실행하기 위한 절차들을 제시한다. 결국 이 접근은 비정상적 정의상황에서 틀을 설정하는 문제와 관련된 갈등들을 잠정적으로 해소할 수 있는 전망을 제시한다.

그러나 이것만이 전부는 아니다. 메타-문제들을 다룰 수 있는 수단들을 제공함으로써 이 제안은 우리가 출발점으로 삼았던 급박한 일차원적 문제들을 다룰 수 있는 길을 밝혀 준다. 잘못 설정된 틀로 인해 발생하는 부정의들을 다루게 됨으로써 이러한 접근은 동시에 불평등한 분배, 무시, 대표불능의 문제들을 다룰 수 있는 길을 열어 준다. 따라서 이 접근은 우리로 하여금 비정상적 시대의 부정의를 극복하거나 감소시키기 위한 정치적 전망을 제시해 줄 수 있다.

내가 이 장에서 제시한 논증들은 바로 이러한 목적을 실현하기 위한 것이다. 여기서 나는 비정상적 담론의 상황에 적합한 정의론은 세 가지 측면을 결합해야만 한다고 주장하였다. 첫째, 정의론은 정의의 '내용'에 관해 사회-존재론에서는 다차원적이고 규범적으로는 일원론적인 설명을 포함하고 있어야 한다. 예를 들면 재분배, 인정, 일상적인 정치적 대표에 대한 요구들을 동등한 참여의 원칙 아래 포섭시키는 설명을 제시해야만 한다. 둘째, 정의론은 '당사자' 문제를 성찰적인 동시에 확정적으로 다루는 관점을 포함해야만 한다. 예를 들면 잘못 설정된 틀로 인해서 발생하는 부정의에 반대하는 요구들을 종속된 모든 사람들의 원칙 아래 포섭시키는 그런 관점을 제시해야만 한다. 마지막으로 비정상적 시대의 정의론은 정의의 '방법'에 관해 대화적인 동시에 제도적인 견해를 담고 있어야 한다. 예를 들면 메타-정치적 요구들을 토의적이고 민주적인 결정절차 아래 포섭시킬 수 있는 새로운 지구적 대표기구들을 제시하는 견해를 제출해야 한다.

여기에서 보다 중요한 것은 세부적인 사항이 아니라 내가 여기서 기술한 일반적인 문제다. 비정상적 정의상황에서는 정의의 '내용', '당사자', '방법'과 관련하여 기존에는 당연한 것으로 간주되었던 가정들이 이제 더 이상 확실하지 않은 것이 되어 버린다. 따라서 이러한 가정들 자체가 비판적 토론과 재평가의 대상이 되어야만 한다. 그러한 토론에서 중요한 것은 두 가지를 피하는 것이다. 한편으로 우리는 환원주의적인 분배론이나 낡은 베스트팔렌주의와 같이 지구화하는 우리의 세계에 더 이상 적합하지 않은 가정들을 고수하고자 하는 반동적이고 궁극적으로는 무용한 유혹들을 거부해야 할 것이다. 다른 한편으로 우리는 마치 논란 그 자체가 해방이기라도 한 것처럼 비정상성 자체를 축복하는 것을 피해야 한다. 이 장에서 나는 비정상적 정의를 부정의에 대해 벌어지는 모든 투쟁이 현재 그 내부에서 진행되어야만 하는 지평으로 인정하는 대안적인 입장을 제시하기 위해서 노력했다. 이러한 상황이 가지고 있는 위험성과 전망을 동시에 평가함으로써만 우리는 오늘날 우리의 세계에서 자행되고 있는 엄청난 부정의들을 감소시킬 것을 기대할 수 있을 것이다.

새로운 정상성? : 성찰성, 논쟁, 헤게모니에 대하여

이 장을 마치기 전에 나의 전체 논증이 가지는 몇 가지 개념적이고 정치적인 함의들에 대해 설명해 보도록 하자. 지금까지 나의 논의는 두 가지 이질적인 부분들, 즉 진단적 측면과 재구성적 측면을 포함하고 있다. 진단적인 첫번째 부분에서 나는 현 시대를 비정상적 정의의 시대로 특징지었는데, 이러한 시기에는 정치적 논란에서 기본적인 요소들이 문제로 등장한다. 비정상성의 세 마디를 확인하면서 나는 탈정상화의 고통을 겪고 있는 (베스트팔렌적-분배주의적) 담론형식의 윤곽을 제시했다. 재구성적인 두번째 부분에서 나는 비정상적 시기의 정의를 반성하기 위한 [세 가지 마디에] 상응하는 세 가지 전략을 제안했다. 우리에게 익숙한 정의론들이 정상적 담론상황을 가정하고 있다는 점에 주목하면서, 나는 정의의 '내용', '당사자', '방법'에 관한 의견 일치가 존재하지 않는 상황에 보다 적합한 대안적 이론 모델을 제시하고자 했다. 나의 논증에 내재하는 이 두 부분의 이질성을 생각해 보면, 양자 사이의 관계에 대한 질문이 제기된다. 어떤 개념적 논리와 정치적 열망이 현재에 대한 나의 시대진단과 이론적 재구성 시도들을 연결시키고 있는 것인가?[36)

　　두 가지 가능성이 제기된다. 한 가지 방식의 독해에 따르면, 비정상적 정의가 가지는 부정적 측면들은 새로운 정상성을 실현하기 위한 노력들을

---

36) 이 문제를 제기한 많은 사람들, 특히 낸시 로젠블룸(Nancy Rosenblum)에게 감사드린다. 그녀의 각별히 강력하고 분명한 정식화는 이 문제를 회피할 수 없도록 만들었다.

보증할 수 있는 부정의에 대한 투쟁을 충분히 무력화시키고 있다. 이러한 견해는 요구들을 제기하고 시정하기 위해서 필요한 어느 정도 안정적인 틀이 부재한 상황에서는 해방적 변혁이 불가능하다는 점을 강조한다. 이러한 가정을 고려한다면 목표는 그러한 틀을 현재의 국면에 적합하게 재구성하는 것이 되어야만 한다. 문제가 잘 해결되면 그러한 재구성의 결과로 정의에 대한 정상적 담론의 새로운 패러다임이 제시될 것이며, 이는 정의의 '내용'과 '당사자' 그리고 '방법'에 관한 새로운 해석, 지구화하는 세계에 보다 적합한 해석에 의존할 것이다. 결국 이런 독해에 따르면 나의 특수한 제안들은 그러한 패러다임을 구성하는 것을 목표로 하고 있는 셈이다. 모든 노력의 핵심 목표는 '새로운 정상성'을 제시하는 것이다.

물론 우리가 지구화하는 세계에 적합한 형식으로 정의와 관련된 갈등들의 새로운 틀을 형성할 수 있는 새로운 정상성을 고안해 내는 것이 그렇지 못한 경우보다 훨씬 더 나을 수도 있을 것이다. 그럼에도 불구하고 그러한 접근법이 현재의 상황에 완전히 적합한 것인지에 대해서는 의문의 여지가 있다. 먼저 새로운 정상화는 새로운 저항들이 개연성을 확보할 공정한 기회를 얻기도 전에 그러한 저항의 새로운 수단들을 앞서서 차단해 버릴 위험성이 있다. 또한 새로운 정상화는 무엇을 합당한 정의 요구로 간주할 것인지에 대해서 새로운 제한적인 사전 정의를 내리고, 이를 통해서 새로운 배제를 야기할 위험성이 있다. 마지막으로 '새로운 정상성'을 확립하자는 제안은 정의의 환경이 유동적이고, 따라서 유연성을 요구하는 역사적 변화의 상황에서 정의에 관한 일련의 고착된 가정들을 고수할 위험성이 있다. 이러한 이유들로 인해서, 여기에서 제시된 전체 논증들에 대한 새로운 독법을 고려해 볼 필요가 있다.

내가 염두에 두고 있는 두번째 독법은 정상적 정의와 비정상적 정의 사이의 구별을 불안정하게 만드는 결과를 낳게 될 것이다. 각각의 담론 유형들이 가지는 단점들을 강조하면서, 이러한 독법은 그들의 단점을 회피하고 그 것들이 가지는 최상의 장점들을 취하는 대안적 형태를 모색한다. 비정상적 담론의 경우와 달리 바람직한 형태의 담론은 오늘날 정의를 실현하기 위한 투쟁들을 **논증들로** 제시할 수 있는 충분한 구조화 능력을 갖춘 것이어야 할 것이다. 그러한 논증들 속에서 당사자들은 서로에게 주의를 집중하고 **판단** 할 것을 요구받으면서 서로를 **대면**하게 된다. 그러나 정상적 담론의 경우와 달리 바람직한 형태의 담론은 '내용', '당사자', '방법'과 관련된 새로운 요구 들을 충분히 수용할 수 있을 정도로 스스로의 견해를 문제 삼는 능력을 갖춘 것이어야만 할 것이다. 정상적 담론과 비정상적 담론의 특징들을 결합한 결 과는 정치적 논증에 필수적으로 요구되는 결론에 대한 지향성을 가지면서 도 모든 종결을 **잠정적인** 것으로, 즉 의문시될 수 있고 유보가 가능하며 따라 서 새롭게 논의될 수 있는 것으로 취급하는 그런 정의의 문법이 될 것이다. 이러한 형태의 담론은 새롭게 출현하는 배제에 대한 반응성을 높여 줌으로 써 **잘못 설정된 틀**과 같은 개념들을 강조하게 될 것이다. 이러한 개념들은 기 존에 은폐되어 있던 부정의들을 폭로하고자 하는 목표하에 성찰적으로 스 스로를 문제 삼는 그런 개념이다. 이러한 독법에 따르면 여기서 시도된 전체 작업의 요지는 그저 비정상성에 빠져드는 것도 아니고 새로운 정상성을 서 둘러 확립하는 것도 아니다. 오히려 핵심은 **성찰적 정의**(reflexive justice)라 고 부를 수 있는 세번째 형태의 담론을 발전시키는 것이다.

성찰적 정의라는 개념은 오늘날의 비정상적 담론상황에 매우 적합한 것이다. 현재와 같은 상황에서 '내용', '당사자', '방법'에 관한 논란들이 빨리 해결되지는 않을 것이다. 따라서 적어도 우리가 예측할 수 있는 미래까지는 비정상성의 세 마디가 정의와 관련된 담론들이 가지는 지속적인 특징이 될 것이라고 생각하는 것이 합당하다. 반면에 오늘날 세계에서 벌어지고 있는 거대한 일차원적 부정의들을 고려한다면 상상할 수 있는 최악의 대응은 계속되는 메타-논쟁을 무능력에 대한 변명거리로 간주하는 것이다. 따라서 담론의 비정상성이 부정의를 해소하기 위한 노력들을 지연시키거나 절망시키도록 허용해서는 결코 안 된다. '성찰적 정의'라는 표현은 두 가지 수준에서 동시에 작동하는 이론 유형을 표시하면서 이중적인 결단을 표현하고 있다. 즉 불이익을 당하고 있는 사람들의 편에 서서 급박한 요구들을 수용하면서도 동시에 그들 사이에서 뒤얽혀 있는 메타-불일치들을 분석해 내야 한다는 것이다. 비정상적 시기에는 이 두 수준이 불가피하게 얽혀 있기 때문에, 성찰적 정의론은 그것들 중 어느 한 가지도 결코 무시할 수 없다. 이러한 이론은 그들의 상호관계에 주목하고 양자를 오가면서, 다른 편의 단점을 완화시킬 수 있는 각각의 교정능력을 향상시켜야만 한다. 이러한 방식으로 이 정의론은 정상적 담론과 비정상적 담론 사이의 구별을 결합시켜 나간다.[37]

이런 이유로 나는 나의 전체 논증의 목적을 새로운 정상성의 확립이 아니라 일종의 성찰적 정의를 도입하는 것으로 이해하고자 한다.[38] 이러한 독

---

37) 정상적 담론과 비정상적 담론 사이의 구별을 뒤섞는 일에 대한 현재의 나의 관심은 로티와의 의견교환을 통해 미리 예시되었다. 1988년의 글인 Nancy Fraser, "Solidarity or Singularity?: Richard Rorty between Romanticism and Technocracy", *Praxis International* 8, 3, 1988, pp.252~272에서 나는 그가 비정상적 담론을 "사적인 아이러니"와 연결시키고 정상적 담론을 "공적인 연대성"과 연결시키려는 경향이 있다는 데에 주목했다. 그리고 나는 급진적인 사회비판은 그것이 비정상적인 동시에 연대적인 한에서 이러한 이분법을 전복시켜야 한다고 주장했다. 이후 1991년에 행한 '여성주의와 실용주의'(Feminsim and Pragmatism)라는 제목의 태너(Tanner) 강연에서 로티는 급진적 여성주의의 제2의 물결을 비정상적인 동시에 공적인 중요성을 가지는 것으로 읽어 냄으로써 본래 자신이 설정했던 연관성을 도발적으로 넘어서 버렸다. 그에 대한 응답인 Nancy Fraser, "From Irony to Prophecy to Politics: A Response to Richard Rorty", *Michigan Quarterly Review* 30, 2, 1991, pp.259~266을 통해서 나는, 비록 그가 여성주의 내에서의 언어적 혁신과정을 개인화하고 심미화하며 그러한 혁신이 가지는 집단적이고 민주적인 특성을 간과한 것을 비난하긴 했지만, 그의 이러한 변화에 대해서는 적극 찬성한 바 있다. 회고해 보면 이러한 논쟁이 정상적 담론과 비정상적 담론 사이의 구별을 동요시키는 나의 현재 주장을 예비했던 것처럼 보인다.
38) 분명히 성찰적 정의에 대한 선호는 나의 입장을 장-프랑수아 리오타르로 대표되는 비정상적 담론의 옹호자들과 구별되게 만든다. Jean-François Lyotard, *The Differend: Phrases in Dispute*, trans. Georges Van Den Abbeele, Minneapolis: University of Minnesota Press, 1988. 리오타르와의 비교에 대해 뱅상 데콩브에게 감사드린다.

법은 고려할 가치가 있는 추가적인 두 가지 함의를 가지고 있다. 첫번째 함의는 담론윤리적(discourse-ethical) 접근과 논쟁적(agonistic) 접근 사이의 잘 알려져 있는 정치철학적 대립과 관련된다. 옳건 그르건 간에 담론윤리적 접근은 종종 부당한 정상화로 묘사되는 반면, 논쟁적 접근은 종종 비정상성에 대한 무책임한 도취로 묘사되곤 한다.[39] 이러한 상호비판의 장점들만을 수용하는 것처럼 가장하지 않으면서, 나는 성찰적 정의의 개념이 이러한 대립 역시 결합시킬 수 있다고 주장하고자 한다. 논쟁 모델과 같이 성찰적 정의는 정상적 정의가 야기하는 배제를 파열시키는 열림의 계기를 수용하며, 정상적 정의가 침묵시켜 온 요구들을 포용하고 정상적 정의가 은폐해 온 부정의들을 폭로한다. 성찰적 정의는 이 모든 것들이 부정의에 대한 저항을 위해서 필수적이라고 주장한다. 그러나 담론윤리와 같이 성찰적 정의는 종결의 계기도 중시한다. 이 종결의 계기가 정치적 논증, 집단적 의사결정, 공적 행동을 가능하게 하며, 성찰적 정의는 이 모든 것들이 부정의를 해소하는 데 필수불가결하다고 인정한다. 열림과 종결이라는 두 계기를 모두 수용하고자 하는 성찰적 정의는 논쟁주의와 담론윤리 사이의 표준적 대립을 잘못된 대립이라고 본다. 성찰적 정의는 하나의 모델을 절대화하면서 다른 편의 통찰을 배제하는 것을 거부하고, 비정상적 시대의 새로운 이론 유형을 만들어 내기 위해 각각의 요소들에 의지한다.

---

39) 논쟁(agonism)의 관점에서 제기된 담론윤리에 대한 고전적인 비판으로는 다음을 보라. Jean-François Lyotard, *The Postmodern Condition: A Report on Knowledge*, trans. Geoff Bennington and Brian Massumi, Minneapolis: University of Minnesota Press, 1984; Chantal Mouffe, "Deliberative Democracy or Agonistic Pluralism?", *Social Research* 66, 3, 1999, pp.745~758. 논쟁주의에 대한 담론윤리적 비판의 고전적인 형태로는 다음을 보라. Jürgen Habermas, *The Philosophical Discourse of Modernity: Twelve Lectures*, trans. Frederick Lawrence, Cambridge, MA: MIT Press, 1987; Seyla Benhabib, "Epistemologies of Postmodernism: A Rejoinder to Jean-François Lyotard", *New German Critique* 33, 1984, pp.103~126. 논쟁의 최근 국면에 대해서는 Benhabib, *Another Cosmopolitanism*에 실린 벤하비브와 보니 호니그(Bonnie Honig) 사이의 대화를 보라.

두번째 함의는 비정상적 정의의 문제와 헤게모니(hegemony)의 문제가 가지는 연관성과 관련된다. 잘 알려진 바와 같이 헤게모니 이론은 권력의 두번째 측면, 즉 담론적 측면을 노골적 강압의 측면과 병치시킨다. 권력의 두번째 측면인 담론적 측면은 다양한 유권자들을 위한 '상식'을 구성해 내는 능력을 포함하고 있다. 이를 통해서 지배자들은 그들을 공동의 정치적 세계 안으로 끌어들인다. 그 세계 안에서 각각의 유권자들은 자신을 정치적 주체로 구성하고 자신의 이익과 목표를 다른 사람들이 이해할 수 있는 방식으로 정식화할 수 있게 된다.[40] 이런 식으로 보면, 헤게모니는 정치적 이견이 등장할 수 있는 적법한 영역을 정의할 수 있는 능력을 포함하는 동시에 그 영역의 외부는 이해할 수 없는 것으로 만들어 버리게 된다.[41] 요점만 말하면 다음과 같다. 헤게모니는 그 자체로 당연한 배후 가정들의 구조를 결정하는 틀을 만들어 냄으로써, 정의와 관련하여 무엇이 그럴듯한 요구이며 무엇이 그렇지 않은지를 사전에 결정한다.

이런 식으로 이해하면 헤게모니 이론은 여기서 숙고된 문제들과 명확한 친근성을 갖는다. 헤게모니 이론의 용어로 말하자면 정상적 정의에 관한 이야기는 지배가 상대적으로 안정적이고 논란의 여지없이 유지되는 시기에 상응한다. 이런 상황에서 상식 밖의 요구들은 분산된 채 머물며 저항-헤게모니 세력으로 응집되지 못하게 된다. 반면에 비정상성에 관한 이야기는

---

40) 헤게모니에 대한 고전적 설명으로는 다음을 참조하라. Antonio Gramsci, *Prison Notebooks*, ed. Joseph A. Buttigieg, trans. Joseph A. Buttigieg and Antonio Callari, New York: Columbia University Press, 1991; Ernesto Laclau and Chantal Mouffe, *Hegemony and Socialist Strategy: Towards a Radical Democratic Politics*, London: Verso, 1985.

41) '헤게모니'라는 용어를 참조하지 않고 있음에도 불구하고 담론형성이 가지고 있는 배제의 측면을 강조하고 있는 설명에 대해서는 다음을 참조하라. Pierre Bourdieu, *Language and Symbolic Power*, ed. John B. Thompson, trans. Gino Raymond and Matthew Adamson, Cambridge, MA: Harvard University Press, 1991; Judith Butler, *Excitable Speech: A Politics of the Performative*, New York: Routledge, 1997; Michel Foucault, *Essential Works of Foucault, 1954~1988*, ed. Paul Rabinow, New York: New Press, 1997.

헤게모니 획득을 위한 맹렬한 투쟁이 전개되는 시기와 관련된다. 이 시기에는 저항-헤게모니의 형태들이 기존에 상식으로 통용되던 것들을 문제 삼을 수 있을 정도로 충분한 응집력을 획득하게 된다. 그러나 이러한 친화성 외에도 헤게모니 이론의 문제틀은 오늘날의 비정상성들에 대한 독특한 역사적 설명도 제시한다. 헤게모니 이론의 눈을 통해서 보면 오늘날의 비정상성은 '지구화'라는 주체 없는 과정에서 기인하기보다는 1989년 구소련 몰락 이후 미국 패권의 쇠락에서 기인하는 것이다. 미국의 패권이 냉전에 기초해 왔던 한에서, 지정학적 질서의 소멸은 '자유세계'를 정의해 왔던 (베스트팔렌적-분배주의적) 정의의 문법에 대한 도전을 야기했다. '테러와의 전쟁'을 주축으로 냉전 이후 누구나 받아들일 만한 상식을 제시하는 데 실패하면서 미국은 지금까지 누려 온 패권을 영속시킬 수 없음을 입증하였다. 그 결과 권력의 두 얼굴은 명확하게 균열되었다. 미국의 군사적 우월성은 그와 견줄 만한 공유된 상식——정의에 관한 갈등을 정상화할 수 있는——을 구성할 수 있는 능력을 보여 주지 못했다. 따라서 정의 담론이 탈정상화 과정을 겪고 '내용', '당사자', '방법'에 관한 논란들이 확산되는 것은 당연한 일이다.

이러한 이야기가 흥미롭기는 하지만 사실 헤게모니 이론이 여기서 내가 제안한 이론에 대한 경쟁자는 아니다. 반대로 헤게모니 이론의 관점은 비정상적/정상적 담론이라는 문제틀을 보완해 준다. 헤게모니 이론의 관점이 정의 담론을 역사적이고 전략적인 것으로 바라보면서 권력의 변화를 이해하고자 하는 반면에, 나의 접근은 정의 담론을 철학적이고 규범적으로 검토하면서 해방적 변혁의 가능성들을 보여 주고자 한다. 따라서 이 두 가지 관점은 결코 양립 불가능한 것이 아니며 서로를 풍부하게 만들어 준다. 헤게모니 이론처럼 비정상/정상이라는 틀 역시 정의 담론이 가지는 역사성 및 권력과의 연관성을 인정한다. 그러나 비정상/정상이라는 나의 틀은 여기에서 더 나아가 해방에 대한 관심을 보여 주며, 하위주체(subaltern)가 **공인된 용**

어들(authoritative terms)로 말할 수 있도록 정의의 문법이 재구성되어야만 한다고 주장한다. 이와 같은 방식으로 여기서 제시된 나의 관점은 헤게모니 이론만으로는 제공할 수 없는 비판이론의 중요한 구성요소를 공급해 주고 있다. 그것은 바로 현재의 부정의가 정말로 도덕적 유린행위라는 것을 보여 줄 수 있는, 어렵기는 하지만 우리를 고무시키는 정의 담론에 대한 전망이다. 로티식으로 말하자면, 그것은 우리가 상실할 뻔한 "사회적 희망"을 제공해 주고 있다.[42]

---

42) Richard Rorty, *Philosophy and Social Hope*, New York: Penguin Books, 1999.

5장 공론장의 초국적화

: 탈베스트팔렌적 세계에서 공론의 정당성과 유효성에 대하여

'초국적 공론장', '디아스포라 공론장', '이슬람 공론장', 심지어는 새롭게 출현하고 있는 '지구적 공론장'을 언급하는 것이 오늘날의 상식이 되어 버렸다. 그리고 이러한 이야기들은 명확한 요지를 가지고 있다. 점증하는 미디어 관련 연구문헌들은 민족과 국가라는 경계를 모두 넘어서는 담론공간들이 존재한다는 사실에 관해서 보고하고 있다. 수많은 문화연구자들이 그러한 공간들의 형태와 그 공간들 속에서 그것을 통해 전파되는 영상과 기호들의 흐름을 창의적으로 묘사하고 있다.[1] '초국적 공론장'이라는 개념은 직관

---

1) 예컨대 다음을 보라. John R. Bowen, "Beyond Migration : Islam as a Transnational Public Space", *Journal of Ethnic & Migration Studies* 30, 5, 2004, pp.879~894; *Globalizations and Social Movements : Culture, Power and the Transnational Public Sphere*, eds. John A. Guidry, Michael D. Kennedy, and Mayer N. Zald, Ann Arbor : University of Michigan Press, 2000; Warwick Mules, "Media Publics and the Transnational Public Sphere", *Critical Arts Journal* 12, 1/2, 1998, pp.24~44; Thomas Olesen, "Transnational Publics : New Spaces of Social Movement Activism and the Problem of Global Long-Sightedness", *Current Sociology* 53, 3, 2005, pp.419~440; Rudolf Stichweh, "The Genesis of a Global Public Sphere", *Development* 46, 1, 2003, pp.26~29; Khachig Tololyan, "Rethinking Diaspora(s) : Stateless Power in the Transnational Moment", *Diaspora* 5, 1, 1996, pp.3~36; Ingrid Volkmer, "The Global Network Society and the Global Public Sphere", *Development* 46, 1, 2003, pp.9~16; Pnina Werbner, "Theorising Complex Diasporas : Purity and Hybridity in the South Asian Public Sphere in Britain", *Journal of Ethnic & Migration Studies* 30, 5, 2004, pp.895~911.

적으로 그럴듯해 보이며 사회적 실재성을 가진 것처럼 보이기도 한다.

그럼에도 불구하고 이 개념은 문제를 야기한다. 공론장이라는 개념은 단지 의사소통의 흐름을 이해하기 위해서만 고안된 것이 아니며 민주주의에 관한 비판이론에 공헌하고자 하는 목적 역시 가지고 있었다. 비판이론에서 공론장은 공론의 의사소통적 생산공간으로 간주된다. 그 형성과정이 포용적이고 공정한 한에서, 공론은 비판적 검토를 견뎌 낼 수 없는 관점들을 기각시키고 그러한 검토를 견뎌 낼 수 있는 관점들의 정당성을 보증해 주는 것으로 이해된다. 따라서 무엇에 관하여 누가 참여하는지가 중요한 문제가 된다. 나아가서 공론장은 공론을 정치적 힘으로 전환시키는 수단으로 간주된다. 시민사회의 숙고된 의견을 동원함으로써, 공론은 관료들이 책임을 지게 만들며 국가의 행위가 시민들의 의지를 표현하도록 보증한다고 가정된다. 따라서 공론장은 주권과 관련된다. 공론장이 가지는 **규범적 정당성**(normative legitimacy)과 **정치적 유효성**(political efficacy)이라는 이 두 개념은 비판이론의 공론장 개념에서 중요한 의미를 가지고 있다.[2] 이 두 가지가 존재하지 않는다면 공론장이라는 개념이 가진 비판적 힘과 정치적 핵심은 사라지게 될 것이다.

그러나 이러한 두 측면은 우리가 오늘날 '초국적 공론장'이라고 부르는 담론공간과 쉽게 연결되지 않는다. 참여자들이 정치적 삶에 대한 동등한 참여의 권리를 가진 정치공동체의 동료 구성원들이 아닌 그런 의사소통 공간과 정당한 공론장이라는 개념을 연결시키기는 어렵다. 그리고 유효한 의사소통 권력이라는 개념을 주권국가들과 무관한 담론공간들과 연결시키기

---

2) 특히 다음을 보라. Jürgen Habermas, *Structural Transformation of the Public Sphere*, trans. Thomas Burger, Cambridge, MA: MIT Press, 1989, 특히 pp.51~56, p.140, p.222 이하; Habermas, *Between Facts and Norms: Contributions to a Discourse Theory of Law and Democracy*, trans. William Rehg, Cambridge, MA: MIT Press, 1996, 특히 pp.359~379.

도 어렵다. 따라서 오늘날 '초국적 공론장'에 대해서 언급하는 것이 무슨 의미가 있는지는 결코 명확하지가 않다. 적어도 비판이론의 관점에서 볼 때 그 표현은 약간은 모순적인 어법처럼 보이는 것이 사실이다.

그럼에도 불구하고 성급하게 '초국적 공론장' 개념을 내던져 버려서는 안 된다. 나는 이 개념이 현재와 같은 '탈국민국가적 상황'(postnational constellation)에서 비판이론을 재구성하고자 하는 사람들에게는 필수불가결한 개념이라고 생각한다. 그러나 마치 우리가 그것을 미리 알고 있기라도 한 것처럼 매우 표면적이고 상식적인 방식으로 그러한 공론장들에 대해서 그저 언급하는 것만으로는 충분치 않다. 오히려 우리는 공론장 이론을 문제 삼고 바로잡기 위해서 노력해야 하며, 궁극적으로는 의사소통 권력이 가지는 규범적 정당성과 정치적 유효성에 대한 공론장 이론의 이해방식을 재구성해 낼 필요가 있다. 여기서 중요한 것은 똑같이 불만족스러운 두 가지 접근법 사이의 좁은 길을 걸어 나가는 것이다. 한편으로 우리는 단순히 현존하는 사실들에 이론을 순응시키는 경험주의적 접근을 피해야만 한다. 왜냐하면 그러한 접근은 이론의 규범적 힘을 희생시킬 위험이 있기 때문이다. 다른 한편으로 우리는 사회적 현실을 비난하기 위해서 이상적 이론에 호소하는 외재적 접근을 피해야만 한다. 왜냐하면 그러한 접근은 비판적 견인력을 박탈할 위험이 있기 때문이다. 이런 접근들에 대한 대안은 규범적 기준들과 해방적인 정치적 가능성들을 정확히 역사적으로 주어진 상황 속에 위치시키는 비판이론적 접근이 될 것이다.

그러나 이러한 기획은 커다란 어려움에 봉착하게 된다. 적어도 위르겐 하버마스에 의해서 1962년에 암시된 이래로 공론장 이론은 암묵적으로 베스트팔렌적인 정치적 상상력을 전제해 왔다. 공론장 이론은 자신만의 영토 국가를 가진 제한된 정치공동체라는 틀을 암묵적으로 가정하고 있었다.[3] 그 이후 공론장 이론에 대해 가해진 거의 모든 평등주의적 비판들의 경우에도 사정은 마찬가지다. 이런 비판은 여성주의자들, 다문화주의자들, 반인종주의자들에 의해서 제기되어 왔다. 사실상 매우 최근에 들어서야 그 이론이 가지고 있는 베스트팔렌적 토대가 문제시되었다. 한편으로는 냉전 이후의 지정학적 불안정성들 덕분에, 다른 한편으로는 '지구화'와 결부된 초국적 현상들이 점증하는 상황으로 인해, 최근 들어 비로소 초국적 틀 속에서 공론장 이론을 새롭게 사유하는 것이 가능해졌고 또 필수적인 것이 되었다. 그러나 바로 이 현상들이 우리에게 어려운 문제를 부과하고 있다. 공론장 개념은 현재의 상황에 이론적으로 대응하기 위한 비판적 도구로 그것을 구제하는 것이 불가능할 정도로 심층적 구조에서 베스트팔렌적인가? 아니면 그 개념은 탈베스트팔렌적 틀에 적합하게 재구성될 수 있는 것인가? 만일 후자의 경우라면 초국적 공론장들을 단지 실제로 현존하는 제도들로 개념화하는 것만이 과제는 아닐 것이다. 오히려 현재의 상황이 가지고 있는 해방적 가능성들을 조명할 수 있는 방식으로 **공론장에 관한 비판이론을** 새롭게 정식화하는 것이 우리의 중요한 과제가 될 것이다.

이 장에서 나는 이러한 토론의 특징들에 관해 기술하고자 한다. 나는 확정적인 답변들을 제시하기보다는 질문들의 지형을 그려 보고 문제들을 던지는 방식으로 진행해 나가고자 한다. 여기서 나는 공론장 이론이 원칙적으로 중요한 비판적·개념적 자원이며, 가능하다면 그것을 포기하기보다는 재구성하는 편이 좋다는 전제로부터 출발할 것이다. 나의 논의는 세 부분으로 진행될 것이다. 첫째, 나는 하버마스의 공론장 이론에 암묵적으로 전제되어 있는 베스트팔렌적 가정들을 설명하고, 이러한 가정들이 여성주의자들과 반인종주의자들 그리고 다문화주의자들의 중요한 비판들 속에서도 여전히 지속되고 있다는 점을 보여 줄 것이다. 둘째, 나는 전통적인 공론장 이론

---

3) 나는 '베스트팔렌적'이라는 단어에 대한 나의 용법을 이 책 2장의 각주 1에서 설명하고 있다.

과 그것을 비판적으로 반대하는 이론들 모두에 문제를 제기하는 초국적성이 지니고 있는 몇 가지 분명한 특징들을 설명할 것이다. 셋째, 나는 공론장 이론가들이 이러한 도전에 대응할 수 있는 몇 가지 전략들을 제시할 것이다. 전체적인 나의 목표는 현재 탈정치화의 위험에 처해 있는 공론장 이론을 재정치화하는 것이다.

고전적인 공론장 이론과 그에 대한 급진적 비판: 베스트팔렌적 틀의 주제화

모든 논의들이 참조하는 고전인 하버마스의 『공론장의 구조변동』(*Struktur-wandel der Öffentlichkeit*)으로부터 추출된, 공론장 이론이 가지는 몇 가지 분석적 특징들을 회상하면서 이야기를 시작해 보도록 하자. 이 초기 저작에서 하버마스의 연구는 동시에 두 가지 수준에서, 즉 경험적이고 역사적인 수준과 이데올로기 비판적이고 규범적인 수준에서 진행된다. 이 두 수준에서 공론장은 종종 국민[민족]국가로 받아들여지는 제한된 정치공동체, 주권을 가진 영토국가와 동연적(同延的)인 것으로 이해되고 있다. 물론 이 점이 항상 완전히 명백하게 드러나 있는 것은 아니다. 그러나 공론장에 관해 하버마스가 제시한 설명은 적어도 여섯 가지 사회이론적 가정들을 암묵적으로 전제하고 있으며, 이것들 모두는 정치적 공간에 대한 베스트팔렌적 틀을 당연시하고 있다.

1. 『공론장의 구조변동』은 공론장을 제한된 영토에 대해 주권을 행사하는 근대 국가기구와 연관시킨다. 따라서 하버마스는 원칙적으로 국가 내에 거주하는 사람들과 관련된 일들을 규제하고 그들의 문제를 해결할 능력을 가지고 있는 베스트팔렌적 국가가 공론의 수신자가 되어야만 한다고 가정했다.[4]

2. 『공론장의 구조변동』은 공론장에서의 토론에 참여하는 사람들을 제한된 정치공동체의 동료 구성원들로 간주했다. 하버마스는 그들 사이의 토론의 목적이 시민들의 일반이익을 확정하는 것이라고 보았으며, 공중을 구성하는 사람들을 민주적인 베스트팔렌적 국가의 시민들과 암묵적으로 동일시했다.[5]

3. 『공론장의 구조변동』은 공론장에서 진행되는 토론의 주된 주제는 정치공동체의 경제관계들을 적합하게 조직하는 데에 있다고 생각했다. 그리고 그런 공동체의 경제관계들은 법적으로 구성되며 원칙상 국가의 규제에 종속된 자본주의적 시장경제 속에 위치하고 있는 것이었다. 결국 하버마스는 공중의 주된 관심사가 베스트팔렌적 국가 내부에 제한된 국민경제에 있다고 생각했다.[6]

4. 『공론장의 구조변동』은 공론장을 근대적 매체와 연결시켰으며, 이러한 매체는 멀리 떨어져 있는 사람들 사이의 의사소통을 가능하게 함으로써 공간적으로 분산되어 있는 대화자들을 공중으로 결합시킬 수 있었다. 그러나 하버마스는 국가단위 매체, 특히 전국 언론과 전국 방송에 주목함으로써 공론을 암묵적으로 국가 영토와 관련된 것으로 이해했다. 결국 그는 베스트팔렌적인 국가 내부에 제한된 국가단위의 의사소통 하부구조(infrastructure)를 암묵적으로 수용했던 것이다.[7]

5. 『공론장의 구조변동』은 공론장에서의 토론이 완벽하게 이해될 수 있고

---

4) Habermas, *Structural Transformation of the Public Sphere*, pp.14~26, pp.79~88; 또한 *Between Facts and Norms*, pp.135~138, pp.141~144, p.352, pp.366~367, pp.433~436.

5) *Structural Transformation of the Public Sphere*, pp.20~24, pp.51~57, pp.62~73, pp.83~88, p.141이하; 또한 *Between Facts and Norms*, pp.365~366, pp.381~387.

6) *Structural Transformation of the Public Sphere*, pp.14~20, 특히 p.17; 또한 *Between Facts and Norms*, pp.344~351, 특히 pp.349~350.

7) *Structural Transformation of the Public Sphere*, p.58, pp.60~70; 또한 *Between Facts and Norms*, pp.373~374, pp.376~377.

언어적으로 투명하다는 것을 당연한 사실로 간주하고 있다. 하버마스는 공적인 의사소통이 공유된 단일 언어 매체를 통해서 진행된다고 암묵적으로 가정하면서 결국은 공적인 토론이 모국어로 진행된다고 생각하고 있다.[8]

6. 마지막으로 『공론장의 구조변동』은 공론장의 문화적 기원을 18~19세기 출판 자본주의의 문학과 소설들에서 추적하고 있다. 그 책은 그러한 부르주아적 장르들이 새로운 주관적 태도를 창출해 냈다고 믿고 있으며, 이를 통해서 사적인 개인들은 그들 스스로를 공중의 성원으로 생각하게 되었다고 본다.[9] 결국 하버마스는 공론장에서 나타나는 주체성의 구조의 기초를 바로 그 나라의 언어로 이루어진 문학적 형식들 속에서 찾고 있으며, 또한 이러한 문학형태들이 국민[민족]이라는 상상의 공동체를 발생시켰다고 믿는다.[10]

이러한 여섯 가지 사회이론적 가정들은 공론장에 관한 하버마스의 초기 설명들이 정치적 공간에 대한 베스트팔렌적 틀에 구속되게 만든다. 『공론장의 구조변동』에서 공중들은 근대적 영토국가 그리고 민족이라는 허구들과 관련된다. 물론 이 책에서 민족적인 측면들은 전반적으로 주제화되지 않고 있다. 그러나 하버마스가 그간 명백하게 밝혀 온 주장은 이러한 측면이 거기서 암묵적인 배경으로 전제되고 있다는 점을 보여 준다. 하버마스는 역사적으로 볼 때 근대적인 공론의 탄생은 근대 국가의 탄생과 일치하며, 거

---

8) *Structural Transformation of the Public Sphere*, pp.24~39, 특히 pp.36~37, pp.55~56, 60~63; 또한 *Between Facts and Norms*, pp.360~362, pp.369~370, pp.375~377.

9) *Structural Transformation of the Public Sphere*, pp.41~43, pp.48~51; 또한 *Between Facts and Norms*, pp.373~374. "출판 자본주의"라는 표현은 하버마스의 것이 아니라 베네딕트 앤더슨의 것이다. Benedict Anderson, *Imagined Communities: Reflections on the Origin and Spread of Nationalism*, second edition, London: Verso, 1991 참조.

10) *Imagined Communities*.

기서 근대적 영토국가는 민족이라는 상상의 공동체와 융합된다고 말해 왔다.[11] 최근에 하버마스가 주장하는 바와 같이 아마도 현재 존재하는 민주 국가들은 사회통합의 기초로서 반드시 국가[민족] 정체성을 필요로 하지는 않을 것이다.[12] 그러나 『공론장의 구조변동』에서의 공론에 대한 이해가 국가[민족]적 배경을 가지고 있었다는 점은 여전히 사실이다. 그 책에서 이루어진 공론장에 대한 설명들은 국가[민족]주의적으로 채색된 베스트팔렌적 틀을 가정하고 있었다.

그러나 이것이 전부는 아니다. (국가에 관한) 베스트팔렌적인 가정들 덕분에 『공론장의 구조변동』은 공론장을 역사적으로 특수한 정치적 기획, 즉 영토에 기초한 근대 (국민)국가의 민주화라는 견지에서 이해할 수 있었다. 하버마스는 그 기획이 가지는 베스트팔렌적 틀에 대해 전혀 의문을 제기하지 않으면서 정확히 그러한 틀 내에 자리 잡은 토의(deliberative) 민주주의 모델을 구상했다. 토의 민주주의 모델에서 민주주의는, 모국어로 수행되고 국가단위 매체를 통해 연결되는 영토적으로 제한된 공적인 의사소통 과정을 통해서 성장한 세대들이 일련의 국가단위 공론을 형성할 것을 요구한다. 이러한 공론은 영토적으로 제한된 그들의 공동생활을 조직하는 문제와 관련하여, 특히 국민경제와 관련하여 국가 시민들의 일반이익을 반영해야만 한다. 이 모델은 또한 정치적 힘을 가진 공론의 창출을 요구한다. 공론은 국가 시민들의 힘을 효과적으로 강화함으로써 입법자들에게 영향력을 행사하고 국가 관료들에게 책임을 부과해야 한다. 이와 같이 국가의 정치적 지배를 '합리화'하는 데 기여함으로써 공론은 베스트팔렌적 국가의 행동들과 정책들이 토의를 통해 형성된 국가 시민들의 정치적 의지를 반영하도록 보증해

---

11) Jürgen Habermas, "The European Nation-State: On the Past and Future of Sovereignty and Citizenship", *Public Culture* 10, 2, 1998, pp. 397~416
12) 같은 글.

야 한다. 따라서『공론장의 구조변동』에서 공론장은 (국가단위의) 베스트팔렌적 민주주의를 구성하는 핵심적 제도이다.

다음으로『공론장의 구조변동』은 비록 불완전하기는 하지만 베스트팔렌적 국민국가의 민주화 과정의 역사를 경험적으로 집중 조명한다. 규범적으로 볼 때 이 책은 영토적으로 제한된 정치공동체를 위한 토의 민주주의 모델을 설명하고 있다. 따라서 공론장은 실제로 현존하는 베스트팔렌적 국가들의 민주주의가 가지는 결함들을 확인하고 비판하는 척도로서 기능했다. 그러므로 하버마스의 초기 이론은 우리가 다음과 같은 질문을 제기할 수 있게 해준다. 모든 시민이 정말로 국가단위의 정치적 공중을 구성하는 완벽한 구성원인가? 모든 사람이 평등하게 참여할 수 있는가? 달리 말하자면, 진정으로 **정당하게** 국가적 공론으로 간주될 수 있는 것은 무엇인가? 나아가서 공론은 사적인 권력을 제어하고 국가 관료들의 행동을 시민들의 지배하에 놓을 수 있을 정도로 충분한 정치적 힘을 가지고 있는가? 베스트팔렌적 시민사회 내에서 산출된 의사소통 권력이 베스트팔렌적 국가의 입법적이고 행정적인 권력으로 효과적으로 번역될 수 있는가? 달리 말하면 국가의 공론이 정치적 **유효성**을 갖는 것인가? 이러한 질문들을 생각하게 만들어 줌으로써『공론장의 구조변동』은 베스트팔렌적 근대 국가 내에서 실제로 현존하고 있는 민주주의에 대해 비판을 제기하는 데에 공헌하였다.

몇몇 독자들은 이러한 비판의 급진성이 불충분하다고 생각했다. 그 책이 뒤늦게 영어로 번역된 이후에 진행된 토론에서 반론들은 명확한 두 흐름으로 분할되었다. 한 흐름은 하버마스가 추구했던 노선을 넘어서 공론의 **정당성**을 검토했다. 내가 '정당성 비판'이라고 부르고자 하는 입장의 대표자들은 시민사회 내부의 관계들에 주목하면서『공론장의 구조변동』이 명목상으로는 공중의 구성원인 사람들에게서 공적인 토론의 완전한 당사자로서 다른 사람들과 동등하게 참여할 능력을 박탈해 버리는 체계적 장애물들이 존재한다는 사실을 은폐했다고 주장했다. 이러한 비판들은 시민사회 내에 존재하는 계급적 불평등과 신분적 위계질서들을 강조하면서, 이러한 상황이 베스트팔렌적 틀이 원칙적으로는 포용하지만 실제로는 배제하거나 주변화하는 사람들에게 미치는 영향에 대해서 분석했다. 이런 사람들에는 재산을 소유하지 못한 노동자, 여성, 빈곤층, 종족적-인종적 소수자, 종교적 소수자, 민족적 소수자 등이 속한다.[13] 따라서 이 비판은 민주주의 이론과 사회적 현실 속에서 공론으로 간주되고 있는 것이 정당성을 가지는지에 대해서 의문을 제기하였다.

비판의 두번째 흐름은 공론의 **유효성**에 관한 하버마스의 문제제기를 보다 급진화하였다. '유효성 비판'을 대변하는 이들은 시민사회와 국가의 관계에 주목하면서, 『공론장의 구조변동』이 토론을 통해 형성된 공론이 가지는 정치적 힘을 박탈하는 체계적 장애물들을 온전하게 파악하지 못했다고 주

---

13) The Black Public Sphere Collective, *The Black Public Sphere: A Public Culture Book*, Chicago: University of Chicago Press, 1995; Evelyn Brooks-Higginbotham, *Righteous Discontent: The Women's Movement in the Black Baptist Church, 1880~1920*, Cambridge, MA: Harvard University Press, 1993; Geoff Eley, "Nations, Publics, and Political Cultures: Placing Habermas in the Nineteenth Century", *Habermas and the Public Sphere*, ed. Craig Calhoun, Cambridge, MA: MIT Press, 1992, pp.289~350; Nilufer Gole, "The Gendered Nature of the Public Sphere", *Public Culture* 10, 1, 1997, pp.61~80; Michael Rabinder James, "Tribal Sovereignty and the Intercultural Public Sphere", *Philosophy & Social Criticism* 25, 5, 1999, pp.57~86; Joan Landes, *Women and the Public Sphere in the Age of the French Revolution*, Ithaca, New York: Cornell University Press, 1988; Jane Rendall, "Women and the Public Sphere", *Gender & History* 11, 3, 1999, pp.475~488; Mary P. Ryan, *Women in Public: Between Banners and Ballots, 1825~1880*, Baltimore: Johns Hopkins University Press, 1990; "Gender and Public Access: Women's Politics in Nineteenth-Century America", *Habermas and the Public Sphere*, pp.259~288; Yasemin Nuhoglu Soysal, "Changing Parameters of Citizenship and Claims-Making: Organized Islam in European Public Spheres", *Theory and Society* 26, 1997, pp.509~527; Michael Warner, *Publics and Counterpublics*, New York: Zone Books, 2002; Iris Marion Young, "Impartiality and the Civic Public: Some Implications of Feminist Critiques of Moral and Political Theory", *Feminism as Critique*, eds. Seyla Benhabib and Drucilla Cornell, Minneapolis: University of Minnesota Press, 1987, pp.56~76.

장하였다. 유효성 비판의 대변자들은 공론장의 '재봉건화'(refeudalization)에 대한 하버마스의 설명이 이러한 장애물들을 적합하게 포착하지 못했다고 확신하였다. 따라서 이러한 비판들은 시민사회의 의사소통 권력이 국가로 흘러들어가지 못하도록 차단하는 구조적 힘들이 무엇인지를 이론적으로 포착하고자 노력하였다. 사적인 경제적 권력과 공고한 관료적 이해관계 각각이 가지는 역할들을 강조하면서 이러한 비판은 자본주의 사회에서 정치적 힘으로서의 공론이 유효성을 가질 수 있는지에 대해서 보다 심층적인 의문을 제기하였다.[14]

그들이 주목한 바가 서로 달랐음에도 불구하고 비판의 이러한 두 흐름은 보다 심층적인 가정을 공유하고 있었다. 『공론장의 구조변동』과 마찬가지로 정당성 비판과 유효성 비판 모두는 정치적 공간에 관한 베스트팔렌적 틀을 당연한 것으로 간주하였다. 물론 정당성 비판의 몇몇 대변자들이 하버마스의 설명에서 전반적으로 당연한 것으로 간주되었던 사실, 즉 공론의 배후에는 국가가 존재한다는 사실을 폭로한 것은 사실이다. 이것이 소수 민족들에 대해 미치는 배제효과를 분석하면서, 다문화주의를 옹호하는 비판가들은 공론장에서 다수 민족이 가지고 있는 특권을 일소하여 공적인 토론에서 발생하는 참여의 불평등을 줄여 보고자 하였다. 그러나 그들의 핵심 요지는 공론장의 영토적 기초에 대해서 의문을 제기하는 것이 아니었다. 비판가

---

14) 이러한 비판의 초기 형태는 다음에서 발견된다. Niklas Luhmann, "Öffentliche Meinung", *Politische Vierteljahresschrift* 11, 1970, pp.2~28. 또한 Stanley Aronowitz, "Is Democracy Possible?: The Decline of the Public in the American Debate", *The Phantom Public Sphere*, ed. Bruce Robbins, Minneapolis: University of Minnesota Press, 1993, pp.75~92; Nicholas Garnham, "The Media and the Public Sphere", *Habermas and the Public Sphere*, pp.359~376; Jürgen Gerhards and Friedhelm Neidhardt, *Strukturen und Funktionen Moderner Öffentlichkeit*, Berlin: Fragestellungen und Ansätze, 1990; Michael Warner, "The Mass Public and the Mass Subject", *The Phantom Public Sphere*, pp.234~256도 참조하라.

들은 베스트팔렌적 틀을 전혀 문제 삼지 않은 상황에서, 그러한 틀 내부에서 공론의 정당성만을 강화하고자 했다. 유효성 비판의 경우도 유사한 목표를 가지고 있었다. 공론의 수신자는 당연히 영토국가가 되어야만 한다고 생각하면서, 유효성 비판의 대변자들은 영토국가를 토론을 통해 형성된 그 시민들의 의지에 보다 확고하게 종속시키고자 했다. 보다 급진적이라고 말할 수 있을지는 몰라도 양편의 비판들 모두는 하버마스와 마찬가지로 베스트팔렌적 틀 안에서 공론장에 대한 성찰을 시도했다.

'공론장에 대한 재사유'를 위한 나의 초기 작업 역시 예외가 아니었다. 1991년에 처음 출판된 한 논문에서 나는 내가 하버마스를 따라 '부르주아 공론장에 관한 자유주의적 모델'이라고 불렀던 입장에 반대하며 두 유형의 비판을 제기했다. 정당성의 측면과 관련하여 나의 비판은 시민사회 내에 존재하는 불평등이 공론에 미치는 영향에 대해서 주목했다. 공론장에서 논의 참여자들이 신분과 계급의 차이를 유보하고 자신들이 '마치' 동등한 사람인 것처럼 토의하는 것이 가능하다고 보는 자유주의적 관점을 논박하면서, 나는 사회적 평등은 정치적 민주주의를 위한 필수조건이라고 주장하였다. 엄청난 불평등이 지배하는 현실적 상황 속에서 정치적 발언권의 불평등을 제거할 수 있는 유일한 방법은 부르주아 공론장의 몇몇 근본적 특징들에 도전하는 사회운동을 통한 저항뿐이라고 나는 생각했다. 포괄적인 단일한 공론장에 관한 표준적인 자유주의적 이해를 보다 복잡하게 만들면서 나는 하위주체인 저항적 공중들의 확산이 계층화된 사회 속에서 종속적인 계층에 속하는 사람들의 참여를 증대시킬 수 있을 것이라고 주장했다. 또한 무엇을 공적인 관심사항으로 볼 것인가에 대한 표준적인 자유주의적 관점이 부르주아 남성 중심적인 편견에 사로잡혀 있음을 폭로하면서 나는 공적인 것과 사적인 것 사이의 경계들을 새롭게 설정하려고 시도하는 여성주의와 같은 시도들에 동감을 표했다. 그러나 이러한 비판은 여전히 공론장을 영토국가를 중심으로 이해하는 방식을 전제하고 있었다. 초기의 나의 비판도 베스트팔 렌적 틀을 문제 삼지 않고 그 틀 내에서 공론의 정당성을 향상시키는 것을 목표로 삼고 있었다.[15)]

나의 논문은 공론이 정치적 힘을 획득할 수 있는지를 문제 삼는 유효성 비판 역시 제기하였다. 의사소통 권력을 행정권력으로 번역하는 것을 방해 하는 힘들을 확인하면서 나는 제대로 기능하는 공론장은 항상 시민사회와 국가의 엄격한 분리를 요구한다는 표준적인 자유주의적 견해를 문제 삼았 다. 나는 공론을 창출하지만 구속력 있는 법률을 창출하지는 못하는 시민사 회의 '약한 공중'과 그들의 토의가 주권적 결정으로 귀결되는 국가 내부의 '강한 공중'을 구별하였다. 그리고 이에 기초하여 약한 공중에 대한 강한 공 중의 책임성을 강화할 수 있는 제도적 장치를 구상해 보고자 노력하였다. 또 한 급진 민주주의적 대안들을 상상할 공간을 창출하고자 했던 나는 하버마 스가 시민사회 내부에 존재하며 '강한 공중에 준하는' 의사결정 공중과 같은 혼성적 형태들을 명시적으로 배제했다는 점에 대해서도 문제를 제기하였 다. 그러나 여기서도 역시 나는 베스트팔렌적 틀에 대해 문제를 제기하지는 않았다. 오히려 나의 논증의 요지는 베스트팔렌적 국가와 관련하여 공론의 유효성을 증대시키는 데에 있었다.[16)]

정당성 비판과 유효성 비판은 그것이 다루었던 문제들과 관련하여서 는 여전히 올바른 것이라고 나는 생각한다. 그러나 나는 그 두 비판 모두 충 분한 것은 아니었다고 생각한다. 두 비판 모두는 공론의 틀을 베스트팔렌적 으로 설정하는 『공론장의 구조변동』이 가지고 있는 사회이론적 기초들을 수

---

15) Nancy Fraser, "Rethinking the Public Sphere: A Contribution to the Critique of Actually Existing Democracy", *Habermas and the Public Sphere*, pp.109~142, 특히 pp.117~129; "Sex, Lies, and the Public Sphere: Some Reflections on the Confirmation of Clarence Thomas", *Critical Inquiry* 18, 1992, pp.595~612.
16) Fraser, "Rethinking the Public Sphere", 특히 pp.129~132.

정하지 못했을 뿐 아니라 검토조차 하지 않았다. 여전히 제한된 정치공동체 내부에서 토의 민주주의가 가지는 전망들에만 주목했던 두 비판은 공중과 영토국가의 시민을 동일시했다. 두 비판 모두 국민경제와 관련된 가정을 고수하면서, 민주적인 국가에 의해 국민경제를 적절하게 조절하는 것이 공론장에서 진행되는 토론의 중요한 주제이며, 그러한 토론들은 여전히 국가단위 매체에 의해 모국어로 진행되는 것으로 간주했다. 결국 정당성 비판이든 유효성 비판이든 모두가 베스트팔렌적 틀을 문제 삼지는 않았다. 『공론장의 구조변동』과 동일한 정치적 기획을 갈망한 두 비판은 근대 영토국가 내에서 토의 민주주의를 보다 발전시켜 보고자 했을 뿐이었다.

이후 하버마스가 『사실성과 타당성』(*Faktizität und Geltung*)에서 공론장에 관해 진행한 논의에서도 사정은 마찬가지다. 특히 이 저작은 공론장 문제를 새롭게 다루면서 두 가지 비판의 요지들을 수용하고자 했다. "사적 자율성과 공적 자율성의 상호연관성"을 강조하면서 하버마스는 평등을 추구하여 민주주의를 신장시키고 민주주의를 추구하여 평등을 신장시키는 데서 여성주의의 제2의 물결과 같은 해방적 사회운동들이 수행한 역할을 인정하였다.[17] 이와 같이 사회적 지위와 정치적 발언권 사이의 상호의존성을 인정함으로써 그는 민주 국가에서 공론이 가지는 정당성에서의 결함이라는, 기존에 자신이 소홀히 다루었던 문제들과 씨름하였다. 뿐만 아니라 『사실성과 타당성』은 유효성의 문제를 중심적으로 다루었다. 법이 의사소통 권력을 행정권력으로 번역하는 적절한 수단이라는 이론을 제시하면서 이 저작은 '공식적인'(official) 민주적 권력순환과 '비공식적인'(unofficial) 비민주적 권력순환을 구별하였다. 공식적 권력순환에서는 약한 공중이 강한 공중에게 영향력을 행사하고 다시 강한 공중은 행정적 국가기구들을 통제하지만,

---

17) Habermas, *Between Facts and Norms*, pp. 420~423.

비공식적 권력순환에서는 사적인 사회권력들과 공고한 관료적인 이해관계들이 입법자들을 통제하고 공론을 조작(造作)한다. 비공식적 권력순환이 통상적으로 지배적이라는 사실을 인정함으로써, 그 저작에서 하버마스는 민주 국가들에서 공론이 가지는 유효성과 관련된 결함들에 대해 보다 풍부한 설명을 제시하였다.[18]

물론 우리는 그에 대한 비판들이 각각 제기했던 문제들에 대해 하버마스가 충분히 성공적으로 답변했는지 의문을 제기할 수 있을 것이다.[19] 하지만 우리가 이러한 의심을 유보한다고 하더라도 『사실성과 타당성』이 여전히 베스트팔렌적 틀을 가정하고 있다는 것만은 부정할 수 없다. 『공론장의 구조변동』의 주장들과 많은 부분에서 거리를 두었음에도 불구하고 『사실성과 타당성』은 여전히 공론의 수신자는 주권을 가진 영토국가라고 보고 있으며, 주권을 가진 영토국가가 국가 시민들의 일반이익에 입각하여 국민경제를 조절할 수 있다고 보고 있다. 또한 그 저작은 공론의 형성을 여전히 국가 단위의 의사소통 하부구조에 기초한 국가단위 매체들 내에서 진행되는 과정으로 이해하고 있다. 우리가 알고 있듯이 하버마스는 민주 국가를 그것의 민족주의적인 외피로부터 해방시키기 위해서 '헌법애국주의'(constitutional patriotism)라는 탈국민국가적 사회통합 형태를 옹호하였다.[20] 그러나 여기

---

18) 같은 책, pp.360~363.
19) 윌리엄 E. 슈에르만에 따르면, 예를 들어 하버마스는 다음과 같이 대립하는 두 가지 입장 사이에서 일관성 없이 동요하고 있다. 한편에는 현존하는 민주 국가들에서 공론이 정당성과 유효성에서 심각한 결함을 가지고 있다는 사실을 수용하는 '현실주의적이고', 체념적이며, 객관적으로 보수적인 관점이 존재한다. 다른 한편에는 여전히 이들을 극복하는 데 몰두하고 있는 급진 민주주의적 관점이 존재한다. 나는 슈에르만의 지적이 올바른 것인지 의심스럽다. 그럼에도 불구하고 현재 논증의 목적상 나는 하버마스가 민주 국가에 존재하는 '사실과 규범' 사이의 긴장을 분명하게 타협시킨 것으로 규정하고자 한다. William E. Scheuerman, "Between Radicalism and Resignation: Democratic Theory in Habermas' *Between Facts and Norms*", *Habermas: A Critical Reader*, ed. Peter Dews, Oxford: Blackwell, 1999, pp.153~177.
20) Habermas, *Between Facts and Norms*, pp.465~466, p.500.

서도 그는 결국 그것이 전적으로 영토적이기 때문에 보다 순수하다고 할 수 있는 공론장에 관한 베스트팔렌적 견해를 인정했을 뿐이다.

일반적으로 말해 비판이론 내에서 진행된 공론장에 관한 논쟁은 주요한 맹점을 가지고 있다. 『공론장의 구조변동』에서 『사실성과 타당성』에 이르기까지, 나를 포함하여 사실상 모든 논쟁 참여자들이 공론장과 영토국가를 연관시켜 왔다. 다른 중요한 의견차이들에도 불구하고 우리 모두는 정치적 공간에 대한 베스트팔렌적 틀을 가정하고 있었다. 새로운 역사적 발전들이 그러한 틀을 의문시하도록 촉구하고 있던 바로 그 순간에 말이다.

탈국민국가적 상황: 베스트팔렌적 틀에 대한 문제제기

오늘날 공론장 이론의 베스트팔렌적 맹점은 너무나 명확하다. 지구온난화, 이주, 여성의 권리, 무역조건, 실업, '테러와의 전쟁' 등 그 무엇이 문제가 되든 간에, 현재 공론의 동원은 영토국가의 경계 안에 머무는 경우가 거의 없다. 많은 경우 대화를 나누는 사람들은 시민 혹은 정치적 시민들로 구성되지 않는다. 또한 그들의 의사소통 역시 베스트팔렌적 국가를 수신자로 삼지 않는 경우가 많으며 국가단위 매체를 통해서 그들의 의사소통이 진행되는 것도 아니다. 더욱이 논의되는 문제들은 그 본질상 초영토적인 경우가 많으며, 베스트팔렌적 공간 내에 위치시킬 수도 없고 베스트팔렌적 국가에 의해 해결될 수도 없는 것들이다. 이런 경우 현재의 공론 형성과정은 베스트팔렌적 틀을 거의 무시하고 있다. 그 결과 과거의 공론장 이론에서는 당연한 것으로 간주되었던 가정들이 비판과 개정을 시급히 요구받고 있다.

따라서 '초국적 공론장', '디아스포라 공론장', '지구적 공론장'과 같은 표현들이 최근의 토론에서 두드러지게 된 것도 놀랄 일은 아니다. 이러한 현상들에 대한 견해들은 두 진영으로 나누어진다. 첫번째 진영은 초국적 공론장을 20세기 후반의 지구화와 결합된 새로운 발전으로 본다. 이 진영은 근대의 국가 간 체제가 대부분의 정치적 논쟁을 국가 중심의 토론공간으로 몰아넣었다고 주장하면서, 매우 최근까지 베스트팔렌적 틀은 공론장에 관한 이론을 제시하기 위한 적합한 틀이었다고 주장한다.[21] 두번째 진영은 이와 반대로 공론장은 적어도 17세기에 국가 간 체제가 탄생한 이후부터는 계속 초국적이었다고 주장한다. 세계종교나 근대 제국주의는 물론 노예제 폐지운동이나 사회주의운동 등과 같은 국경을 초월한 운동들 그리고 국제화된 '문학계'(republic of letters)에 대한 계몽주의적 희망 등을 언급하면서 이 진영은 베스트팔렌적 틀은 항상 이데올로기적이었으며 공론장이 본질적으로 가지고 있는 무제약성을 은폐해 왔다고 주장한다.[22] 두 해석 모두 나름의 장점을 가지고 있다는 것은 분명하다. 첫번째 진영은 정치적 공간의 패권적 분할을 정확하게 포착하고 있는 반면에, 두번째 진영은 대도시(metropolitan) 민주주의가 식민지 정복과 함께 발생하였으며, 식민지 정복이 공론의 초국적 유통을 활성화시켰다는 사실을 우리에게 올바로 일깨워 준다. 따라서 나는 여기서 우리의 목적을 위해 양자 사이의 차이는 무시하고자 한다. 나는 초국적 공론장이 긴 역사를 가지고 있다는 점을 받아들이지만, 그럼에도 불구하고 현재 그것은 새로운 상황에 직면하고 있으며 또 다른 '공론장의 구조변

---

21) *Political Space: Frontiers of Change and Governance in a Globalizing World*, eds. Yale H. Ferguson and Barry Jones, Albany: State University of New York Press, 2002; David Held, *Democracy and the Global Order: From the Modern State to Cosmopolitical Governance*, Cambridge: Polity, 1995; David Held, Anthony McGrew, David Goldblatt, and Jonathan Perraton, *Global Transformations: Politics, Economics and Culture*, Cambridge: Polity, 1999; Saskia Sassen, *Globalization and Its Discontents*, New York: Free Press, 1998; *Territory, Authority, Rights: From Medieval to Global Assemblages*, Princeton: Princeton University Press, 2006.

22) *Constructing World Culture: International Nongovernmental Organizations since 1875*, eds. John Boli and George M. Thomas, Stanford: Stanford University Press, 1999; Margaret E. Keck and Kathryn Sikkink, *Activists beyond Borders: Advocacy Networks in International Politics*, Ithaca, New York: Cornell University Press, 1998.

동'을 반영하고 있다고 생각한다. 이런 점에서 모든 사람은 현재 공론의 구성상태가 베스트팔렌적 틀을 파열시키고 있다는 점에 대해서 분명히 동의할 수 있을 것이다.

그러나 아직 그것이 가지고 있는 완전한 함의가 설명된 것은 아니다. '혼성화'(hybridization)나 '지구화와 지방화의 동시적 진행'(glocalization)과 같은 초국적 흐름들의 문화적 측면에 주로 주목하는 초국적 공론장에 관한 많은 연구자들은 그것이 비판이론에 대해서 가지는 중요한 의미들에는 문제를 제기하지 않았다. 만일 공론이 현재 베스트팔렌적 틀을 넘어서고 있다면, 지배를 문제 삼고 협치를 민주화하는 공론의 비판적 기능은 어떻게 될 것인가? 좀더 세부적으로 생각해 보자면, 대화자들이 더 이상 시민 혹은 정치적 시민들이 아닌 상황에서도 우리가 공론의 정당성에 대해서 검토한다는 것이 과연 유의미한 일인가? 이런 상황에서 정당성이라는 것은 무엇을 의미하는가? 마찬가지로, 원칙적으로 그 영토를 규제할 수 있고 공적인 관심 속에서 시민들의 문제를 해결할 능력을 가지고 있는 주권국가가 수신자가 아닌 상황에서 공론의 유효성을 검토한다는 것이 여전히 의미를 가지는 것인가? 이런 상황에서 유효성은 무엇을 의미하는가? 이런 질문들에 대해서 만족스러운 답을 제시하지 못한다면 우리는 공론장에 관한 유용한 비판이론을 상실하게 될 것이다.[23]

---

23) 몇몇 학자들이 이러한 질문들을 제기하고 있다. 진정으로 비판적인 접근들로는 다음을 보라. James Bohman, "The Globalization of the Public Sphere: Cosmopolitan Publicity and the Problem of Cultural Pluralism", *Philosophy & Social Criticism* 24, 2~3, 1998, pp.199~216; "The Public Spheres of the World Citizen", *Perpetual Peace: Essays on Kant's Cosmopolitan Ideal*, eds. James Bohman and Matthias Lutz-Bachmann, Cambridge, MA: MIT Press, 1997; Maria Pia Lara, "Globalizing Women's Rights: Building a Public Sphere", *Recognition, Responsibility, and Rights: Feminist Ethics and Social Theory: Feminist Reconstructions*, eds. Robin N. Fiore and Hilde Lindemann Nelson, Totowa, NJ: Rowman & Littlefield, 2003, pp.181~193.

문제를 명확히 하기 위해서 나는 공론장 이론의 여섯 가지 핵심 가정들을 다시 검토하고자 한다. 각각의 가정들과 관련하여 나는 문제상황을 경험적으로 살펴보고, 이것이 **비판적** 범주로서 공론장이 가지는 지위에 대해 어떤 결과를 초래하는지 고려해 볼 것이다.

1. 먼저 공론의 수신자가 제한된 영토에 대해 배타적이고 분할 불가능한 주권을 행사하는 근대적인 베스트팔렌적 국가라는 가정을 생각해 보자. 경험적으로 볼 때 주권에 대한 이런 견해는 매우 의심스러운 것이며, 이는 단지 빈곤하거나 약한 국가들에만 해당하는 것도 아니다. 오늘날에는 강력한 국가들조차도 많은 중요한 협치기능들에 대한 책임을 국제기구, 정부 간 네트워크, 비정부기구들과 공유하고 있다. 이는 환경규제와 같이 상대적으로 새로운 기능들에서뿐 아니라 방위, 치안, 사법 및 형법 관련 행정 등과 같은 고전적 기능들에서도 마찬가지다. 국제원자력기구(International Atomic Energy Agency), 국제형사재판소, 세계지적재산권기구(World Intellectual Property Organization) 등을 그 예로 볼 수 있을 것이다.[24] 물론 이러한 기구들은 이전의 국가 간 체제에서와 마찬가지로 패권 국가들에 의해 지배되고

---

24) Held et al., *Global Transformations*; James N. Rosenau, "Governance and Democracy in a Globalizing World", *Re-imagining Political Community: Studies in Cosmopolitan Democracy*, eds. Daniele Archibugi and David Held, Stanford: Stanford University Press, 1999, pp.28~57; *Along the Domestic-Foreign Frontier: Exploring Governance in a Turbulent World*, Cambridge: Cambridge University Press, 1997; William E. Scheuerman, "Economic Globalization and the Rule of Law", *Constellations* 6, 1, 1999, pp.3~25; David Schneiderman, "Investment Rules and the Rule of Law", *Constellations* 8, 4, 2001, pp.521~537; Anne-Marie Slaughter, *A New World Oder*, Princeton: Princeton University Press, 2005; Susan Strange, *The Retreat of the State: The Diffusion of Power in the World Economy*, Cambridge: Cambridge University Press, 1996; Mark W. Zacher, "The Decaying Pillars of the Westphalian Temple", *Governance without Government*, eds. James N. Rosenau and Ernst-Otto Czempiel, Cambridge: Cambridge University Press, 1992, pp.58~101.

있지만, 오늘날 패권이 행사되는 방식은 분명히 새로운 것이다. 배타적이고 분할 불가능한 국가주권이라는 베스트팔렌적 형태와는 전혀 다르게 패권은 점차로 **분산된 주권이라는 탈베스트팔렌적 형태**로 작동되고 있다.[25] 따라서 경험적으로 볼 때 공론장 이론의 첫번째 가정은 유지될 수 없다.

그렇다면 공론장 이론과 관련된 결론은 무엇인가? 내가 보기에 이러한 상황은 단순히 그 이론의 토대들을 부정할 뿐만 아니라 공론이 가지는 **비판적** 기능도 위태롭게 만든다. 만일 국가들이 그들 자신의 영토를 완벽하게 통제할 수 없다면, 만일 국가들이 전쟁을 수행하고 질서를 보호하고 법을 집행할 수 있는 유일하고 분할 불가능한 능력을 소유하고 있지 않다면, 그 시민들의 공론이 어떻게 정치적인 유효성을 가질 수 있을 것인가? 논의를 위해서 국가적 공론이 공정하게 형성되고 정당성 기준을 충족시키며, 또 그러한 공론이 의회의 의지와 국가 행정에 영향력을 행사한다고 가정해 보자. 그렇다고 하더라도 주권이 분산되어 있는 상황에서 그러한 공론이 어떻게 **실행**될 수 있을 것인가? 요약하자면, 탈베스트팔렌적 세계에서 공론은 어떻게 비판적 힘으로서 **유효성**을 가질 수 있을 것인가?

2. 다음으로 공중이 한 국가의 영토에 거주하는 국가 시민과 일치하며, 그 시민들이 자신의 공동이익을 제한된 정치공동체의 일반의지로 정식화한다는 전제에 대해서 살펴보도록 하자. 이 전제 역시 사실과 부합하지 않는다. 먼저 시민권과 국적 그리고 영토 내 거주를 등치시키는 것은 이주, 디아

---

25) Michael Hardt and Antonio Negri, *Empire*, Cambridge, MA: Harvard University Press, 2000; Raul C. Pangalangan, "Territorial Sovereignty: Command, Title, and Expanding the Claims of the Commons", *Boundaries and Justice: Diverse Ethical Perspectives*, eds. David Miller and Sohail H. Hashmi, Princeton: Princeton University Press, 2001, pp.164~182; Saskia Sassen, *Losing Control?: Sovereignty in an Age of Globalization*, New York: Columbia University Press, 1995; Strange, *The Retreat of the State*.

스포라, 이중 삼중 시민권, 원주민 공동체의 구성원들, 복수의 주거지 등으로 인해서 불가능하게 된다. 모든 국가에는 그 영토 내에 거주하는 비시민들이 존재한다. 대부분의 국가들은 다문화적이고/이거나 다민족적이다. 모든 민족은 영토적으로 분산되어 있다.[26] 이와 마찬가지로 혼란스러운 것은 오늘날 공론장들은 더 이상 정치적 구성원들과 그 외연이 일치하지 않는다는 사실이다. 종종 서로 대화를 나누는 사람들은 같은 민족도 아니고 동료 시민도 아니다. 따라서 그들이 형성하는 견해는 그 어떤 **시민들**의 공동이익도, 일반의지도 대변하지 않는다. 탈베스트팔렌적 공론은 정치적으로 동등한 사람들이라는 공동의 지위를 가지고 있는 시민들 사이에서 진행되는 제도화된 논의가 결코 아니다. 때문에 많은 관찰자들이 보기에 탈베스트팔렌적 공론은 지구적 망(networking)을 형성하는 데에 필요한 물질적이고 상징적인 예비조건들을 확보하고 있는 초국적 엘리트들의 힘을 강화시키고 있는 것처럼 보인다.[27]

　여기서도 역시 문제는 단순히 경험적일 뿐만 아니라 개념적이고 정치적인 것이다. 만일 대화 참여자들이 시민이 아니라면, 그들의 집단적 견해가

26) *Citizenship Today: Global Perspectives and Practices*, eds. T. Alexander Aleinikoff and Douglas Klusmeyer, Washington, DC: Carnegie Endowment for International Peace, 2001; *Theorizing Citizenship*, ed. Ronald Beiner, Albany: State University of New York Press, 1995; Seyla Benhabib, *The Rights of Others: Aliens, Residents, and Citizens*, Cambridge: Cambridge University Press, 2004; "Transformations of Citizenship: The Case of Contemporary Europe", *Government and Opposition: An International Journal of Comparative Politics* 37, 4, 2002, pp.439~465; Charles Husband, "The Right to be Understood: Conceiving the Multi-ethnic Public Sphere", *Innovation: The European Journal of Social Science Research* 9, 2, 1996, pp.205~216; Andrew Linklater, "Citizenship and Sovereignty in the Post-Westphalian European State", *Re-imagining Political Community*, pp.113~138; Ulrich Preuss, "Citizenship in the European Union: A Paradigm for Transnational Democracy?", *Re-imagining Political Community*, pp.138~151 참조.
27) Craig Calhoun, "Imagining Solidarity: Cosmopolitanism, Constitutional Patriotism, and the Public Sphere", *Public Culture* 14, 1, 2002, pp.147~171.

어떻게 구속력 있는 법과 행정부의 정책으로 번역될 수 있을 것인가? 나아가서, 만일 그들이 참정권, 지위, 발언권에서 동등한 자격을 갖는 것으로 가정되는 동료 시민들이 아니라면, 그들이 형성하는 견해가 어떻게 정당한 것으로 간주될 수 있을 것인가? 요약해서 말하자면, 어떻게 **유효성** 및 **정당성**과 관련된 **비판적** 기준을 유의미한 방식으로 탈베스트팔렌적 세계에서 등장하는 초국적 공론에 적용할 수 있을 것인가?

3. 이제 공론장에서 진행되는 토론의 핵심 주제가 국민경제에 대한 영토국가의 적절한 규제와 관련된다는 전제에 대해서 생각해 보자. 현재의 상황 때문에 이 가정 역시 부정된다. 외주, 초국적 기업들, 해외 법인 등에 대해서 언급하는 것만으로도 영토에 기초한 국가적 생산이 오늘날의 현실과는 완전히 동떨어져 있다는 것을 입증하기에 충분할 것이다. 나아가서 브레턴우즈 체제의 자본통제가 붕괴하고 시간에 관계없이 언제나 거래가 가능한 지구적 전자 금융시장이 출현함으로써, 국가 통화에 대한 각국의 통제는 현재 매우 제한되어 있는 상황이다. 마지막으로 세계무역기구, 국제통화기금, 북미자유무역협정, 세계은행(World Bank) 등의 정책에 저항하는 사람들이 주장하는 바와 같이, 무역, 생산, 금융을 지배하는 기본규칙들은 그 어떤 공중보다도 지구적 자본에 대해 더 큰 책임감을 느끼는 기관들에 의해서 초국적인 방식으로 부과되고 있다.[28] 이런 상황에서 국민경제를 가정하는 것은 사실과 부합하지 않는다.

앞의 경우와 마찬가지로 이러한 상황은 공론장들이 가지는 비판적 기능을 위협한다. 만일 국가들이 그 주민이 요구하는 일반이익에 따라서 경제를 조절하는 것이 원칙적으로 불가능하게 되었다면, 국가단위의 공론이 어떻게 효과적인 힘이 될 수 있겠는가? 또한 만일 경제적 협치가 베스트팔렌적인 공간 내에 위치시킬 수 없는 기관들에 의해서 지배된다면, 어떻게 그러한 협치가 공론에 대해 책임을 지도록 만들 수 있겠는가? 나아가서 만일 그러한 기관들이 자유무역이라는 미명하에 국가의 노동법과 환경법을 무력화시키고 있다면, 만일 그러한 기관들이 구조조정이라는 미명하에 각 국가의 사회복지 비용 지출을 금지하고 있다면, 만일 그 기관들이 공적인 관심대상이 되는 주요한 문제들을 정치적으로 규제할 수 있는 가능성을 단적으로 제거해 버리는 신자유주의적 협치의 규칙을 제도화하고 있는 중이라면, 결론적으로 만일 그 기관들이 시장을 교화하기 위해 정치를 이용하는 것이 아니라 정치를 교화하기 위해 시장을 이용하면서 체계적으로 민주주의 기획을 역행시키고 있다면, 시민들의 공론이 도대체 어떤 영향력을 가질 수 있겠는가? 마지막으로 만일 세계 자본주의 체제가 지구적 빈곤층에게 막대한 피해를 입히면서 작동하고 있다면, 통화정책에 의해 영향을 받는 사람들이 동료로서 전혀 논의에 참여할 수 없는 상황에서 초국적 공론으로 통용되는 것이 과연 어떤 정당성을 가질 수 있을 것인가? 일반적으로 말해 탈베스트팔렌적인 세계에서 경제와 관련된 공론이 어떻게 **정당**하거나 **유효**한 것이 될 수 있다는 말인가?

---

28) Philip G. Cerny, "Paradoxes of the Competition State: The Dynamics of Political Globalization", *Government and Opposition* 32, 2, 1997, pp.251~274; Randall Germain, "Globalising Accountability within the International Organisation of Credit: Financial Governance and the Public Sphere", *Global Society: Journal of Interdisciplinary International Relations* 18, 3, 2004, pp.217~242; Held et al., *Global Transformations*; Eric Helleiner, "From Bretton Woods to Global Finance: A World Turned Upside Down", *Political Economy and the Changing Global Order*, eds. Richard Stubbs and Geoffrey R. D. Underhill, New York: St. Martin's Press, 1994, pp.163~175; Jonathan Perraton, David Goldblatt, David Held, and Anthony McGrew, "The Globalisation of Economic Activity", *New Political Economy* 2, 2, 1997, pp.257~277; Gunter G. Schulze, *The Political Economy of Capital Controls*, Cambridge: Cambridge University Press, 2000; *Global Change and Transformation: Economic Essays in Honor of Karsten Laursen*, eds. Lauge Stetting, Knud Erik Svendsen, and Edde Yndgaard, Copenhagen: Handelshojskolens Forlag, 1999; Joseph E. Stiglitz, *Globalization and Its Discontents*, New York: Norton, 2003.

4. 이번에는 공론이 출판과 방송을 중심으로 하는 국가단위의 의사소통 하부구조를 통해 전달된다는 가정에 대해서 생각해 보자. 이러한 가정은 의사소통 과정들이 아무리 탈중심화된다고 하더라도 '공론'으로 융합될 수 있을 정도로 충분히 정합적이고 정치적으로 집약되어 있다는 사실을 함축하고 있다. 그러나 현재의 상황으로 인해서 이 전제 역시 사실과 부합하지 않는 것이 된다. 어떤 것은 국가적인 범위의 하부에 존재하고 어떤 것은 초국적인 지위를 갖는 수많은 틈새 매체들을 떠올려 보자. 이러한 매체들은 국가의 권력 사용을 공론의 검토에 종속시키는 데에 집중하지만, 그 어떤 경우에도 국가단위의 매체로 기능하지는 않는다. 또한 우리는 지구적 매체들이 동시에 출현하는 데에도 주목할 수 있는데, 시장에 의해서 추동되고 기업들이 소유하고 있는 이러한 거대 매체들은 초국적 권력들을 감시하는 데에는 거의 관심을 가지지 않는다. 게다가 많은 나라들은 정부가 운영하는 민영화된 매체들을 가지고 있으며, 이는 매우 복합적인 결과를 산출하고 있다. 한편으로는 보다 독립적인 신문과 텔레비전 그리고 보다 포용적인 대중적 프로그램들이 만들어질 전망이 있지만, 다른 한편으로는 시장논리와 광고의 위력이 더욱 확대되고 (라디오의) 전화토론 프로그램(talk radio)이나 '정보와 오락을 함께 제공하는 프로그램'(infotainment)과 같은 애매한 혼성형태들이 확산될 것이다. 마지막으로 우리는 전자적이고 광역적(broadband)이며 위성을 통해서 이루어지는 순간통신 기술들을 생각해 보아야 한다. 이러한 기술들은 국가의 통제를 벗어난 직접적인 초국적 의사소통을 가능하게 해준다. 이러한 모든 발전들은 의사소통 하부구조가 탈국가화하고 있는 상황을 보여 주고 있다.[29]

이러한 상황의 결과 역시 공론장의 비판적 기능을 위협하는 것이다. 하지만 우리는 비판적 공론형성을 위한 새로운 기회들 역시 목도하고 있다. 그렇지만 여기에는 의사소통 흐름의 분산과 복잡화가 동반되고 있다. 기업화된 지구적 매체들이 분할하고 있는 공간들, 제한된 틈새 매체들, 탈중심화된 인터넷 망들을 고려할 때, 보다 큰 범위에서 비판적 공론이 형성되고 그것이 정치적 힘으로 동원될 수 있는 방법은 무엇인가? 또한 일반적 시민권과 결합된 일종의 형식적 평등조차 존재하지 않는 상황에서, 초국적 매체의 청중들이 어떻게 동등한 자격으로 함께 토의할 수 있을까? 다시 한 번 반복해서 묻자면, 현재와 같은 상황에서 어떻게 공론은 규범적으로 **정당**하고 정치적으로 **유효**할 수 있을 것인가?

5. 공론장에서의 의사소통을 위한 언어적 매체를 구성하는 것으로 간주되었던 단일한 모국어에 관한 가정에 대해서도 생각해 보자. 이미 지적한 바와 같이 인구가 뒤섞인 결과 민족 언어는 국가들에 상응하지 않는다. 단순히 공식적인 국어가 지방적이고 지역적인 방언들을 억압함으로써 강화된다는 점 ──비록 그것이 사실이기는 하지만── 이 문제가 아니다. 언어 집단들이 영토적으로 분산되고 보다 많은 사람들이 복수의 언어를 사용하게 되면서, 현존하는 국가들 자체가 사실상 다언어적인 상황에 처해 있다. 그간 영어는 전 지구적인 사업활동, 대중적인 연예사업 그리고 학문세계에서 공용어(lingua franca)가 되어 버렸다. 하지만 남아프리카공화국과 같은 국가들

29) Bart Cammaerts and Leo van Audenhove, "Online Political Debate, Unbounded Citizenship, and the Problematic Nature of a Transnational Public Sphere", *Political Communication* 22, 2, 2005, pp.179~196; Peter Dahlgren, "The Internet, Public Spheres, and Political Communication: Dispersion and Deliberation", *Political Communication* 22, 2, 2005, pp.147~162; Held et al., *Global Transformations*; Robert W. McChesney, *Rich Media, Poor Democracy: Communications Politics in Dubious Times*, Chicago: University of Illinois Press, 1999; "Global Media, Neoliberalism, and Imperialism", *Monthly Review* 50, 10, 2001, pp.1~19; Zizi Papacharissi, "The Virtual Sphere: The Internet as a Public Sphere", *New Media & Society* 4, 1, 2002, pp. 9~27; George Yudice, *The Expediency of Culture: Uses of Culture in the Global Era*, Durham, NC: Duke University Press, 2004.

을 민주화하고 유럽연합과 같은 초국적 기구들을 형성하기 위한 복잡한 노력들이 진행되고 있는 상황에서도, 여전히 언어는——비록 캐나다는 더 이상 그런 상황이 아니라고 하더라도——벨기에와 같은 나라들을 분열시킬 위험성이 있는 정치적 균열지점이다.[30]

이러한 상황 역시 공론이 가지는 비판적 기능을 위협하고 있다. 만일 공론장들이 단일 언어로만 구성되어 있다면, 어떻게 그런 공론장들이 영향을 받는 모든 사람들 사이에서 포용적인 의사소통 공동체를 형성할 수 있을 것인가? 역으로 공론장들이 정치적 경계들을 넘나드는 언어공동체들에 대응하고 그 어떤 시민들과도 대응하지 않는다면, 어떻게 그런 공론장들이 정치적 힘을 발휘할 수 있을 것인가? 마찬가지로 유럽연합과 같은 새로운 초국적 정치공동체들이 복수의 언어를 사용하는 한에서, 그런 공동체들이 어떻게 전체 시민을 포용할 수 있는 공론장을 형성해 낼 수 있을 것인가? 마지막으로 초국적 공중들이 다른 사람들에게는 피해를 주면서 지구적 엘리트들과 과거 영어를 사용했던 식민지 국가 국민들에게만 유리한 영어로 의사소통하고 있는 상황에서, 그들이 형성하는 견해가 어떻게 정당한 것으로 간주

---

30) Jean-Bernard Adrey, "Minority Language Rights before and after the 2004 EU Enlargement: The Copenhagen Criteria in the Baltic States", *Journal of Multilingual & Multicultural Development* 26, 5, 2005, pp.453~468; Neville Alexander, "Language Policy, Symbolic Power and the Democratic Responsibility of the Post-Apartheid University", *Pretexts: Literary & Cultural Studies* 12, 2, 2003, pp.179~190; Matthias König, "Cultural Diversity and Language Policy", *International Social Science Journal* 51, 161, 1999, pp.401~408; Alan Patten, "Political Theory and Language Policy", *Political Theory* 29, 5, 2001, pp.691~715; Robert Phillipson, *English-Only Europe?: Challenging Language Policy*, New York: Routledge, 2003; Omid A. Payrow Shabani, "Language Policy and Diverse Societies: Constitutional Patriotism and Minority Language Rights", *Constellations* 11, 2, 2004, pp.193~216; Philippe van Parijs, "The Ground Floor of the World: On the Socio-economic Consequences of Linguistic Globalization", *International Political Science Review* 21, 2, 2000, pp.217~233; Kenton T. Wilkinson. "Language Difference and Communication Policy in the Information Age", *Information Society* 20, 3, 2004, pp.217~229.

될 수 있을 것인가? 이런 모든 이유들로 인해서 그리고 이런 모든 경로들을 통해서 언어 문제는 탈베스트팔렌적 세계에서 공론이 가지는 **정당성**과 **유효성** 모두를 손상시키게 된다.

6. 마지막으로 공론장은 해당 국가의 국문학에 의존하며, 국문학이 연대성을 뒷받침하는 데 필요한 공동의 사회적 상상력을 제공한다는 전제에 대해 생각해 보자. 이 가정 역시 오늘날 사실에 부합하지 않는다. '세계문학'의 부상을 포함해 문화적 혼성과 혼성화가 점차 확대되고 있다는 점을 생각해 보자. 또한 그것이 노골적으로 미국적이든 단지 그 형식에서 미국 연예산업의 영향을 받았든 간에, 지구적인 연예사업이 부상하는 것 역시 고려해야 할 것이다. 마지막으로 시각문화가 크게 부상하고 있는 것, 혹은 더 정확하게 말하면 문화 영역에서 시각문화가 확대되고 상대적으로 출판·문학 부문이 쇠퇴하고 있는 것도 고려해 보아야 한다.[31] 이 모든 경우에서 하버마스가 (그리고 베네딕트 앤더슨이) 주목했던 일종의 (민족)문학적 문화형태가 공론장에서 대화하는 사람들의 주관적 태도의 토대를 제공하고 있다고 보기는 어렵다.[32] 역으로 공론장들이 모국어로 이루어진 문학적 문화들에 뿌리박고 있는 공동의 사회적 상상력의 문화적 지원을 받아 지탱되어야만 한다면, 그런 공론장은 오늘날 효과적으로 작동하고 있다고 보기 어려울 것이다.

---

31) Arjun Appadurai, *Modernity at Large: Cultural Dimensions of Globalization*, Minneapolis: University of Minnesota Press, 1996; Kevin Michael DeLuca and Jennifer Peeples, "From Public Sphere to Public Screen: Democracy, Activism, and the 'Violence' of Seattle", *Critical Studies in Media Communication* 19, 2, 2002, pp.125~151; Ulf Hannerz, *Transnational Connections: Culture, People, Places*, New York: Routledge, 1996; Frederic Jameson, *The Cultural Turn: Selected Writings on the Postmodern, 1983~1998*, London: Verso, 1998; P. David Marshall, *New Media Cultures*, New York: Oxford University Press, 2004; George Yudice, *The Expediency of Culture*.
32) Anderson, *Imagined Communities*.

일반적으로 말해서 공론장은 공론의 핵심적인 요소들 모두와 관련하여 점차로 초국적이거나 탈국민국가적으로 변화하고 있다.[33] 과거의 이론에서는 베스트팔렌적-국가의 시민이 의사소통의 당사자로 규정되었지만, 오늘날 의사소통의 '당사자'는 시민으로 구성되지 않는 일련의 분산된 대화 참여자들인 경우가 많아졌다. 과거의 이론에서는 베스트팔렌적-국가의 경제에 근거한 베스트팔렌적-국가의 이익으로 규정되었던 의사소통의 '내용'은 지구 전체의 경제에 관한 것으로, 초국적인 위험공동체로 확대되었다. 그렇지만 이런 공동체가 그것에 부수되는 폭넓은 연대성이나 정체성을 동반하는 것은 아니다. 과거의 이론에서 베스트팔렌적-국가의 영토로 규정되었던 의사소통의 '장소'는 이제 점차로 탈영토화된 사이버공간으로 변화하고 있다. 과거의 이론에서는 베스트팔렌적 국가의 출판매체로 규정되었던 의사소통의 '방법'은 이제 분산적이고 중첩적인 시각문화들로 이루어진 광대한 초언어적 관계망을 포괄하게 되었다. 마지막으로 과거에는 공론에 대해서 응답해야만 하는 것이 주권을 가진 영토국가로 규정되었지만, 오늘날 의사소통의 '청취자', 수신자는 이제 손쉽게 인식할 수도 없고 책임을 부여할 수도 없는 공적이고 사적인 초국적 권력들의 무정형한 혼합물이 되어 버렸다.

공론장을 다시 한 번 새롭게 사유하기

이러한 상황전개는 오늘날 공론장이 역사적으로 그것이 발휘해 온 민주적이고 정치적인 기능을 수행하는 것이 정말로 가능한지 그리고 가능하다면

---

33) 하버마스 자신이 공론장 이론에 관한 베스트팔렌적 가정들을 문제시하게 만드는 많은 상황전개들——앞서 언급한 것과 같은——을 지적하고 있다. Jürgen Habermas, "The Postnational Constellation and the Future of Democracy", *The Postnational Constellation: Political Essays*, trans. and ed. Max Pensky, Cambridge, MA: MIT Press, 2001, pp.58~113.

어떻게 가능한지에 관한 질문을 제기하고 있다. 오늘날 공론장이, 잠재적으로 영향을 받을 수 있는 모든 사람이 참여할 수 있는 공정하고 포용적인 논쟁을 통해서 검토되는 일반이익에 관한 숙고된 이해라는 강한 의미에서, 과연 **정당한** 공론을 형성해 낼 수 있을까? 만일 그렇다면 그것은 어떻게 가능한가? 마찬가지로 오늘날 공론장이 대화에 참여하는 사람들의 삶을 규정하고 있는 다양한 권력들을 통제할 만큼 충분히 **유효한** 공론을 형성할 수 있을 것인가? 만일 그렇다면 그것은 어떻게 가능한가? 현재의 상황에서 초국적 공론장이 정말로 **비판적**이고 민주적인 역할들을 수행한다고 상상만이라도 하려고 할 때 반드시 필요한 (제도적·경제적·문화적·의사소통적) 변화들은 무엇인가? 오늘날 공론이 제약해야 하는 주권권력들은 어디에 존재하는가? 어떤 공중이 어떤 권력들과 관련되어 있는가? 관련된 특정 공중을 구성하는 사람들은 누구인가? 그들은 어떤 언어(들)로, 어떤 매체들을 통해서 의사소통해야 하는가? 그리고 어떤 의사소통 하부구조를 통해서 이러한 의사소통이 진행되는가?

이러한 질문들을 다루는 것은 현재의 연구범위를 훨씬 넘어서는 일이다. 또한 나는 내가 이런 문제들에 대해 여기서 답을 내리고 있는 척하지도 않을 것이다. 오히려 나는 문제를 명료화하고 가능한 해결책들을 찾는 방법을 시시할 수 있는 개념적 전략만을 제시하면서 결론을 맺고자 한다.

나의 제안은 서로 결합되어 베스트팔렌적 시기의 공론장 개념이 가졌던 **비판적** 힘을 구성했던 핵심적인 두 측면, 즉 공론의 **규범적 정당성**과 **정치적 유효성**이라는 두 측면을 중심적으로 다룬다. 내가 보기에 이 두 측면은 그것이 처한 사회역사적 상황과는 무관하게 비판적인 **모든** 공론 개념에 본질적이고 필수불가결한 요소들이다. 현재의 상황 역시 예외는 아니다. 만일 우리가 현재의 초국적 공론의 흐름이 정당하고 유효하게 될 수 있는 상황들을 제시할 수 없게 된다면, 초국적 공론이라는 개념은 그것의 비판적 날카로움과 정치적 핵심을 상실하게 될 것이다. 결국 오늘날 공론이 가지는 비판적 기능을 구제하는 유일한 방법은 정당성과 유효성에 대해서 새롭게 생각하는 것이다. 우리의 과업은 정당성과 유효성을 과거에 그것들에 기초를 제공했던 베스트팔렌적 가정들로부터 분리시켜서 탈베스트팔렌적 세계에 적합한 방식으로 재구성하는 것이다.

먼저 **정당성** 문제에 대해서 생각해 보도록 하자. 우리가 살펴본 바와 같이 공론장 이론에서 공론은 오로지 잠재적으로 영향을 받을 수 있는 모든 사람이 그들의 공동의 관심사를 처리하는 것과 관련된 토의에 동등한 자격으로 참여할 수 있는 한에서만 정당한 것으로 간주된다. 결국 공론장 이론은 공론의 정당성은 분석적으로 구별되는 의사소통 과정의 두 가지 특징, 즉 **포용성**(inclusiveness)의 정도와 그것이 **동등한 참여**(participatory parity)를 실현하는 정도라는 두 특징의 함수라고 주장한다. 내가 포용성 조건이라고 부르고자 하는 첫번째 경우, 토론은 원칙적으로 결과와 관련된 모든 사람에게 열려 있어야만 한다. 내가 동등성 조건이라고 부르고자 하는 두번째 조건의 경우, 원칙상 모든 대화 참여자들은 그들의 견해를 진술하고, 문제를 설정하고, 다른 사람들이 가진 암묵적이거나 명시적인 가정들을 문제 삼고, 필요한 경우 논의의 수준을 바꾸고, 일반적으로 그들의 의견이 공정하게 청취될 수 있도록 하는 데서 대체로 평등한 기회를 누려야만 한다. 포용성 조건이 공적인 토론에 참여할 수 있도록 승인된 사람이 **누구**인가 하는 문제와 관련되는 반면에, 동등성 조건은 대화 참여자들이 서로 **어떻게**──'어떤 방식으로'라는 의미에서──관계 맺는가 하는 문제와 관련된다.[34]

---

34) 이러한 상황들이 매우 이상화된 것이며 현실에서는 결코 완벽하게 충족될 수 없다는 점은 분명하다. 그러나 공론장 이론이 가지는 **비판적** 힘을 지탱시켜 주는 것은 바로 그것이 가지는 이상적 성격이다. 동료들 사이의 포용적 의사소통이라는 기준에 호소함으로써 공론장 이론은 권력에 의해 왜곡된 현존 공론을 비판할 수 있었다. 부당한 배제와 불평등을 폭로함으로써 공론장 이론은 그 이론의 수신자들이 그것들을 극복하려 하는 데 동기를 부여할 수 있었다.

과거에는 공론의 이러한 두 가지 정당성 조건들이 항상 명확하게 구분되지는 않았다. 베스트팔렌적 틀의 관점에서 볼 때, 포용성 조건과 동등성 조건은 **제한된 공동체에서의 공유된 시민권**이라는 이상 속에서 함께 결합되어 있었다. 우리가 살펴본 바와 같이 공론장 이론가들은 영향을 받는 사람들과 확립된 정치공동체의 구성원들을 실질적으로 동일시하면서, 시민권이 포용의 정당한 범위를 규정해 왔다고 암묵적으로 가정하고 있었다. 또한 공론장 이론가들은 의사소통적 동등성과 영토국가 내에서 동등한 정치적 지위를 공유하는 것을 실질적으로 동일시하면서, 공적 토론에서의 동등한 참여라는 이상을 구현하기 위해 암묵적으로 시민권에 호소하였다. 따라서 시민권은 베스트팔렌적 틀 내에서 정당한 공론의 '당사자'와 '방법' 모두에 관한 모델이 되었다.

그러나 그 결과는 정당성에 관한 토론을 차단하는 것이었다. 비록 당시에는 주목받지 못했지만, 베스트팔렌적 틀은 동등성 조건에 관한 논쟁을 고무시킨 반면에 포용성 조건에 대한 관심은 사라지게 만들었다. 근대 영토국가가 적합한 단위이며 영토국가 시민들이 주체가 되는 것을 당연한 일로 간주함으로써 베스트팔렌적 틀은 공론장에서 그 시민들이 정확히 **어떻게** 관계 맺어야만 하는가에 관한 질문을 전면에 부각시켰다. 달리 말해서 논쟁은 제한된 정치공동체 구성원들이 맺는 동등한 참여의 관계란 무엇인가 하는 문제에 집중되었다. 정당성의 '방법'에 관한 논란에 몰두하게 되면서 논쟁 참여자들은 '당사자'에 관한 논란이 필요하다는 사실을 전혀 감지하지 못하게 되었다. 베스트팔렌적 틀이 확고하게 작동하는 상황에서 '당사자'가 국가의 시민들이라는 것은 당연하게 여겨졌다.

그러나 오늘날 '당사자'에 관한 문제는 더 이상 은폐될 수 없는 상황에 처해 있다. 오늘날의 초국적 상황에서 정당성과 관련된 포용성 조건은 명확한 논란의 대상이 될 것을 요구받고 있다. 우리는 이제 만일 정치적 시민권이 공중의 구성원의 범위를 확정하는 데서 더 이상 적합하지 않다면, 포용성 요구를 어떻게 이해해야 하는가에 대해서 질문해야만 한다. 우리는 어떤 대안적 기준에 의거해서 탈베스트팔렌적 공론장에 참여하는 진정한 대화 당사자의 범위를 결정할 것인가?

공론장 이론은 이미 그 단서를 제공하고 있다. 고전적인 하버마스의 이론에서 공론장 이론은 포용성의 개념을 '관련된 모든 당사자 원칙'과 연결시킨다. 이 원칙을 공론장에 적용하게 되면, 정치적 결정들에 의해서 잠재적으로 영향을 받는 모든 사람은 의사결정권자들이 책임을 져야만 하는 비공식적 의견형성 과정들에 동등하게 참여할 기회를 가져야만 한다. 따라서 모든 것은 관련된 모든 당사자 원칙을 어떻게 해석할 것인가에 달려 있다. 이전에 공론장 이론가들은 베스트팔렌적 틀을 유지하는 가운데, 영향을 받는 대부분 사람들의 삶의 조건을 결정하는 것은 그들이 시민으로 속해 있는 영토 국가를 구성하는 근본적인 질서라고 가정해 왔다. 그 결과 공중과 정치적 시민을 일치시키는 경우, 이와 동시에 관련된 모든 당사자 원칙이 가지는 힘을 인정하게 되는 것처럼 보였다. 그러나 이는 식민주의와 신식민주의에 대해 벌어진 오랜 저항의 역사가 보여 주는 것처럼 결코 사실이 아니다. 그러나 식민지 본국의 관점에서 보면 관련된 모든 당사자 원칙을 통해서 구성원이 확대된 것은 해방적인 기능을 가지는 것처럼 보였다. 왜냐하면 이를 통해서 영토 안에 거주하기는 했지만 완전한 정치적 참여로부터는 배제되어 있던 종속적 계급들과 신분집단들이 실질적인 시민으로 포함되는 진보적 결과가 발생했기 때문이다.

그러나 오늘날 시민권이 관련된 모든 당사자를 대리할 수 있다는 생각은 더 이상 그럴듯해 보이지 않는다. 현재의 상황에서 사람들의 삶의 조건은 그가 시민으로 속해 있는 정치공동체의 내적 구성에만 전적으로 의존하지는 않는다. 여전히 정치공동체의 내적 구성이 중요한 의미를 갖기는 하지만,

그것이 미치는 효과는 그 영향력에서 최소한 동등한 지위를 갖는다고 볼 수 있는 영토 외적이고 비영토적인 다른 구조들에 의해서 매개된다.[35] 일반적으로 지구화는 관련된 당사자들과 정치적 구성원 사이의 간극을 확대시키고 있다. 이 두 개념이 점차 분열되면서, 전자를 후자로 대신하려는 시도는 점점 더 부적합한 것이 되어 버린다. 그리하여 다음과 같은 질문이 제기된다. 시민권이라는 우회로를 거치지 않고 관련된 모든 당사자 원칙을 공론에 대한 틀을 규정하는 데에 직접 적용하지 못할 이유는 무엇인가?

이전에 나는 이러한 시도가 탈베스트팔렌적 세계에서의 포용적 공론에 관한 비판적 이해를 재구성하기 위한 유망한 길이라고 생각하였다. 그렇지만 현재 나는 이 책의 4장에서 소개한 '종속된 모든 사람들의 원칙'이라는 대안을 선호하고 있다.[36] 여기서 이 대안에 대해서 충분히 살펴볼 수는 없지만, 그 핵심적 요지에 대해서만 설명해 보겠다. 종속된 모든 사람들의 원칙은 일련의 사람들을 동료 구성원 공중으로 만드는 것은 공유된 시민권이나 인과적 관계 속에서의 뒤얽힘이 아니라, 그들 사이의 상호작용을 위한 근본규칙들을 설정하는 협치구조에 그들이 함께 종속되어 있다는 사실이라고 주장한다. 따라서 주어진 모든 문제를 해결하는 데서 관련된 공중의 범위는 관련된 사회적 상호작용을 규제하는 협치구조의 범위에 상응해야만 한다. 그러한 협치구조들이 국가들의 경계를 넘어서는 경우 그에 상응하는 공론장들

---

35) Thomas Pogge, *World Poverty and Human Rights: Cosmopolitan Responsibilities and Reforms*, Cambridge: Polity, 2002, 특히 "The Causal Role of Global Institutions in the Persistence of Severe Poverty"라는 장의 pp.112~116 그리고 "Explanatory Nationalism: The Deep Significance of National Borders"라는 장의 pp.139~144를 참조.

36) 이 부분에서 나는 원문을 수정하였다. 논문으로 처음 출간되었을 때, 이 장은 하버마스의 담론 원칙에 구현되어 있는 관련성(affectedness)이라는 기준을 승인하였다. 4장 「비정상적 정의」에서 설명한 이유들 때문에 나는 앞으로 담론원칙의 수정된 형태를 이용하고자 한다. 여기서 핵심은 일련의 사람들을 동료 구성원 공중으로 만드는 것은 그들 사이의 상호작용을 위한 근본규칙들을 설정하는 협치구조에 그들이 함께 종속되어 있다는 사실이라는 생각이다.

역시 초국적인 것이 되어야 한다. 만일 그렇게 되지 못한다면 그런 공론장들이 형성하는 견해들은 정당한 것으로 간주될 수 없다.

그렇다면 공론의 정당성과 관련하여 문제가 되는 것이 무엇인지는 분명해진다. 공론장 이론이 탈베스트팔렌적 세계에서 그것이 가지는 비판적 지향성을 유지하기 위해서는 그것의 포용성 조건을 새롭게 해석해야만 할 것이다. 포용성 조건을 정치적 시민권과 자동적으로 동일시하는 것을 그만두고 주어진 문제에 종속된 모든 사람들의 원칙을 적용함으로써 공론장의 경계를 새롭게 설정해야만 한다. 이런 방식을 통해서 '당사자'에 관한 문제는 베스트팔렌적 장막으로부터 벗어나게 될 것이다. 과거와 마찬가지로 급박한 문제인 '방법'에 관한 문제와 더불어 당사자 문제 역시 현재 상황에서 분명히 중요한 문제로 등장하고 있다. 사실 현재 포용성과 동등성에 관한 두 질문은 함께 등장하고 있다. 따라서 공론은 **정치적 시민권과는 무관하게** 관련된 협치구조에 공동으로 종속된 모든 사람이 동등한 자격으로 참여하는 의사소통 과정을 통해서 산출된 것인 경우에만 정당할 수 있다. 무리한 요구이기는 하지만 정당성에 관한 이 새로운 탈베스트팔렌적 이해야말로 오늘날 현존하는 공론을 평가하기 위한 진정한 비판적 기준이라고 말할 수 있다.

이제 공론장에 관한 비판적 이해가 가지는 두번째 본질적 측면, 즉 공론의 정치적 **유효성**에 관한 문제를 생각해 보도록 하자. 우리가 이미 살펴본 바와 같이, 공론장 이론에서 공론은 공적 권력의 행사가 시민사회의 숙고된 의지를 반영하도록 만들고, 공적 권력에 책임을 부과하는 정치적 힘으로 동원되는 경우에만 유효한 것으로 간주된다. 따라서 결국 공론장 이론은 공론의 유효성을 두 가지 구별되는 요소들의 함수로 간주한다. 나는 이 두 요소를 각각 **번역**(translation) 조건과 **능력**(capacity) 조건이라고 부르고자 한다. 번역 조건에 따르면 시민사회에서 형성된 의사소통 권력은 먼저 구속력 있는 법률로, 다음으로는 행정권력으로 번역되어야만 한다. 능력 조건에 따르면,

공적 권력은 그것이 응답해야만 하는 의지, 즉 토론을 통해서 형성된 의지를 실행할 수 있어야만 한다. 번역 조건이 시민사회로부터 제도화된 공적 권력으로 나아가는 의사소통 권력의 흐름과 관련되는 반면에, 능력 조건은 그것의 공적인 의도를 실현할 수 있는 행정권력의 능력과 관련된다. 행정권력의 능력은 소극적으로는 사적 권력들을 억제함으로써, 적극적으로는 문제들을 해결하고 자신이 희망하는 바에 따라 공동생활을 조직함으로써 공적인 의도를 실현하는 데에 있다.

과거에는 이러한 두 가지 유효성 조건들이 베스트팔렌적 틀의 관점에서 이해되었다. 이런 관점에서 보면, 번역 조건과 능력 조건은 주권을 가진 영토국가라는 개념과 연결된다. 이미 우리가 살펴보았듯이 공론장 이론가들은 공론의 수신자는 민주적으로 구성된 베스트팔렌적 국가이고, 따라서 약한 공중으로부터 강한 공중으로의 의사소통 흐름은 순조롭게 진행되며, 이를 통해서 의사소통이 구속력 있는 법률들로 번역될 수 있다고 가정했었다. 동시에 이 이론가들은 베스트팔렌적 국가가 시민들의 목표를 실현하고 그들의 문제를 해결하기 위해서 그러한 법률들을 실행하는 데 필수적인 행정능력을 보유하고 있다고 가정했었다. 결국 베스트팔렌적 국가는 공론장의 유효성을 위한 번역 조건과 능력 조건 모두를 충족할 수 있는 적합한 수단으로 간주되었다.

그러나 여기에서도 역시 이러한 상황의 결과는 유효성에 대한 토론을 차단하는 것이었다. 비록 베스트팔렌적 틀이 번역 조건에 대한 관심을 촉진시키기는 했지만, 이러한 틀은 능력 조건을 은폐하는 경향이 있었다. 주권을 가진 영토국가가 공론의 적합한 수신자가 되는 것을 당연한 일로 간주한 이러한 틀은, 각 국가의 공론장에서 형성된 의사소통 권력이 입법부에 영향력을 행사하고 국가의 행정을 통제할 정도로 충분히 강력한 것인지에 관한 질문을 부각시켰다. 따라서 논쟁은 시민사회와 국가 사이의 민주적 권력순환이란 무엇인가 하는 문제에 집중되었다. 반면에 국가가 시민들의 삶에 큰 영향을 미치는 사적 권력들을 규제할 수 있는 능력을 보유하고 있는지 여부에 관해서는 충분한 논의가 진행되지 않았다. 예를 들면 공론장 이론가들이 경제라는 것은 결국 국가를 단위로 하며, 국가 시민들의 이익을 기준으로 국민국가에 의해 조절될 수 있다고 가정한 데에서 볼 수 있는 것과 같이, 국가의 능력 문제는 당연한 것으로 여겨지고 있었다. 번역 조건에 대한 논의에 몰두하면서 그 이론가들은 능력 조건에 대해 논의할 필요가 있다는 점을 전혀 감지하지 못했다. 베스트팔렌적 틀이 작동하는 상황에서 능력 조건은 문제가 되지 않았던 것이다.

그러나 오늘날 이러한 가정들은 더 이상 유효하지 않다. 오늘날의 초국적 상황에서는 능력 조건에 대한 별도의 고찰이 필요하다. 우리는 다음과 같은 질문들을 제기해야만 한다. 근대 영토국가가 '자국의' 경제를 조절하고, '자국의' 자연환경을 보호하고, '자국의' 시민들에게 안전과 복지를 제공할 행정능력을 더 이상 가지고 있지 않다면, 오늘날 우리는 유효성과 관련된 능력의 측면을 어떻게 생각해야 하는가? 필수적인 행정능력은 어떤 수단을 통해서 만들어질 수 있으며, 그러한 행정능력은 정확히 어디에 존재하는가? 주권을 가진 영토국가가 아니라면, 초국적 문제들에 관한 공론을 무엇이 혹은 누가 수신할 것인가?

안타깝게도 이러한 문제들과 관련하여 기존의 공론장 이론은 거의 아무런 단서도 제공하지 않는다. 그렇지만 이것은 탈베스트팔렌적인 세계에서 공론장이 가지는 유효성의 문제가 이중적인 복합성을 가진다는 점을 보여 주고 있다. 비판이론은 더 이상 공론이 통제해야 하는 수신자가 이미 알려져 확립되어 있는 그런 확립된 정치공동체 내부의 의사소통 흐름에만 자신의 관심을 제한시킬 수는 없다. 이제 비판이론은 초국적인 문제들을 해결할 행정능력을 가지고 있는 초국적인 공적 권력들이라는 의미에서 새로운 공론 수신자를 구성할 필요성을 고려해 보아야만 한다. 결국 도전은 두 가지 방향에서 제기된다. 한편으로는 새로운 초국적인 공적 권력들을 창출해야 하며, 다른 한편으로는 그것들을 새로운 초국적인 공론장에 복속시켜야 한다. 이 두 요소들 중 하나만으로는 충분하지 않으며, 두 요소 모두가 필수적이다. 번역 조건과 능력 조건 모두를 주제화할 때에만, 공론장 이론은 진정으로 비판적인 의사소통적 유효성에 관한 탈베스트팔렌적 이해를 발전시킬 수 있을 것이다.

일반적으로 말하자면 우리의 과제는 분명하다. 만일 오늘날 공론장 이론이 **비판**이론으로 기능하려면, 공론장 이론은 공론의 규범적 정당성과 정치적 유효성에 관한 자신의 설명들을 개정해야만 한다. 공론장 이론은 더 이상 그림의 반쪽을 어둠 속에 내버려 두지 말고, 그 개념들 각각을 분석적으로 구별되지만 실천적으로는 뒤얽혀 있는 두 가지 비판적 요건들로 구성된 개념들로 다루어야만 한다. 기존 공론의 정당성에 관한 비판은 단지 기존 공론의 '방법'뿐만 아니라 '당사자' 문제 역시 검토해야만 한다. 보다 정확히 말하자면 이러한 비판은 **어떤 사람들 사이의 동등한 참여**인가라는 질문을 제기함으로써 동등성과 포용성을 함께 검토해야 한다. 마찬가지로 유효성 비판 역시 이제 기존 공론의 번역 조건과 능력 조건 모두를 포괄하는 것으로 확장되어야만 한다. 이러한 두 요건을 결합하면, 공론장 이론은 새로운 초국적인 공적 권력을, 민주적이고 초국적인 공론의 새로운 순환에 복속될 수 있는 공적 권력을 구상할 수 있을 것이다.

물론 이러한 일이 쉬운 것은 아니다. 그러나 이러한 위기에 대처할 수 있을 때에만 비로소 공론장 이론은 탈베스트팔렌적 세계에서의 **비판**이론으로서 기능할 수 있을 것이다. 이러한 목적을 성취하기 위해서는 기존 의사소통 흐름의 지형도를 그려 내는 문화연구자나 매체연구자들의 작업만으로는 부족하다. 오히려 비판적 사회이론가들과 정치이론가들이 공론의 정당성 및 유효성과 관련된 공론장 이론의 핵심 전제들을 새롭게 검토하는 작업이 필요하게 될 것이다. 오직 이를 통해서만 공론장 이론은 그것의 비판적 날카로움과 정치적 핵심을 회복할 수 있을 것이다. 그리고 오직 이를 통해서만 공론장 이론은 해방을 위한 투쟁에 기여한다는 그것의 본래적인 약속에 충실할 수 있을 것이다.

6장 여성주의의 상상력에 대한 지도 그리기*
: 재분배에서 인정으로 다시 대표로

여러 해 동안 전 세계 여성주의자들은 미국에서 가장 선진적인 이론과 실천들을 발견하고자 했다. 그렇지만 오늘날에는 미국의 여성주의 자체가 9·11 이후의 정치적 환경 속에서 적대감으로 인한 곤경에 처해 있다. 현재 상황에서 젠더정의를 실현시킬 방법에 대해 확신하지 못하는 우리는 이제 다른 지역의 여성주의자들에게 영감과 지도를 기대하면서 과거의 호의에 대해 보답하고 있다. 따라서 오늘날 젠더투쟁의 최전방은 미국이 아니라 '유럽'

* 이 장은 2004년 3월 케임브리지 대학에서 개최된 '젠더평등과 사회변화'라는 제목의 회의에서 행한 기조강연에 그 뿌리를 두고 있다. 그후 2005년 3월 바젤 대학에서 '변화하는 젠더'라는 제목의 회의에서도 새롭게 발표된 바 있다. 줄리엣 미첼(Juliet Mitchell), 안드레아 마이호퍼(Andrea Maihofer) 그리고 이 회의들에 참석하여 나와 함께 토론해 준 이들에게 감사드린다. 또한 낸시 네이플스(Nancy Naples)에게 감사드린다. 비록 그녀가 나와 모든 견해를 공유한 것은 아니었지만, 우리의 대화는 나의 사고에 많은 영향을 주었다. 이는 우리의 공동기획이었던 "To Interpret the World and To change It: An Interview with Nancy Fraser", Fraser and Naples, *Signs: Journal of Women in Culture and Society* 29, 4, 2004 Summer, pp.1103~1124에 분명하게 드러나 있다. 또한 효과적이고 즐겁게 연구활동을 보조해 준 데 대해서 키스 헤이섬(Keith Haysom)에게 감사드리며, 베로니카 롤(Veronika Rall)에게도 감사드린다. 그녀의 독일어 번역 "Frauen, denkt ökonomisch!", *Die Tageszeitung* 7633, 2005.04.07은 원본을 훌륭하게 개선하였고, 그래서 나는 여기서 그녀의 몇몇 문구를 차용하였다. 마지막으로 재정적 지원, 지적 자극, 이상적인 작업환경을 제공해 주었던 베를린 지식연구소(Wissenschaftskolleg zu Berlin)의 동료들에게 감사드린다.

이나 세계사회포럼과 같은 초국적 공간으로 변경되었다. 지금은 이러한 공간들에서 행동의 여지가 더 커 보이는 상황이다. 그 결과 여성주의 역량의 지형에서 중요한 전환이 발생하게 되었다.

이러한 지형변화의 배후에 존재하는 요인은 무엇인가? 그리고 이것이 여성주의 기획의 미래에 대해서 정치적으로 함의하는 바는 무엇인가? 이하에서 나는 이러한 질문들에 답하기 위해 여성주의의 제2의 물결(second-wave of feminism)이 거쳐 온 역사적 궤적을 설명할 것이다. 나의 전략은 여성주의 역량의 지형에서 나타난 변화를 다른 두 종류의 변화들과 연결시키는 것이다. 한편으로 나는 1970년대 이래 젠더정의를 생각해 온 방식에서 나타난 몇 가지 중요한 변화들을 확인할 것이다. 다른 한편으로 나는 여성주의자들의 상상력에서 나타난 변화들을 정치적 시대정신과 전후 자본주의에서 나타난 보다 폭넓은 변화들의 맥락과 연관시켜서 살펴볼 것이다. 이로부터 역사적으로 다듬어진 시대진단이 산출될 것이며, 이를 통해서 우리는 향후 여성주의 투쟁의 정치적 전망을 평가할 수 있을 것이다.

일반적으로 말해서 이러한 작업의 핵심은 정치적인 것이다. 여성주의 역량의 지형에서 나타난 전환들을 역사적으로 고찰함으로써 나는 현재의 상황에서 젠더평등에 관한 이론과 실천을 어떻게 새롭게 강화시킬 것인지에 관한 몇 가지 통찰들을 얻고자 한다. 마찬가지로 여성주의자들의 상상력에서 나타난 변형들의 지도를 그려 봄으로써 나는 투쟁을 진전시키기 위해서 어떤 것들을 버리고 어떤 것들을 보존할 것인지를 결정하고자 한다. 마지막으로 이러한 전환들을 전후 자본주의의 변화와 공산주의 몰락 이후의 지정학이라는 맥락과 연관시킴으로써 나는 지구화하는 세계에 필요한 여성주의 기획을 새롭게 고안해 낼 수 있는 방법은 무엇인지에 대한 토론을 자극하고자 한다.

여성주의의 제2의 물결에 대한 역사적 고찰

우리는 여성주의의 제2의 물결이 걸어온 역사를 어떻게 이해해야만 하는가? 내가 여기서 제시하는 서사는 미국 학계의 여성주의 집단에서 회자되고 있는 표준적인 서사와는 중요한 지점에서 차이가 있다. 표준적인 이야기들은 진보에 대한 서사라고 할 수 있다. 이에 따르면 우리는 백인, 중산층, 이성애 여성들에 의해서 지배되었던 배타적 운동으로부터 레즈비언, 유색인 여성, 가난한 노동계급 여성 등에 대해서 보다 더 관심을 가지는 폭넓고 좀더 포용적인 운동으로 전진해 왔다.[1] 물론 나도 여성주의의 폭을 넓히고 그것을 다양화하는 것에 대해서는 찬성하지만, 이런 서사가 만족스럽다고는 생각하지 않는다. 내가 보기에 이런 서사는 너무 여성주의 내부 문제에만 제한되어 있다. 이런 서사는 여성운동 내부에서의 발전에만 몰두한 나머지, 여성운동 내부의 변화들을 보다 폭넓은 역사적 발전 및 보다 큰 정치적 맥락과 연결시키지 못한다. 따라서 나는 보다 더 역사적이고 보다 덜 자기만족적인 방식의 대안적 이야기를 제시해 보고자 한다.

　　나의 목적상 여성주의의 제2의 물결의 역사는 세 국면으로 나누어진다. 첫번째 국면에서 여성주의는 1960년대에 발생한 커다란 동요로부터 출현한 다양한 '신사회운동들'과 밀접히 연관되어 있었다. 두번째 국면에서 여성주의는 정체성정치의 궤도에 진입하였다. 세번째 국면에서 여성주의는 점차로 새롭게 등장하는 초국적 공간에서 초국적 정치로 실행되고 있다. 이 국면들을 설명해 보도록 하자.

---

1) 예를 들어 다음을 보라. bell hooks, *Feminist Theory: From Margin to Center*, second edition, Boston: South End Press, 1981; Ruth Rosen, *The World Split Open: How the Modern Women's Movement Changed America*, New York: Penguin, 2001; Benita Roth, *Separate Roads to Feminism: Black, Chicana, and White Feminist Movements in America's Second Wave*, Cambridge: Cambridge University Press, 2004.

여성주의의 제2의 물결이 걸어온 역사는 인상적인 궤적을 보여 주고 있다. 신좌파의 급진주의로부터 자양분을 공급받은 여성주의의 제2의 물결은 제2차 세계대전 이후 등장한 사회민주주의의 표준적 구조에 저항하는 신사회운동의 일부로 출발하였다. 달리 말하자면, 여성주의의 제2의 물결은 정치적 관심을 계급 간 분배 문제에만 국한시켰던 경제주의적인 정치적 상상력을 변형시키기 위한 폭넓은 노력의 일환으로서 발생한 것이다. 이 첫번째 (신사회운동) 국면에서 여성주의자들은 상상력의 새로운 공간을 열어젖히기 위해서 노력했다. 남성지배의 광범위한 양태들을 폭로하면서 그들은 '사적인 것'을 포함할 수 있도록 정치적인 것에 대한 이해의 폭을 넓힐 것을 제안하였다. 그러나 그후 신좌파의 유토피아적 활력이 쇠락하게 되면서 여성주의가 가진 반경제주의적 통찰들은 의미상의 변화를 겪었고, 문화적 차원의 문제들을 전면에 내세우며 새롭게 출현한 정치적 상상력들에 선택적으로 통합되었다. 문화주의자들의 상상력에 효과적으로 포획된 여성주의는 스스로를 인정정치로 변화시켰다. 결국 이 두번째 국면에서 여성주의는 문화에 몰두하였고 정체성정치의 궤도 내로 진입했다. 비록 당시에는 자주 주목받지 못했지만, 여성주의의 정체성정치 국면은 지구적 차원의 신자유주의의 압력하에서 국민국가에 기초한 사회민주주의가 해체되어 나가는 보다 폭넓은 역사적 상황에 부합하는 것이었다. 이런 상황에서 문화에 중심을 둔 인정정치는 성공할 수 없었다. 그것이 정치경제학적이고 지정학적인 상황들을 소홀히 다루었던 만큼, 이런 접근은 자유시장 정책의 약탈적 행위나 그러한 정책들의 영향하에서 출현한 우파적인 맹목적 애국주의(chauvinism)의 부상에 대해서 효과적으로 저항할 수가 없었다. 특히 미국의 여성주의는 9·11 이후 발생한 정치환경의 극적인 변화에 대한 준비가 부족했다. 반면에 유럽이나 다른 지역의 여성주의자들은 지구화하는 우리의 세계에서 초국적인 정치공간을 통해 등장하는 새로운 정치적 기회들을 포착해 왔고, 그 기회를 능숙하게 이용하고 있다. 그 결과 그들은 여성주의를 다시 한 번 혁신하게 되었으며, 이번에는 여성주의를 초국적인 정치적 기획이나 과정으로 혁신하고 있다. 이 세번째 국면이 여전히 매우 초기적인 상태에 있기는 하지만, 이는 여성주의 정치의 범위가 변화할 것임을 예고하고 있다. 이러한 변화는 이전의 두 국면이 가졌던 최고의 장점들을 새롭고 보다 적절한 종합 속에서 통합해 낼 수 있을 것이다.

이것이 내가 여기서 살펴보고자 하는 이야기의 핵심이다. 그러나 그 이야기를 펼쳐 보이기 전에 두 가지 단서를 달 필요가 있다. 첫번째 단서는 이러한 서사가 가지고 있는 매우 양식화된 특성과 관련된 것이다. 전반적인 궤적을 명확히 보여 주기 위해 나는 각 국면들 사이에 과도하게 날카로운 경계선을 그었는데, 사실상 각 국면은 많은 문제와 내용에서 서로 중첩되어 있다. 그러나 만일 그런 서사가 미래를 위해 필요한 몇 가지 지적이고 정치적인 통찰들을 줄 수 있다면, 이러한 왜곡의 위험도 가치 있는 것이 될 것이다.

두번째 단서는 여성주의의 세 국면의 지형에 관한 것이다. 내 생각에 첫번째 (신사회운동) 국면은 북미와 서유럽 여성주의를 포괄한다. 물론 다른 지역에서의 흐름들을 포함할 수도 있을 것이다. 반면에 두번째 (정체성정치) 국면은 다른 지역에서 그 반향이 없었던 것은 아니지만 주로 미국에서 완벽하게 표현되었다. 마지막으로 세번째 국면은 그 명칭이 암시하는 바와 같이 초국적 정치공간에서, 대표적으로는 '유럽'에서 가장 잘 진행되고 있다.

사회민주주의의 젠더화: 경제주의 비판

첫번째 국면을 이해하기 위해서 '제1세계'라는 명칭이 여전히 유의미하던 상황을 회고해 보도록 하자. 여성주의의 제2의 물결이 세계 무대에 처음으로 등장했을 때, 서유럽과 북미의 선진 자본주의 국가들은 제2차 세계대전 이후 이룩한 전대미문의 번영을 여전히 누리고 있었다. 케인스주의적인 경제조절이라는 새로운 수단을 이용하게 된 선진 국가들은 거의 완전한 고용을 유지하기 위해서 경기침체에 대응하고 국가의 경제발전을 지도하는 방법이 무엇인지를 명확히 알게 되었다. 그 국가들은 한때 거칠었던 노동운동을 편입시키면서, 다양한 영역을 포괄하는 복지국가를 건설하고 국가적 차원에서 계급을 초월하는 연대성을 제도화하였다. 물론 이러한 역사적인 계급 간 타협은 외부에서의 신식민주의적 착취는 물론이고 젠더·인종·민족 차원에서의 일련의 배제들에 의존한 것이었다. 그러나 이러한 잠재적 균열들은 계급 간 재분배를 부각시키는 사회민주주의의 상상력 내부에서는 대체로 잠복되어 있었다. 그 결과 존재하게 된 것이 사회적 갈등을 확실하게 순치시킨 대량소비 사회들로 구성된 번영하는 북대서양 지대였다.[2]

그러나 1960년대 들어 이러한 황금기의 상대적인 평온함이 갑자기 뒤흔들리게 되었다. 놀라운 국제적 폭발력 속에서 급진적 청년들이 처음에는 미국에서의 인종차별에 반대해, 다음에는 베트남 전쟁에 반대해 거리로 쏟아져 나왔다. 그후 그들은 곧바로 이제까지 사회민주주의가 당연한 것으로 만들어 온 자본주의적 근대의 핵심적 성격들에 대해서 문제를 제기하기 시작했다. 그들은 성적 억압, 여성차별, 이성애규범성(heteronormativity), 물질주의, 기업문화, '업적주의 윤리', 소비주의, 관료주의, '사회적 통제' 등을 문제 삼았다. 새로운 사회적 행동가들은 지난 시기의 표준화된 정치적 관행들을 파괴하면서 신사회운동을 형성해 냈는데, 가장 인상적인 것 중의 하나가 바로 여성주의의 제2의 물결이었다.[3]

다른 운동에 투신한 동지들과 함께 이 시기 여성주의자들은 정치적 상

---

2) Eric Hobsbawm, *The Age of Extremes: A History of the World, 1914~1991*, London: Abacus, 1995, pp.320~341, pp.461~518.

상력을 전환시켰다. 자신들을 국가단위로 제약되고 정치적으로 순치된 계급들로 간주하는 특권화된 행위자들이 소유하고 있던 정치문화를 넘어서서 그들은 젠더를 배제하는 사회민주주의에 대해서 도전하였다. 복지에서의 후견주의(paternalism)와 부르주아 가족을 문제 삼으면서 그들은 자본주의 사회의 심층적인 남성중심주의를 공격했다. '사적인 것'을 정치적 주제로 만들면서 그들은 사회경제적 재분배를 넘어서서 가사노동, 성, 출산을 정치적 주제에 포함하도록 저항의 범위를 확장시켰다.[4]

첫번째 국면에서의 여성주의는 급진적이기는 했지만 사회민주주의와 애매한 관계를 맺고 있었다. 한편으로 여성주의의 제2의 물결 속에서 초기의 대부분 여성주의자들은 사회민주주의의 국가주의를 거부하였으며, 특히 유럽에서는 계급 이외의 사회적 분할들과 분배 이외의 사회문제들을 주변화하려는 경향에 반대하였다. 그러나 다른 한편으로 대부분의 여성주의자들은 사회주의적 상상력의 중심 측면들을 보다 급진적인 계획을 위한 기초로 간주하였다. 복지국가가 가지고 있는 연대적 감성과 번영을 보장하는 조정능력을 당연한 것으로 간주하면서, 그들 역시 시장을 길들이고 평등주의를 고취하는 데 전념하였다. 급진적이고 내재적인 비판에 기초해서 행동했던 초기의 여성주의의 제2의 물결은 복지국가를 해체하기보다는 남성지배

3) *New Social Movements: From Ideology to Identity*, eds. Hank Johnston, Enrique Larana, and Joseph R. Gusfield, Philadelphia: Temple University Press, 1994; *Nomads of the Present: Social Movements and Individual Needs in Contemporary Society*, eds. Alberto Melucci, John Keane, and Paul Mier, Philadelphia: Temple University Press, 1989; Alain Touraine, *Return of the Actor: Social Theory in Postindustrial Society*, Minneapolis: University of Minnesota Press, 1988.

4) Alice Echols, *Daring to Be Bad: Radical Feminism in America, 1967~75*, Minneapolis: University of Minnesota Press, 1989; Sara Evans, *Personal Politics: The Roots of Women's Liberation in the Civil Rights Movement and the New Left*, New York: Vintage, 1980; Myra Marx Ferree and Beth B. Hess, *Controversy and Coalition: The New Feminist Movement across Three Decades of Change*, New York: Routledge, 1995.

를 해소하는 데 도움이 되는 방향으로 그것을 변형시키고자 노력하였다.[5]

그러나 1989년까지 역사는 그러한 정치적 기획을 무시하는 것처럼 보였다. 동구에서의 공산주의 몰락을 정점으로 하는 서유럽과 북미 대부분 나라에서의 10년간의 보수 지배는 한때 죽은 것으로 간주되었던 자유시장 이데올로기에 기적적으로 새로운 생명을 불어넣었다. 역사의 쓰레기통에서 부활한 '신자유주의'는 평등주의적 재분배라는 관념 자체에 대한 지속적인 공격을 승인해 주었다. 가속화된 지구화로 인해서 강화된 이러한 상황은 결과적으로 국민경제에 대한 케인스주의적 조정의 정당성과 실행 가능성에 의문을 제기하게 만들었다. 사회민주주의가 수세에 몰리면서 사회민주주의의 약속을 확장하고 심화하려는 노력들 역시 자연스럽게 좌초했다. 평등주의 정신을 계급에서 젠더로까지 확대하고자 노력하면서 복지국가를 자신들의 출발점으로 삼았던 여성운동들은 그들이 의지하고 있던 토대가 붕괴되는 것을 보게 되었다. 더 이상 사회민주주의를 급진화를 위한 토대로 간주할 수 없게 되면서, 여성운동들은 탈사회주의적 시대정신에 보다 어울리는 정치적 요구의 새로운 문법에 주목했다.

재분배에서 인정으로: 문화주의와 신자유주의의 불행한 결합

이제 인정정치에 대해서 다루어 보도록 하자. 전후 여성주의의 첫번째 국면이 사회주의적 상상력이 '젠더를 고려하도록'(engender) 만들려고 노력하였다면, 두번째 국면은 '차이를 인정할' 필요성을 강조하였다. 그 결과 '인정'

---

5) 이런 애매성의 몇몇 사례에 대해서는 *Women, the State and Welfare: Historical and Theoretical Perspectives*, ed. Linda Gordon, Madison: University of Wisconsin Press, 1990에 실린 글들을 보라. 여기에는 나의 "Struggle over Needs: Outline of a Socialist-Feminist Critical Theory of Late-Capitalist Political Culture", pp.199~225도 포함되어 있다.

은 세기말의 여성주의자들이 제기하는 요구들에서 최고의 문법이 되었다. 헤겔(Georg Hegel) 철학의 유서 깊은 범주이자 정치이론가들에 의해서 소생된 인정 개념은 탈사회주의적 투쟁들이 가지는 명확한 특징을 포착하였다. 이러한 투쟁들은 종종 정체성정치의 형식을 취했으며, 평등을 촉진시키기보다는 차이를 수용하는 것을 그 목표로 했다. 여성에 대한 폭력이 문제가 되든 아니면 정치적 대표에서의 젠더불평등이 문제가 되든 간에, 점차로 여성주의자들은 자신들의 요구를 표현하기 위해서 인정의 문법에 호소하였다. 정치경제상의 부정의에 저항할 수 없게 되면서 여성주의자들은 문화적 가치나 신분적 위계질서에 기초한 남성중심주의로부터 기인하는 해악들을 공격하는 것을 선호하게 되었다. 그 결과 여성주의자들의 상상력에서 중요한 전환이 발생했다. 이전 세대가 사회적 평등이라는 이념을 확장시키고자 했던 반면에 이 여성주의자들은 문화적인 변화를 추구하는 데 역량의 대부분을 투여하였다.[6]

요점을 분명하게 이야기해 보도록 하자. 문화적인 변혁의 기획은 신사회운동의 국면을 포함하여 모든 국면들에 내포되어 있었다. 정체성정치의 국면이 가지는 독특성은 문화적 기획이 상대적으로 자율성을 가지게 되었다는 데에 있다. 즉 정체성정치가 정치경제적 변혁과 분배정의로부터 분리되었다는 것이다.

당연히 두번째 국면의 효과 역시 복합적이다. 한편으로 인정에 대한 새로운 지향은 자본주의 사회의 신분질서에 뿌리박고 있는 남성지배의 형태들에 주의를 집중하였다. 만일 이러한 새로운 지향이 사회경제적 불평등에 관한 기존의 관심과 결합되었다면, 젠더정의에 관한 우리의 이해는 좀더 심

---

6) Nancy Fraser, *Justice Interruptus: Critical Reflections on the "Postsocialist" Condition*, London: Routledge, 1997.

화될 수도 있었을 것이다. 다른 한편으로 인정투쟁의 형태가 완벽하게 여성주의자들의 상상력을 장악하게 되면서, 그것은 사회주의적 상상력을 심화시키기보다는 대체해 버렸다. 이러한 경향은 사회적인 투쟁을 문화적인 투쟁에 종속시키고, 재분배정치를 인정정치에 종속시키는 결과를 낳았다. 물론 이것이 애초에 의도한 바는 아니었다. 문화적 전회의 옹호자들은 동일성과 차이에 관한 여성주의자들의 정치가 사회적 평등을 위한 투쟁들과 결합될 것이라고 가정하였다. 그러나 이러한 가정은 보다 큰 시대정신의 먹이가 되어 버렸다. 세기말의 상황에서 인정으로의 전회는 사회적 평등주의의 모든 기억들 자체를 억압하는 데에 몰두했던 지배적인 신자유주의에 너무나도 잘 들어맞는 것이었다. 그 결과 비극적인 역사적 역설이 발생하게 되었다. 재분배와 인정 양자를 모두 포괄할 수 있는 보다 폭넓고 풍부한 패러다임에 도달하기는커녕, 우리는 하나의 불완전한 패러다임을 다른 불완전한 패러다임과 교환했던 것이다. 즉 불완전한 경제주의를 불완전한 문화주의와 교환한 것이다.

게다가 그것이 이루어진 시기가 최악이었다. 문화적인 인정정치로의 전환이 발생한 것은 바로 신자유주의가 거대한 귀환을 시작하던 시기였다. 이 시기 내내 학계의 여성주의 이론은 전반적으로 '차이'에 관한 논쟁에만 전념하였다. '본질주의자들'과 '반본질주의자들' 사이의 대립을 지속시키면서 이 논쟁들은 과거의 이론들이 통상적으로 가지고 있었지만 그간 감추어져 왔던 배제적 가정들을 폭로하는 데 기여했다. 또한 이러한 논쟁들은 젠더 연구에서 많은 새로운 목소리들이 출현하도록 만들었다. 그러나 이러한 논쟁들은 기껏해야 종속을 문화적 문제로 간주하고 그것이 정치경제와는 무관하다고 보는 인정의 논의지형 안에 머무는 경향이 있었다. 그 결과 우리는 그 사이 패권을 장악하게 된 자유시장 근본주의에 대해서 아무런 저항도 할 수 없게 되었다. 인정정치에 홀려 버린 상태에서 우리는 부지불식간에 여성주의 이론을 문화주의의 방향으로 전환시켜 버렸던 것이다. 그리고 공교롭게도 그 시기는 바로 재분배정치에 대한 배가된 관심이 요구되던 시기였다.[7] 이 점에 대해서는 뒤에서 다시 간략히 언급하게 될 것이다.

인정의 지형: 탈공산주의, 탈식민주의 그리고 제3의 길

그러나 나는 먼저 한 가지 요지를 해명할 필요가 있다. 첫번째 국면에서 두 번째 국면으로의 전환을 이야기하면서 나는 여성주의자들의 상상력에서 이루어진 획기적인 전환에 대해서 기술하였다. 그러나 이러한 전환은 여성주의 그 자체에만 국한된 것이 아니었다. 이와 유사한 변화는 노동조합과 사회주의 정당들의 전 세계적인 범위에서의 쇠퇴 그리고/혹은 쇄신에서, 진보적인 형태와 맹목적 애국주의 형태로 동시에 나타나는 정체성정치의 부흥에서, 나아가서는 거의 모든 진보적 사회운동들에서 발견될 수 있다. 한편으로는 공산주의의 몰락과, 다른 한편으로는 신자유주의의 부상과 연결되어 있는 (내가 명명한바) 이러한 '재분배에서 인정으로의 전환'은 기업들에 의한 지구화와 결합되어 있는 보다 큰 역사적 변화과정의 일부분이다.[8]

　　이러한 시대진단이 제1세계에만 혹은 미국적 관점에만 국한된 것이라는 반론이 제기될 수도 있을 것이다. 그러나 나는 그렇게 생각하지 않는다. 인정 요구가 분배 요구를 부식시키는 경향은, 비록 인정 요구의 내용들이 크게 상이하기는 했지만, 매우 일반적이었으며, 심지어는 세계적 범위에서 진

---

7) Nancy Fraser, "Multiculturalism, Antiessentialism, and Radical Democracy: A Genealogy of the Current Impasse in Feminist Theory", *Justice Interruptus*, pp. 173~189.

8) Fraser, "Social Justice in the Age of Identity Politics: Redistribution, Recognition and Participation", Fraser and Axel Honneth, *Redistribution or Recognition?: A Political-Philosophical Exchange*, trans. Joel Golb, James Ingram, and Christiane Wilke, London: Verso, 2003, pp. 7~110.

행되었다고까지 말할 수 있다. 서유럽의 경우 재분배에 대한 사회민주주의의 집중은 1990년대에 이르러 대체로 다양한 형태의 제3의 길에 그 자리를 내주게 되었다. 이러한 접근은 진보정치의 윤곽만을 유지하고자 하면서 노동시장의 '유연성'에 관한 신자유주의적 지향을 받아들였다. 그것이 진보적인 정치적 윤곽을 유지하는 데에 성공할 수 있었던 것은 경제적 불평등을 완화시켰기 때문이 아니라 차별 반대 그리고/혹은 다문화 정책들을 통해서 신분적 위계질서를 극복했기 때문이었다. 결국 서유럽의 경우도 정치적 요구의 흐름은, 비록 미국의 경우보다 완화된 형태로 진행되기는 했지만, 재분배에서 인정으로 전환되었다.

이와 유사한 전환들은 과거 제2세계로 불리던 곳에서도 발생하였다. 공산주의는 그 자신만의 경제주의 패러다임을 간직하고 있었으며, 이 패러다임은 정치적 요구들을 분배와 관련된 것으로 제한하면서, 인정과 관련된 문제들을 효과적으로 억제하고 '진정한' 경제적 문제들의 단순한 부수효과에 불과한 것으로 간주하였다. 탈공산주의화는 이러한 경제주의 패러다임을 붕괴시켰고, 경제적 평등주의가 가지는 정당성을 폭넓게 위협하였으며, 새로운 인정투쟁 ─특히 민족과 종교를 둘러싼─이 발생하게 만들었다. 이런 상황 속에서 실질적으로나 상징적으로나 불신받던 공산주의와 연루된 여성주의 정치의 발전 역시 저지되었다.

이러한 과정들은 소위 '제3세계'에서도 발생하였다. 한편으로 구소련과 서방 사이의 양극적 경쟁의 종식은 주변 국가들에 대한 그들의 지원을 감소시켰다. 다른 한편으로 미국이 주도한 브레턴 우즈 금융체제의 해체는 구조조정과 관련된 신자유주의 정책을 강화시켰으며, 이는 과거 식민지상태에 있었던 발전국가들을 위협했다. 그로 인해 남반구에서 평등주의적 재분배 기획의 여지가 크게 축소되었다. 그리고 이에 대한 반응으로 과거 식민지였던 지역에서 정체성정치의 거대한 물결이 일었으며, 그것들 중 대부분은 자민족 중심적이거나 권위주의적인 것이었다. 이 때문에 탈식민주의 여성운동들 역시 대중적 열망들을 평등주의적 방향으로 인도해 주는 배경적인 정치문화가 부재한 상태에서 진행될 수밖에 없었다. 그들은 한편으로는 국가능력이 축소되고 다른 한편으로는 자민족 중심적인 맹목적 애국주의가 급속히 성장하는 상황 속에 갇혀 있었다. 그로 인해서 그들 역시 그들의 주장을 탈사회주의적 시대정신에 보조를 맞추는 형태로 변형시켜야 한다는 압박을 받게 되었다.

일반적으로 말해서 여성주의의 첫번째 국면에서 두번째 국면으로의 전환은 탈공산주의화와 신자유주의라는 보다 폭넓은 상황 속에서 발생한 것이라고 할 수 있다. 이러한 보다 큰 그림을 보지 못했기 때문에 여성주의자들은 새로운 상황하에서 젠더정의를 실현하기 위해 싸우는 데 필요한 자원들을 더디게 발전시킬 수밖에 없었다.

미국의 젠더정치, 9·11 이후

특히 미국의 경우 이런 상황은 심각했다. 미국의 여성주의자들은 자신들이 본질주의에 관해서 논쟁하는 동안에 자유시장과 기독교 근본주의 사이의 사악한 동맹이 조국을 장악해 버렸다는 사실을 깨닫고 놀랄 수밖에 없었다. 이러한 상황전개가 세계 전체에 대해서 너무도 중요한 것으로 입증되었기 때문에, 세번째 국면의 등장을 다루기 전에 잠시 이에 대해서 간략히 생각해 보고자 한다.

2004년의 미국 대선에서 결정적인 문제는 한편으로는 소위 '테러와의 전쟁'이었고 다른 한편으로는 (정도는 조금 덜하지만) 소위 '가족가치' 문제, 특히 낙태의 권리와 동성결혼 문제였다. 이 두 경우 모두에서 젠더에 대한 전략적 조작(造作)은 부시(George W. Bush) 진영에 승리를 가져다준 중요한 수단이었다. 그들의 승리전략은 재분배정치에서의 후퇴를 은폐하기 위해서 젠더를 축으로 하는 인정정치를 부각시키는 것이었다.

이에 대해 설명해 보도록 하자. 부시의 선거전략은 '테러와의 전쟁'을 지도력의 문제로 만드는 것이었으며, 이 전략은 지도력의 문제를 명백하게 젠더와 연관된 방식으로 제기하였다. 부시는 남성주의의 전형들을 이용하면서 매우 확고하고 결단력 있는 최고사령관의 이미지, 결코 회의에 빠지거나 동요하지 않는 수호자의 이미지, 간단히 말해서 진정한 남자의 이미지를 만들어 냈다. 반대로 공화당원들은 민주당의 도전자 존 케리(John Kerry)를 "소녀 같은 남자"로 묘사했다. 아널드 슈워제네거(Arnold Schwarzenegger)의 잊지 못할 표현을 빌자면, 케리는 유약한 "변덕쟁이"(flip-flopper)이고 수염 난 광신자들의 광적인 폭력으로부터 미국의 여성과 아이들을 보호하리라고는 기대할 수 없는 사람이다.[9]

사실과는 거리가 멀지만 젠더로 채색된 이런 수사적 표현들은 남성 투표자에게나 여성 투표자에게나 매우 강력한 영향을 주었다는 것이 입증되었다. 사실상 이는 너무나 강력해서 재분배정치에서의 후퇴라는 모두가 동의하는 부시 진영의 약점을 무화시키는 것처럼 보였다. 재분배정치에서의 후퇴는 많은 미국인들에게 커다란 고통을 주는 것이었다. 이미 첫번째 임기 동안 부시는 기업과 자산가계급들에게 거대한 규모로 부의 상향재분배를 실시하였다. 상속세를 없애고 부유층에 대한 세율을 낮춤으로써 그는 노동계급이 이전보다 국가 예산의 더 많은 부분을 지불하도록 부담을 지웠다. 그 결과는 재분배정치를 붕괴시켜 이미 확대된 사회적 **부정의**를 더욱 촉진하는 것이었다. 그러나 '테러와의 전쟁'에 직면하여 그런 것들은 아무런 문제가

9) Frank Rich, "How Kerry Became a Girlie Man", *The New York Times* 153, 52963, 2004.09.05, section 2, p.1.

되지 않는 것처럼 보였다. 결국 젠더를 축으로 하는 인정정치가 재분배정치에서의 후퇴를 효과적으로 압도하게 되었다.[10]

이와 유사한 역학이 선거운동에서 '가족가치'에 관한 수사를 전략적으로 사용하는 근저에도 작동하고 있다. 선거에서 중요한 주(州)로 밝혀진 오하이오에서 결정적인 문제는 '결혼의 수호'였을 것이다. 이 문제는 오하이오 주에서(그리고 다른 주들에서) 기독교 근본주의 성향 투표자들의 투표율을 높이기 위한 전략으로서 보수주의자들이 의도적으로 선택한 것이었다. 그들의 이론은 일단 기독교 근본주의 성향의 투표자들이 동성결혼에 반대하러 투표소에 나오기만 하면, 적극적으로 부시를 지지하게 된다는 것이었다. 그리고 이런 예상은 실제로 적중한 것처럼 보인다.

어쨌든 '가족가치'는 강력한 선거운동 주제라는 사실이 입증되었다. 그러나 여기에는 커다란 역설이 존재한다. 노동계급이나 중하층계급의 가정생활이 그토록 어려워지게 된 실질적 원인들은 부시가 지지하는 신자유주의적 기업 중심 자본주의 정책에서 기인하는 것이다. 이런 정책에는 기업과 부유층에 대한 세금 감면, 사회복지 및 소비자 보호의 축소, 매우 낮은 임금과 불안정한 고용 등이 포함되어 있다. 이런 정책들 및 이와 연관된 흐름들로 인해 한 사람의 임금, 심지어는 종종 두 사람의 임금으로도 가족을 지탱하는 것이 더 이상 가능하지 않게 되었다. 여성의 임금노동은 결코 자발적이거나 보완적인 것이 아니라 의무적인 것이며, 그것은 신자유주의 경제질서를 유지하기 위해 필수불가결한 요인이 되어 버렸다. '부업'(moonlighting) 또한 불가피한 것이 되었으며, 이로 인해서 노동계급 가족이나 중하층계급

---

10) (성-인지적이지 못하기는 하지만) 이와 관련된 분석으로는 Thomas Frank, "What's the Matter with Liberals?", *The New York Review of Books* 52, 8, 2005.05.12, p.46; Richard Sennett, "The Age of Anxiety", *Guardian Saturday*, 2004.10.23, p.34, 온라인에서는 http://www.guardian.co.uk/books/2004/oct/23/usa.politics(최종접속일은 2008.03.17).

가족 구성원들은 생계를 유지하기 위해서 한 가지 이상의 직업을 가져야만 하게 되었다. 이런 것들이야말로 미국에서 가정생활을 실질적으로 위협하는 요인들이다.[11] 여성주의자들은 이런 사정을 이해하고 있었지만, 그럼에도 이러한 정책에 의해서 피해를 보는 많은 사람들을 설득하는 데 성공하지 못했다. 반대로 우파들은 사람들의 생활방식을 위협하는 요인이 바로 낙태의 권리와 동성애자들의 권리에 있다는 점을 설득해 냈다. 달리 말하자면 여기서도 역시 공화당원들은 노동계급에 반하는 재분배정책을 은폐하기 위해서 반여성주의적인 인정정치를 성공적으로 활용했던 것이다.

이런 상황을 통해서 우리는 두번째 국면의 전반적 문제가 무엇인지를 인식할 수 있다. 비록 당시에는 폭넓게 인식되지 못했지만, 미국의 여성주의자들이 재분배에서 인정으로 관심을 돌렸던 시기는 바로 우파들이 재분배정책에서의 후퇴에 대한 관심을 분산시키기 위해서 퇴행적인 문화정치를 활용하는 전략을 완성시키고 있던 시기였다. 이 양자가 일치한 것은 정말로 불행한 일이었다. 미국의 여성주의자들과 다른 진보운동들이 정치경제를 상대적으로 소홀히 취급한 결과 우파들이 득세하게 되었으며, 그들이 문화적 전회의 중요한 혜택들을 차지하게 되었다.

복음주의 : 자아에 관한 신자유주의적 기술

그런데 왜 미국인들은 이런 빤한 속임수에 쉽게 넘어가게 되었을까? 왜 많은 미국 여성들이 젠더를 축으로 하는 공화당원들의 호소에 그토록 쉽게 넘어간 것일까? 많은 사람들은 우파가 미국 여성주의자들을 보통 여성들, 특히 신앙을 가진 노동계급 여성들을 전적으로 경멸하는 엘리트 전문가들로,

---

11) 같은 글.

세속적인 휴머니스트들로 묘사해 내는 데서 모종의 성공을 거두었다는 점에 주목해 왔다. 한 측면에서 보면, 여성주의자들을 엘리트로 간주하는 그런 관점은 물론 매우 잘못된 것이다. 그러나 여성주의가 지난 10여 년간 복음주의(evangelical) 기독교에 매료되어 온 대부분의 노동계급 여성과 하층계급 여성들 속으로 파고드는 데 실패했다는 것은 여전히 사실이다. 너무 일방적으로 인정정치에만 몰두하게 되면서, 우리는 그들의 종교적 지향이 그들의 사회계급적 지위에 상응한다는 점을 이해하지 못했다.

이에 대해 설명해 보자. 언뜻 보기에 미국의 복음주의 기독교 여성들의 처지는 모순적인 것처럼 보인다. 한편으로 그녀들은 전통적인 가정생활과 관련된 보수주의 이데올로기에 동의한다. 그러나 다른 한편 이 여성들은 사실상은 가부장적인 삶을 살지 않는다. 그녀들 대부분은 노동시장에서 활동하고 있으며, 가정생활에서도 상대적으로 권력을 가지고 있다.[12] 이러한 기이함은 내가 '불안사회'(insecurity society)라고 부르는 새로운 종류의 사회가 미국에서 출현하게 되는 상황과 복음주의가 서로 상응한다는 사실을 우리가 이해하게 될 때 해명될 수 있다. 불안사회는 이전 시기 사회민주주의와 결합되었던 '복지사회'의 뒤를 이어 등장하였다. 복지사회와는 달리 새로운 사회는 대부분 사람들의 삶의 조건의 불안정성을 제도적으로 확대하고 있다. 앞에서 내가 언급한 바와 같이 이 새로운 사회는 보다 불안정한 임금노

---

12) 우파 기독교 여성들에 대한 설명으로는 Sally Gallagher, *Evangelical Identity and Gendered Family Life*, New Brunswick, NJ: Rutgers University Press, 2003; R. Marie Griffith, *God's Daughters: Evangelical Women and the Power of Submission*, Berkeley: University of California Press, 1997; Julie Ingersoll, *Evangelical Christian Women: War Stories in the Gender Battles*, New York: New York University Press, 2003 참조. 또한 Barbara Ehrenreich, Elizabeth Hess, and Gloria Jacobs, *Re-making Love: The Feminization of Sex*, New York: Anchor Books, 1987의 한 장인 "Fundamentalist Sex: Hitting Below the Bible Belt"의 서두에 등장하는 두 가지 설명도 유용하다. 그리고 Judith Stacey, "Sexism by a Subtler Name?: Postindustrial Conditions and Postfeminist Consciousness in the Silicon Valley," *Socialist Review* 96, 1987, pp.7~28도 보라.

동 형태들을 제도화하는 동시에 사회복지의 보장성은 약화시킨다. 하청일, 임시직, 노동조합 없는 직장 등과 같이 임금이 낮고 연금도 없는 일들이 불안정한 임금노동 형태에 속한다. 그 결과 복음주의 기독교에 부응하는 엄청난 불안감이 발생하게 된다.

흥미롭게도 복음주의는 사람들에게 실제적인 안정성을 제공하지 않는다. 오히려 복음주의는 그들에게 그들이 불안정한 상태를 견뎌 낼 수 있도록 해주는 이야기들과 일련의 실천방안들만을 제공할 뿐이다. 복음주의는 그들에게 다음과 같이 말해 준다. "당신은 죄인이고, 당신은 실패할 것이며, 당신은 직장을 잃을 것이고, 당신은 과도한 음주에 빠질 것이며, 당신은 불륜에 빠질 것이고, 당신의 남편은 당신을 떠나게 될 것이며, 당신의 아이들은 마약에 빠지게 될 것이다. 하지만 큰 상관은 없다. 신은 여전히 당신을 사랑하며, 당신의 교회는 여전히 당신을 받아 줄 것이다." 이런 말이 가지는 효과는 부분적으로는 현실을 수용하게 만드는 것이며 동시에 사람들로 하여금 어려운 시기의 고통을 견뎌 낼 준비를 하도록 만드는 것이다. 마치 사람들에게 고난에 대처하는 방법을 제공하는 것처럼 보이지만, 사실상 복음주의는 고난이 닥쳐올 것이라는 사실을 계속 환기시키면서 신도들의 불안감을 자극한다. 이러한 상황을 이해하기 위해서는 아마도 후기 푸코(Michel Foucault)의 작업이 필요할 것이다. 복음주의는 신자유주의가 항상 불안감을 조성하는 한에서 신자유주의에 특히 잘 들어맞는 "자기배려"(care of the self)의 기술이라고 할 수 있을 것이다. 내가 말한 바와 같이 미국의 많은 노동계급 여성들이 이러한 이데올로기로부터 유의미한 무엇인가를, 그들의 삶에 의미를 부여하는 무엇인가를 끌어냈다. 그렇지만 여성주의자들은 그것이 무엇이고 어떻게 작동하는지를 이해하지 못했다. 또한 우리는 그들에게 어떻게 말을 걸 것인지, 여성주의가 자신의 자리에서 그들에게 제공할 수 있는 것은 과연 무엇인지도 파악하지 못했다.

이와는 다르지만 연관되어 있는 젠더역학이 오바마(Barack Obama)가 클린턴(Hillary Clinton)을 누른 2008년 민주당 대선후보 경선에서도 나타났다.[13] 이러한 미국의 사례들은 보다 폭넓고 혁신적인 의미를 갖는다. 노동시장이 점점 더 불안정해지는 와중에서 '유연성'을 늘리고 복지보장을 감축하라는 신자유주의의 압력 때문에 우리 모두는 안정성이 감소한 시대를 살게 되었다. 이주자를 포함하여 통합의 정도가 낮은 계층의 경우, 이런 압력들은 분배에서의 계급적 불평등이 인정과 관련된 신분에서의 불평등과 겹쳐지면서 복합적인 양태로 가해진다. 그리고 인정에서의 불평등 문제와 관련된 책임은 손쉽게 '세속적 여성주의'에 떠넘겨진다. 이런 상황에서 미국은

---

13) 2008년 미국 대선에서 버락 오바마와 힐러리 클린턴 사이의 역사적인 민주당 경선은 미국 여성들 사이에 새로운 정치적 균열을 촉진시켰다. 오바마가 학계의 여성주의자들, 대졸 여성, 젊은 여성, 아프리카계 미국 여성들로부터 지지를 받았던 반면에 클린턴의 강력한 후원자들은 수입이 적고 나이 든 백인 노동계급 여성들과 덜 교육받은 여성들이었다. 핵심적인 사회적 단층선은 계급, 교육, '인종'-종족, 그리고 연령이었다. 그러나 한편의 여성주의 이데올로기에 대한 헌신, 다른 한편의 여성적인 젠더정체성 사이에 균열이 존재했다는 것 역시 이와 마찬가지로 중요하다. 이데올로기적 여성주의자들은 압도적으로 오바마를 지지하는 경향이 있었다. 반면에 클린턴은 이전에는 여성주의와 연루되었던 적이 없는 더 나이 들고, 더 가난하고, 지방의 작은 마을에 사는 여성들과 놀라울 정도로 강력한 경험적 유대를 형성하였다. 그녀들은 자신들의 삶 속에서 여성을 끊임없이 공격당하면서도——남편들의 상습적인 희롱에 의해 모욕당하고, 우파들에게 욕먹고, 젊고 유능한 '자유주의 엘리트들'에 의해 배척당함으로써——동시에 강하고, 굳센 투사로 지각하고 있었다. 또한 중요한 것은 클린턴이 정책(한방에 이란을 '제거'해 버린다는 공약)과 행동('인종 카드'까지 이용하는 단호하고 매우 현실주의적인 공격형 캠페인) 모두에서 강한 남성적인(macho) 성격을 보여 주고 있었다는 점이다. 반면에 오바마는 보다 부드럽고, 양성적인 자세(국제적으로는 무력 위협 대신 대화를 옹호하고, 국내적으로는 편파적인 적대감 대신 공동체를 옹호하는 자세)를 견지했다. 마지막으로 이데올로기적 여성주의자들의 오바마 지지는 미국 역사에서 젠더와 인종 간의 곤란한 뒤얽힘에 대한 수십여 년간의 진지한 고민들을 반영하고 있었다. 반대로 클린턴의 캠페인은 어떤 양심의 가책도 없이 인종과 젠더의 비극적 반목의 역사를 반복하여 이용했다. 이 반복은 재건 시기 흑인 남성의 투표권에 대한 분열에서 O.J.심슨(O.J.Simpson)의 재판까지 이어진 것이었다. 오바마의 탈인종적·탈당파적 세계시민주의와 클린턴의 대중 추종적·매파적 국가주의 사이의 대조는 보다 폭넓은 균열의 징조라고 할 수 있다. 대립의 한편에는 스스로를 '탈국가적' 지식에 기초한 새로운 세계에서 번영할 수 있는 존재로 상상할 수 있는 여성들이 있고, 다른 한편에는 세계를 단지 자신들의 행복과 지위를 위협하는 것으로만 생각하는 여성들이 있다. 새롭게 활성화된 여성주의 연합 속에서 이 두 집단의 여성들을 통합시키는 문제는 향후 우리가 직면하게 될 가장 급박한 문제들 중의 하나이며, 이는 단지 미국에만 한정된 문제가 아닐 것이다.

물론 유럽의 모든 여성주의자들도 재분배에 관한 정치와 인정에 관한 정치의 관계를 새롭게 검토할 필요가 있다. 여성주의 정치의 세번째 국면으로 이행하고 있는 오늘날, 우리는 두번째 국면에서 적절한 균형을 형성하지 못했던 여성주의 정치의 필수불가결한 두 차원을 새롭게 통합해 낼 필요가 있다.

여성주의에 대한 새로운 틀의 설정 : 대표와 관련된 초국적 정치

다행스럽게도 이와 유사한 움직임이 현재 초국적 공간에서 진행되고 있는 여성주의 정치의 흐름들 속에서 이미 시작되고 있다. 점증하는 신자유주의의 지배력에 자극받은 이러한 흐름들은 재분배와 인정 사이의 새롭고 유망한 종합을 고민하고 있는 중이다. 나아가 그들은 여성주의 정치의 범위도 변화시키고 있다. 초국적 세력들에 대해 여성들이 가지는 취약성을 깨닫게 되면서, 그들은 만일 자신들이 이전에 당연한 것으로 간주되었던 근대 영토국가라는 틀 속에서만 머물게 된다면, 젠더부정의에 대해서 적절한 도전을 제기할 수 없게 될 것이라는 점을 인식하게 되었다. 근대 영토국가라는 틀이 정의의 범위를 동료 시민들 사이의 관계만을 조직하는 국가 내부의 제도들로 한정시키기 때문에, 그러한 틀은 국경을 초월하는 젠더부정의의 형태들이나 원천들을 체계적으로 은폐하게 된다. 그 결과 통상적으로 영토적 경계를 넘어서 젠더관계들을 형성하는 모든 세력이 정의의 관할영역으로부터 제외되어 버리게 된다.

때문에 오늘날 많은 초국적 여성주의자들은 영토국가라는 틀을 거부하고 있다. 그들은 한 영토국가 내에서 이루어진 결정들이 그 외부에 거주하는 여성들의 삶에도 빈번하게 영향을 미친다는 점에 주목하고 있으며, 정부 차원이든 비정부 차원이든 초국적이고 국제적인 기구들의 행위들 역시 영향을 미치고 있다는 점에도 주목하고 있다. 또한 그들은 초국적인 공론의 힘에도 주목하고 있는데, 이러한 공론은 지구적 대중매체와 정보통신 기술을 통해서 국경과 전혀 무관하게 유포되고 있다. 그 결과 젠더부정의를 유지하는 데서 초국적 세력들이 가지는 역할과 관련하여 새로운 견해가 나타나고 있다. 지구온난화, 에이즈의 확산, 국제 테러리즘, 초강대국의 일방주의 등에 직면하면서, 이 세번째 국면에서의 여성주의자들은 여성들이 좋은 삶을 살 수 있는 기회가 적어도 영토국가 내부의 상황들에 의존하는 것만큼 영토국가의 국경을 넘어서는 상황들에도 의존하고 있다고 생각하게 되었다.

이런 상황 속에서 여성주의의 주요한 흐름들은 정치적 주장의 틀을 영토국가 단위로 규정하는 것에 대해 도전하고 있다. 그들이 보기에 영토국가라는 틀은 부정의를 야기하는 중요한 매개체다. 왜냐하면 그러한 틀은 많은 여성이 그들을 억압하는 세력들에 저항하는 것을 방해하기 때문이다. 그러한 틀은 일종의 정치적 장막을 드리우면서 여성들의 주장을 취약하거나 무력한 국가들 내부로 격리시키며, 이를 통해서 성차별적 지배를 자행하는 해외 기관들을 비판과 통제로부터 보호해 준다. 그 결과 다수의 대형 범죄자들이 젠더정의의 관할권에서 제외된다. 명백한 용의자들(강력한 약탈국가들, 해외 투자자와 채권자들, 국제적 환투기세력들, 초국적 기업들)뿐만 아니라 그들이 무사히 움직일 수 있도록 해주는 배후 구조들, 특히 지구적 경제의 협치구조와 국가 간 체제 같은 것들 역시 아무런 책임도 지지 않게 된다. 영토국가라는 틀의 전체적 효과는 국경을 초월하는 젠더부정의에 대한 민주적 성찰 자체를 배제해 버리는 것이다.

따라서 오늘날 재분배와 인정에 대한 여성주의자들의 요구들은 점차로 그러한 틀을 변화시키기 위한 투쟁들과 연계되고 있다. 초국적 생산에 직면하여 많은 여성주의자들은 국민경제에 대한 가정들을 거부한다. 예를 들면, 세계무역기구에 반대하는 여성주의자들이 지구적 경제의 협치구조들에 저항하는 한편, 유럽의 여성주의자들은 유럽연합의 경제정책들과 경제구조들을 공격한다. 이와 유사하게 인정을 위한 여성주의자들의 투쟁들 역시 영토 국가를 넘어서고 있는 것처럼 보인다. '여성의 권리는 인권이다'라는 포괄적 구호하에서 전 세계 여성주의자들은 지역적인 가부장적 관행에 대한 투쟁들을 국제법을 개혁하려는 운동과 결합시키고 있다.[14]

그 결과 여성주의 정치의 새로운 국면이 도래하였으며, 여기서 젠더정의의 새로운 틀이 형성되고 있는 중이다. 이 국면에서의 주요한 관심은 불평등한 분배와 무시라는 상호연관된 부정의들에 대해서 도전을 제기하는 것이다. 그러나 여성주의자들은 일차원적인 부정의들을 넘어서서 내가 **잘못 설정된 틀**로 인해서 야기되는 부정의라고 명명한 새롭게 가시화되고 있는 부정의들 역시 공격대상으로 삼고 있다.[15] 영토국가라는 틀이 초국적인 부정의의 원천들에 부과되는 경우 잘못 설정된 틀로 인한 부정의가 발생한다. 그 결과는 초국적 주장을 표출할 기회를 부정당한 가난하고 멸시받는 사람들을 희생시키면서 정치적 공간을 왜곡하는 것이다. 이런 경우 불평등한 분배와 무시에 대한 투쟁들은, 만일 그것들이 잘못 설정된 틀에 대한 투쟁들과 결합되지 못한다면, 성공하기는커녕 진행될 수조차도 없게 된다. 따라서 잘못 설정된 틀이 초국적 국면에서의 여성주의 정치의 중심적인 공격대상으로 부상하고 있다.

---

14) Brooke A. Ackerly and Susan Moller Okin, "Feminist Social Criticism and the International Movement for Women's Rights as Human Rights", *Democracy's Edge*, eds. Ian Shapiro and Casiano Hacker-Cordón, Cambridge: Cambridge University Press, 2002, pp.134~162; Donna Dickenson, "Counting Women In: Globalization, Democratization, and the Women's Movement", *The Transformation of Democracy?: Globalization and Territorial Democracy*, ed. Anthony McGrew, Cambridge: Polity, 1997, pp.97~120. 기업 중심의 지구화에 대한 보다 폭넓은 반대운동과 관련하여 젠더정치를 평가하는 두 편의 글로는 Judy Rebick, "Lip Service: The Anti-Globalization Movement on Gender Politics", *Herizons* 16, 2, 2002, pp.24~26; Virginia Vargas, "Feminism, Globalization and the Global Justice and Solidarity Movement", *Cultural Studies* 17, 6, 2003, pp.905~920을 보라.
15) 이 책의 2장 「지구화하는 세계에서의 정의에 대한 새로운 틀의 설정」 참조.

잘못 설정된 틀과의 대결을 통해서 여성주의 정치의 세번째 국면은 재분배와 인정을 넘어서는 젠더정의의 세번째 차원을 가시화하고 있다. 나는 이 세번째 차원을 **대표**라고 부른다. 내가 생각하기에 대표는 단지 이미 구성된 정치공동체 내에서 여성들에게 동등한 정치적 발언권을 부여하는 문제와만 관련되는 것이 아니다. 대표는 여기서 더 나아가 이미 확립된 정치공동체 내부에서 적합하게 포함될 수 없는 정의에 관한 논쟁들의 틀을 새롭게 설정하는 것 역시 요구한다. 따라서 잘못 설정된 틀에 도전하면서 초국적 여성주의는 젠더정의를 삼차원적 문제로 새롭게 이해하고 있다. 여기서 재분배, 인정, 대표는 균형 잡힌 방식으로 통합되어야만 한다.[16]

유럽연합에서 발전하고 있는 초국적 정치공간은 여성주의 정치의 세번째 국면을 위한 중요한 하나의 장소가 될 것으로 전망된다. 유럽에서의 과업은 어떻게든 다음의 세 가지 일들을 동시에 수행하는 것이다. 첫째, 여성주의자들은 초국적 수준에서 평등주의적이고 성-인지적인(gender-sensitive) 사회복지와 관련된 보호조치들을 창출해 내기 위해 다른 진보세력들과 협력해야 한다. 나아가 그들은 그러한 재분배정치를 유럽 내의 문화적 이질성들에 부합하는 평등주의적이고 성-인지적인 인정정치와 통합시키기 위해 협력해야만 한다. 마지막으로 그들은 이 모든 일을 행함에 있어서 초국적 유럽이 요새와 같은 유럽이 되지 않도록 외적 경계선들을 고착시키지 말아야 할 것이며, 이를 통해서 잘못 설정된 틀로 인해 야기되는 부정의가 보다 큰 범위에서 다시 반복되지 않도록 해야 할 것이다.

그러나 유럽이 여성주의 정치의 세번째 국면을 위한 유일한 공간은 결코 아니다. 국제연합의 다양한 기관들과 세계사회포럼 역시 유럽과 마찬가지로 중요한 초국적 공간들이다. 거기서도 역시 여성주의자들은 환경주의자

---

16) 이 책의 2장 참조.

들, [제3세계의] 개발활동가들, 원주민들 등 다른 진보적인 초국적 행위자들과 협력하여 불평등한 분배, 무시, 대표불능이 연계되어 발생하는 부정의들에 대해서 도전해 나가고 있다. 거기서도 역시 과업은 이러한 관심사들 사이에서 적절하게 균형을 잡고 그것들을 통합하는 삼차원적 정치를 발전시켜 나가는 것이다.

이러한 삼차원적 정치를 발전시키는 것은 결코 쉬운 일이 아니다. 그러나 이는 여성주의 투쟁의 세번째 국면에 대해서 엄청난 전망을 제공하고 있다. 한편으로 이러한 접근은 인정정치와 분배정치 사이의 새로운 균형을 창출함으로써 두번째 국면이 가지고 있던 중요한 약점을 극복할 수 있을 것이다. 다른 한편, 이러한 접근은 잘못 설정된 틀로 인한 부정의를 명백히 문제삼음으로써 여성주의 정치의 과거 두 국면에서 나타났던 맹점들을 극복할 수 있을 것이다. 특히 그러한 정치는 우리 시대의 핵심적인 정치적 질문, 즉 지구화하는 시대에 발생하는 젠더부정의의 전 영역에 도전하기 위해서 어떻게 재분배, 인정, 대표의 요구들을 통합시킬 것인가라는 질문을 제기하고 최종적으로는 이에 답변할 수 있도록 해줄 것이다.

7장 훈육에서 유연화로?
: 지구화의 그림자 속에서 푸코 다시 읽기

푸코는 포드주의적인 사회적 규제양식에 관한 위대한 이론가였다. 전후 케인스주의적 복지국가가 그 정점에 도달한 시기에 저술활동을 했던 푸코는 우리에게 복지국가가 이룩한 가장 자랑스러운 성취 속에서도 여전히 존재하고 있던 부정적 측면들을 볼 수 있도록 가르쳐 주었다. 그의 눈으로 보면, 사회복지 사업은 훈육장치(disciplinary apparatus)들이 되어 버리고, 휴머니즘적 개혁은 원형감옥의 감시체제가 되어 버리며, 공중보건 체계는 생명권력(biopower)을 활용하는 것이 되고, 치료의 관행은 사람들을 종속시키는 수단들이 되어 버린다. 그의 관점에서 볼 때, 전후 사회국가의 구성요소들은 훈육적 지배라는 교도소 군도를 구성하며, 그것은 자기 스스로가 부과하는 것이기 때문에 더욱더 교활한 것이다.

물론 푸코 스스로는 자신의 작업을 포드주의적 규제에 관한 해부학으로 생각하지 않았다. 푸코는 자신의 진단이 보다 폭넓은 범위에 적용되는 것으로 생각하면서 훈육권력을 '현대성'과 연결시키는 것을 선호했다. 그리고 나를 포함한 대부분의 독자들도 그의 생각에 따라 이런 방식으로 그의 작업을 이해해 왔다. 그 결과 현대성에 대한 푸코의 견해가 현대성이 가지고 있는 해방적 경향들을 간과하면서 현대성을 너무 암울하고 일면적으로 본 것

은 아닌지에 관해서만 논쟁이 계속되어 왔다.[1]

그러나 오늘날의 환경은 푸코의 작업에 대한 보다 한정된 독해를 정당화해 주고 있다. 만일 우리들 스스로가 지구화라는 포스트포드주의 시기의 문턱에 서 있다고 생각한다면, 우리는 이러한 조망하에서 푸코를 다시 읽어야 할 것이다. 그는 이제 더 이상 현대성 자체에 대한 해석자가 아니라 포드주의적인 사회적 규제양식을 다룬 이론가가 된다. 그는 미네르바의 올빼미처럼 포드주의적 규제양식이 역사적으로 소멸되어 가는 순간에 그것의 내적 논리를 포착했던 것이다. 이런 관점에서 보면, 『광기의 역사』(*Histoire de la folie à l'âge classique*), 『임상의학의 탄생』(*Naissance de la clinique*), 『감시와 처벌』(*Surveiller et punir*), 『성의 역사 1권』(*Histoire de la sexualité I*) 등 사회적 분석에 관한 그의 위대한 작품들이 1960~1970년대에 저술되었다는 것은 유의미한 일이 된다. 당시는 경제협력개발기구(Organization for Economic Co-operation and Development) 국가들이 브레턴 우즈 체제를, 즉 국가단위의 케인스주의를 뒷받침하고 이를 통해서 복지국가를 가능하게 했던 국제금융의 틀을 포기한 바로 그 시기였다. 달리 말해서 푸코는 훈육사회의 토대가 밑으로부터 허물어져 가는 바로 그 시기에 훈육사회의 윤곽을 그려 내었던 것이다. 비록 지금 와서야 뒤늦게 명확해진 것이지만, 이 순간은 또한 훈육사회의 계승자가 출현하기 위한 노력이 진행되던 바로 그 시기였다. 이 역설은 분명한 것이다. 우리가 그것을 탈산업사회라고 부르든 혹은 신자유주의적 지구화라고 부르든, '탈규제'와 '유연화'를 지향하는 새로운 체제가 푸코가 훈육적 표준화를 개념화한 바로 그 시기에 막 그 형태를 갖추어 나가기 시작하고 있었다는 것이다.

---

1) 예를 들어 *Foucault: A Critical Reader*, ed. David Couzens Hoy, Oxford: Blackwell, 1986 에 실려 있는 글들을 보라. 또한 *Critique and Power: Recasting the Foucault/Habermas Debate*, ed. Michael Kelly, Cambridge, MA: MIT Press, 1994도 참조하라.

물론 이러한 방식으로 푸코를 읽는 것은 현재의 상황에 대해서 그의 작업이 가지는 중요성을 문제 삼는 것이다. 만일 푸코가 포드주의적 규제에 관한 이론을 제시한 것이었다면, 그의 진단은 포스트포드주의와 어떤 관계가 있는 것인가? 훈육사회에 대한 그의 설명은 이미 철 지난 것인가? 아니면 포드주의의 규제문법은 신자유주의적 지구화와도 여전히 관련되는 것인가? 이하에서 나는 이러한 두 가지 가정들 모두를 피해 가면서 이 문제를 검토하고자 한다. '변형주의자'(transformationalist)의 제3의 해석을 제안하면서, 나는 새롭게 부상하는 포스트포드주의적인 사회적 규제양식은 포드주의적인 사회적 규제양식과 너무도 상이하기 때문에 훈육에 대한 푸코의 분석을 단순하게 확장시킬 수는 없지만, 푸코의 분석은 포스트포드주의적인 규제양식을 설명하는 데도 여전히 도움이 될 수 있다고 주장하고자 한다. 좀더 정확히 말하자면, 새로운 해석은 신자유주의적 지구화 시기의 새로운 '통치성'(governmentality) 양식들을 설명하기 위해서 푸코의 범주들을 창조적으로 변형하도록 영감을 줄 수 있다.

포드주의적 훈육에 관한 이해

훈육을 포드주의적인 사회적 규제양식으로 이해하는 것은 푸코의 범주들과 맑스의 범주들을 종합하는 것이다. 이러한 연결을 푸코 자신이 인정할지 부정할지 여부는 충분히 토론해 볼 만한 문제다. 왜냐하면 우리는 푸코에게서 이 두 경우 모두에 대한 문헌상의 지지 근거들을 발견할 수 있기 때문이다.[2]

---

2) 특히 다음을 보라. Michel Foucault, *Power/Knowledge: Selected Interviews and Other Writings, 1972~1977*, ed. Colin Gordon, New York: Pantheon, 1980; *Language, Counter-Memory, Practice: Selected Essays and Interviews*, ed. Donald F. Bouchard, Ithaca, New York: Cornell University Press, 1980.

그러나 푸코의 의도에 충실하고자 하는 것이 지금 나의 목적은 아니기 때문에, 여기서 이 문제를 다루지는 않겠다. 오히려 나는 푸코 자신이 많은 다른 사람들을, 그중에서도 특히 맑스를 역사화하고자 했던 것과 꼭 마찬가지로 푸코를 역사화하고자 한다. 푸코의 경우와 마찬가지로 나의 작업에서도 역사화는 문헌의 저자들이 사용할 수 없었던 범주들과 문제들을 고려하면서 문헌들을 다시 읽어 문헌들의 맥락을 새롭게 제시하는 것을 의미한다. 이런 의미에서 보자면, 나는 결국 푸코의 정신에 충실한 셈이 될 것이다.

그러면 포드주의적인 사회적 규제양식으로서의 훈육에 대해서 이야기해 보도록 하자. 우선 나는 포드주의의 뜻을 설명함으로써 이러한 가설이 가지는 의미가 무엇인지 설명해 보겠다. 내가 사용하는 '포드주의'라는 용어는 제1차 세계대전에서 공산주의 몰락에 이르는 '단기 20세기' 시기에 적용된다. 이 기간 동안 자본주의는 독특한 축적양식을 작동시켰으며, 이는 대량 산업생산, 대량 상품소비, 수직적으로 통합된 기업들에 의존하고 있었다. 그러나 포드주의는 단순히 경제에만 국한된 문제가 아니었다. 포드주의적인 축적기제는 그것을 촉진하는 사회·문화·정치 질서들에도 체현되어 있었고 또한 그것들에 의존하고 있었다. 제1세계에서 그러한 질서 중 하나가 가족임금 제도였다. 가족임금은 개인화된 가족단위 소비를 지향하도록 촉진하면서 노동시장을 새로운 젠더규범 및 가족규범들과 연계시켰다. 다른 하나는 광고, 대중매체, 대중적인 연예사업을 통해서 예견된 소비문화의 급속한 확산이었다. 중요한 것은 제1세계 포드주의의 가장 큰 특징이라고 할 수 있는 제도들이 제2차 세계대전이 종결되고 난 후에도 아직 충분히 발전하지는 못했다는 사실이다. 이런 제도들에는 노동을 국가단위 정치공동체의 주요 행위자로 포섭하는 '계급타협', 국가단위 시장을 안정화하고 국가 시민들에게 사회권을 부여하는 케인스주의적 복지국가, 앞서 언급한 바와 같이 국민국가에 국민경제를 조정할 능력을 부여해 주었던 국제 금융체계 등이 속한다. 마지막으로 이야기할 것은 국제 금융체계에 대한 지적이 보여 주는 바와 같이 포드주의는 국가의 경계를 따라서 조직된 국제적 현상이라는 것이다. 포드주의는 한편으로 식민지의(그리고 나중에는 탈식민지의) 노동력과 자원에 의존하면서 북대서양의 부유한 국가들에게 불균등한 이익을 가져다주었다. 이러한 포드주의는 제3세계에서의 민족주의적 열망과 그에 부응하는 제도적 형식들을 촉진하였다. 그 열망과 형식들을 실현하기 위해서 필요한 경제적이고 정치적인 능력들을 발전시킬 기회를 포드주의가 차단하고 있었음에도 불구하고 말이다. 포드주의 국면에서 중요한 또 한 가지 요인은 반파시즘과 반공주의였다. 열전과 냉전이 거의 중단 없이 지속된 한 세기 동안 포드주의 국가들은 사적인 산업과 공적인 재원을 통한 군수품 생산을 운명적으로 결합시켰다. 또한 포드주의 국가들은 한편으로 그들의 국가주권을 존중할 것을 서약한 국제기구들을 탄생시키기도 하였다. 그 결과 다면적인 사회적 형태가 출현하였다. 단순한 경제적 범주가 아닌 역사적으로 특수한 자본주의의 한 국면으로서의 포드주의는 국가단위 틀 속에서 대량생산·대량소비를 구현한 국제적 형태를 취하고 있었다.

　이런 식으로 이해된 포드주의가 도대체 푸코와 무슨 관계가 있다는 말인가? 이들 사이의 연관성을 설정하려면 우리는 포드주의가 단지 서로 조응하는 일련의 제도들에만 국한되는 것은 아니라는 점을 인정해야만 한다. 오히려 우리는 독특한 일련의 규제기제들이 그러한 제도들에 내재하고 있으며, 그것들이 공통적 정서(ethos)를 통해 그러한 제도들 전반에 스며들어 있다는 것을 인정해야 한다. 사회 전반에 폭넓게 확산된 이러한 작은 범위의 조정기술들은 '모세혈관'의 수준에서 사회적 관계들을 조직한다. 즉 공장과 병원에서, 감옥과 학교에서, 국가의 복지기관들과 사적인 가정에서, 공식적인 시민사회 단체들과 비공식적인 일상적 상호작용에서 이런 일들이 진행된다. 포드주의적 축적의 '미시정치적' 대응물이라고 할 수 있는 이러한 '통치성'의 관행들은 독특한 '정치적 합리성'을 구현하고 있다. 국가이성(raison d'état)으로도, 보편적인 도구적 이성으로도 환원될 수 없는 포드주의의 규제문법은 매우 심층적인 기저에서 지휘탑을 작동시킨다. 이러한 포드주의적 규제는 관습과 가치에 의한 '전통적인' 사회적 규제와도 마찬가지로 거리가 멀다. 개인들을 조직하고, 시간과 공간 내에 신체들을 배열하고, 그들의 힘들을 조정하고, 그들 사이에 권력을 전달하면서 이러한 통치성 양식은 전문적으로 고안된 통제논리에 따라 근본적인 사회적 관계들에 질서를 부과한다. 그 결과 역사적으로 새로운 사회적 규제양식이 나타난다. **포드주의적 양식은 국가단위로 제한된 대량생산·대량소비 사회에 적합한 것이었다.**

지금까지 나는 추상적으로 포드주의적 규제라는 개념을 묘사했다. 이제 나는 그것의 질적인 성격에 대해서 이야기해야만 한다. 포드주의에 적합한 통치성은 정확히 어떤 종류의 것인가? 질서를 부여하는 기제에서 그리고 정치적 합리성에서 그것이 가지고 있는 독특성은 무엇인가? 나는 훈육적 생명권력에 대한 푸코의 설명에 이에 대한 답이 있다고 생각한다. 그러나 이러한 주장은 심각한 문제를 야기하게 된다. 푸코적인 훈육에서 특별히 포드주의적인 것은 무엇인가? 나아가 푸코가 훈육에서 중요한 많은 계기들을 20세기 훨씬 이전에서, 즉 계몽주의 시대의 의료개혁에서, 제러미 벤섬(Jeremy Bentham)의 원형감옥에서, 19세기의 인구통계 활용에서 찾고 있다는 점을 우리는 어떻게 이해해야만 하는가?[3] 마지막으로 푸코가 범위의 문제를 전혀 주제로 다루지 않았음에도 불구하고, 그가 암묵적으로 훈육에 대한 자신의 분석을 국내적/국제적 관계망들에 관한 역사적으로 특수한 이해방식과

---

3) Michel Foucault, *The Birth of the Clinic: An Archaeology of Medical Perception*, trans. A.M.Sheridan Smith, New York: Pantheon, 1973; *Discipline and Punish: The Birth of the Prison*, trans. Alan Sheridan, New York: Pantheon, 1977; "Governmentality", *The Foucault Effect: Studies in Governmentality*, eds. Graham Burchell, Colin Gordon, and Peter Miller, Chicago: University of Chicago Press, 1991, pp.87~105.

연관시키고 있었다는 점을 우리는 어떻게 이해할 것인가?

우선 역사적인 문제부터 시작해 보자. 푸코가 18~19세기에서부터 훈육의 기원을 추적한 것은 분명한 사실이다. 그러나 그는 또한 '현재의 역사'를 쓰고 있다고 주장하기도 했다. 따라서 (그의 용어인) 계보학이라는 프리즘을 통해서 그의 초기 문헌들을 읽는 것이 정당하다고 나는 생각한다. 여기서 임상의학과 감옥은 초기는 물론 그 이후에도 규제관습을 잘 입증해 온 근거처럼 보인다. 이러한 규제관습은 20세기에 들어서 비로소 완전하게 발전되어 기능하면서 지배력을 가지게 되었다. 문헌적으로 지지받을 수 있는 이러한 독해법에 따르면, 훈육사회는 매우 오래전에 개발되었지만 분산된 별개의 제도들에 머물던 기술들이 일반적으로 확산된 이후에야 비로소 출현하게 되었다.[4] 포드주의의 도래와 더불어 비로소 훈육이 일반화되었으며 사회 전반의 상징적 표징이 되었다.

이러한 가설은 단지 역사적으로 그럴듯할 뿐만 아니라 우리의 다른 두 가지 질문들에 대해서도 약간의 단서를 제공한다. 즉 포드주의적 통치성의 질적인 특성과 범위의 문제에 대해서도 단서를 제공한다는 것이다. 특히 이러한 가설은 현재 푸코적 훈육으로 해석되고 있는 사회적 규제양식의 결정적인 세 가지 특성, 즉 전체화, 국가단위 틀 안에서의 사회적 집중, 자기-규제라는 특성을 보여 준다. 푸코의 용어를 통해서 해석된 이 각각의 특성들을 대체로 미국의 사례들을 통해 설명해 보도록 하자.

무엇보다 먼저 포드주의적 훈육은 **전체화**(totalizing)하는 것이다. 포드주의적 훈육은 이전에는 결코 계획적인 조직화에 종속된 적이 없는 많은 측면들을 포함하여 사회생활의 모든 주요한 측면들을 합리화하는 것을 그 목표로 삼았다. 통제에 대한 열정에 사로잡힌 헨리 포드(Henry Ford)의 경영

---

4) Foucault, *Discipline and Punish*.

진들은 공장의 생산뿐만 아니라 노동자들의 가족생활과 공동체생활까지도 합리화하려고 노력했다. 이러한 노력은 노동의 습관은 가정에서부터 시작된다는 전제하에 진행되었다. 마찬가지로 1910~1920년대 미국 개혁가들은 공중보건과 안전을 보증하기 위해 도시·주·연방 차원의 규제기관들을 설립하기 시작했다. 그와 동일한 시기 동안에 사회적인 전문지식을 합리화하기 위한 성문화된 문헌들도 확산되기 시작했다. 몇몇 예를 들면, 어린이 양육법, 가사관리('가정경제'), 사례별 사회복지 사업(casework), 심리치료(의학적인 것과 비전문적이고 대중적인 것), 산업심리학 등이 그것들이다. 그후에는 특수한 연령대를 목표로 하는 통제기관들(청소년법)과 몸-섭생법(성교법, 영양 프로그램, 체력단련 일정표)이 출현했다. 모든 것을 합리적 통제하에 복속시키려 하는 노력에는 어떤 사회적 영역이든 제한이 없다. 계획에 대한 포드주의적 열정은 대중문화의 유토피아적 공상들 속에서도, 특히 할리우드 영화의 정교하게 배치된 코러스 라인(chorus line)에서도 발견된다.[5]

　포드주의적 훈육은 전체화하는 것이었지만, 그럼에도 불구하고 그것은 **국가단위 틀 안에서 사회적으로 집중화된** 것이었다. 이것이 바로 그것의 두번째 특징이다. 시간이 흐르면서 이전에는 다양하게 분산되어 있던 훈육이 국민국가 내부의 새로운 사회적 공간으로 수렴되었다. 한나 아렌트(Hannah Arendt)와 푸코주의자인 자크 동즐로(Jacques Donzelot) 모두가 '사회적인 것'이라고 불렀던 것은 바로 사회적 통제기관들이 상호연결되는 중첩적 기구들의 긴밀한 망이었다.[6] 사회적인 것 안에서 노사관계, 사회복지 사업, 형사법, 공중보건, 교정기관들, 심리치료, 결혼상담, 교육 등의 영역들이 서로

5) Eli Zaretsky, *Secrets of the Soul: A Social and Cultural History of Psychoanalysis*, New York: Knopf, 2004.
6) Hannah Arendt, *The Human Condition*, Chicago: University of Chicago Press, 1958; Jacques Donzelot, *The Policing of Families*, trans. Robert Hurley, New York: Pantheon, 1979.

침투하게 되었고, 그것들 각각은 동일한 합리적 관행의 저수지로부터 끌려 나온 것들이었다. 그것들은 통치성에 관한 공통의 문법으로부터 자신들의 변형을 만들어 내었다. 푸코의 나라인 프랑스를 포함해 몇몇 나라들에서 이러한 훈육의 핵심은 대체로 국민국가라는 영역이었다. 미국과 같은 다른 나라들에서는 비정부기구들이 국가기관을 보완하면서 더 큰 역할을 수행하였다. 그러나 이 모든 경우에 사회적인 것은 국민국가와 연관되었다. 비록 푸코가 명시적으로 범위의 문제를 주제로 다루지는 않았지만, 그의 설명은 훈육적인 질서부여가 국가단위로 제한된다는 점을 가정하고 있었다.[7] 그의 관점에서 볼 때, 국가적이고 사회적인 것은 포드주의적 규제의 중심점, 즉 그것이 가장 압축적으로 고민되는 지점이자 그것을 보다 폭넓게 확산하기 위한 출발지점이었다. 바로 이 영역에서부터 포드주의적 훈육은 국가사회 전반에 암암리에 퍼져 나가면서 외부로 확산되었다. 그러나 사회적 집중은 상층부로부터 일방적으로 아래로 향하는 전통적인 피라미드식 명령과 같은 수직적 위계질서를 동반하지는 않았다. 오히려 훈육장치들은 국가적·사회적 공간 속에서 병치되어 지속되었으며 그 기관들은 동등하게 서로 협력하면서 경쟁하였다. 중간-계급의 전문가주의가 훈육장치들의 배경이 되었으며, 그들의 활동이 고도로 합리화된 것이었음에도 불구하고 거기서 그 기술의 실행자들은 상당한 재량권을 누리고 있었다. 그 결과 훈육권력들은 사회적으로 집중되었지만 여전히 그 범위에서는 국가라는 틀 내부에 배치되었다. 그리하여 푸코가 주장한 바와 같이 포드주의적 훈육은 체계적인 동시에 '모세혈관'과도 같은 것이 되었다.

---

7) 앤 로라 스톨러(Ann Laura Stoler)는 이러한 가정을 효과적으로 발굴하여 비판하였다. 그녀는 훈육과 생명권력에 대한 푸코의 설명에서 주제화되지 않았던 식민주의적 배경을 복원시켰다. 그녀의 책 *Race and the Education of Desire*, Chapel Hill, NC: Duke University Press, 1995를 참조하라.

포드주의적 훈육의 세번째 주요한 특성은 앞선 두 가지 특성들로부터 도출된다. 이러한 사회질서 부여양식은 대체로 개인적인 **자기-규제**를 통해 작동된다. 이것이 위계질서와 외적 강압에 대한 민주적 대안으로 미국의 사회학자 에드워드 로스(Edward Ross)가 1907년에 만들어 낸 "사회적 통제"라는 문구의 본래적 의미였다. 푸코가 강조한 것처럼 사회적 통제의 옹호자들은 내적인 자기-통치 능력을 갖추고 스스로 활동하는 주체들을 육성하고자 한다. 그러한 주체들이 외적인 권위에 직접적으로 종속된 주체들보다 더 합리적이고, 협력적이고, 생산적이라고 주장하면서 포드주의적 개혁가들은 새로운 조직형태들과 경영기법들을 고안해 냈다. 사무실, 공장, 사회복지 기관들에서 관리자들은 노동자와 고객의 목소리를 경청하고, 그들의 노력을 끌어내고, 그들의 자율적 행동범위를 확대시키라는 요청을 받았다. 다른 한편으로 공급 측면에서는 아동심리학자들, 교육학자들, 보육전문가들이 아이들을 사회화하는 기술을 개혁할 것을 제안했다. 자율적으로 자기-규제하는 미래의 시민을 양육하기 위해 그들은 어머니들이 필요한 음식을 제공하고, 아버지들이 신체적 체벌을 하지 말고, 선생님들은 규칙들의 합리적 근거를 설명하고 호기심을 키워 줄 것을 촉구했다. 결혼상담, 범죄자들에 대한 변경 가능한 형량선고와 같이 서로 이질적인 문제들에도 유사한 요망사항들이 고지되었다. 포드주의적 훈육의 전체적인 요지는 개인들을 '주체화'하고, 그들이 그들의 행동에 대해 스스로 책임을 질 수 있도록 하기 위해 자신의 내면을 언어적으로 표현하게 만드는 것이었으며, 이를 통해 스스로를 감시하는 그들의 능력을 증대시키고자 하였다. 개인들을 사회적 통제의 기관들로 효과적으로 징발해 내고, 동시에 그들의 자율성을 증대시킴으로써 포드주의적 훈육은 외적인 강압을 내적인 자기-규제로 대체하고자 했다.[8]

---

8) Zaretsky, *Secrets of the Soul*.

일반적으로 포드주의적인 훈육은 전체화하는 것, 국가단위 틀 안에서 사회적으로 집중화된 것, 자기-규제를 지향하는 것이었다. 그 결과 비록 국가단위에 제약되어 있었음에도 불구하고, 국가가 가진 제약들을 크게 넘어서는 통치성의 형태가 출현하게 되었다. 국가사회의 전반에 걸쳐 폭넓게 확산되어 있고, 억압적인 것이 아니라 생산적이며, 카리스마적인 것이 아니라 합리적인 이러한 통치성은 국가단위로 제약된 대량생산과 대량소비의 사회에서 '유용하고 (전적으로 그런 것은 아니라 하더라도) 다루기 쉬운 신체들을' 동원해 냈다.

물론 포드주의적 규제에 관한 이러한 준(quasi)푸코적 해석에 많은 비판이 제기될 수 있을 것이다. 먼저 이런 해석은 포드주의가 가진 진보적이고 해방적인 측면들을 소홀히 하고 있는 과도하게 악의적인 해석이라는 비판이 있을 수 있다. 특히 이런 해석은 사회적 통제가 사람들을 개인화하고 주체화하는 계기를 너무 무시하고 있으며, 자율성을 촉진하는 방향성을 너무 성급하게 표준화하는 규제로 환원시켜 버린다. 마지막으로 이런 해석은 그 자체의 비판적 힘을 확보하기 위해 그것이 정체를 폭로하고자 하는 휴머니즘적 규범들, 특히 자율성에 의존한다는 점에서 수행적 모순(performative contradiction)에 빠진다. 비록 과거에 내가 이런 비판들을 푸코에 대해 제기했고, 여전히 나는 그것들이 지금도 타당하다고 생각하지만, 여기서 이런 문제들을 다루지는 않겠다. 오히려 여기서 나는 다른 문제, 즉 훈육과 포스트포드주의 사이의 관계에 대한 문제를 제기하고자 한다. 이를 통해서 나는 내가 한때 '규범적 혼동'과 반대되는 푸코의 '경험적 통찰들'이라고 불렀던 것과 관련된 문제를 다루어 보고자 한다.[9]

---

9) Nancy Fraser, "Foucault on Modern Power: Empirical Insights and Normative Confusions," *Praxis International* 1, 3, 1981 Oct., pp. 272~287.

훈육에서 유연화로?

포드주의적 훈육에 관한 앞에서의 설명은 현재는 더 이상 유지될 수 없는 적어도 세 가지의 경험적 명제를 가정하고 있다. 첫째, 그러한 설명은 사회적 규제가 국가단위로 조직화되며, 규제의 대상은 국민국가의 보호하에 있는 국가단위 사회에 거주하는 국가 주민들이고, 국민국가가 국민경제를 운영하고 있다고 가정하고 있다. 둘째, 그러한 설명은 사회적 규제가 자본축적 체제에 대한 비시장적인 대응물을 구성하고 있으며, 사회적 규제는 '사회적인 것'의 영역에 집중되어 있고, 그러한 규제의 특징적 제도들은 (국가단위의) 사회적 복지국가를 구성하는 정부기구 및 비정부기구들이라고 가정하고 있다. 마지막으로 그러한 설명은 규제논리는 주체화하고 개인화하는 것이며, 개인들을 자기-규제 기관들로 만드는 그러한 규제는 개인들의 자율성을 촉진하는 동시에 그들을 통제에 종속시킨다고 가정하고 있다. 아니 좀더 정확히 말하자면 그러한 규제는 개인들을 통제하기 위한 수단으로 그들의 자율성을 촉진시킨다.

이러한 명제들이 포드주의 시기에는 진리였을지라도 오늘날 그것들은 의심스러운 것이 되어 버렸다. 1989년 이후 포스트포드주의적 지구화가 진행되면서 사회적 상호작용들은 점차로 국가의 경계를 넘어서게 되었다. 그 결과 사회적 관계에 대한 질서부여도 **탈국민국가화**(de-nationalization) 및 **초국민국가화**(transnationalization)에 상응하여 그 범위에서 중요한 변화를 겪고 있는 중이다. 과거와는 달리 사회질서는 더 이상 전적으로 국가단위의 문제가 아니며, 상이한 몇 가지 수준에서 동시에 창출되고 있다. 예를 들어 공중보건의 경우 국가단위에 기초한 기관들은 점차로 그들의 정책을 초국적 수준과 국제적 수준에 적응시키도록 요구받고 있다. 치안, 은행규제, 노동기준, 환경규제, 반테러 등에서도 이는 마찬가지이다.[10] 비록 국가단위 질서가 사라지고 있는 것은 아니지만, 그것의 규제기제들은 다른 수준의 규제 기제들과 (때로는 협력적으로, 때로는 경쟁적으로) 연결되면서 탈중심화되어 가고 있다. 따라서 현재 출현하고 있는 것은 새로운 유형의 규제구조, 지구 화된 통치성의 다층적 체계이다. 그러나 아직 그러한 규제구조의 완전한 윤 곽이 결정되어 있지는 않다.

동시에 규제는 **탈사회화**(de-socialization) 과정 역시 겪고 있다. 오늘날 지배적인 지위를 차지하고 있는 신자유주의적으로 변형된 지구화 과정 속 에서 고삐 풀린 대규모 자본의 초국적 흐름들은 국민경제의 조정이라는 케 인스주의적 기획을 좌절시키고 있다. 국가들이 투자를 유지하고 유인하기 위해 세금을 줄이고 '관료적 형식주의'(red tape)를 철폐하려고 고군분투하 는 과정 속에서, 이러한 경향은 포드주의적인 복지국가를 포스트포드주의 적인 '경쟁국가'로 변형시킨다.[11] 그 결과 '바닥을 향한 경주'는 시장이나 가 정에(결국은 여성에게) 떠넘기는 방식으로 사회복지를 사적인 차원으로 만 들어 버리기 위해 노력할 뿐만 아니라 **탈규제**에 관한 가지각색의 기획을 산 출한다. 그러한 기획들의 범위가 각 나라마다 다르기는 하지만, 그것의 전반 적인 결과는 이전의 포드주의적 훈육에서 핵심이라고 할 수 있었던 '(국가단 위의) 사회적인 것'의 영역을 파괴하려는 전 지구적 경향이 산출되는 것이 다. 사회적인 집중은 점차 약화되고 시장화와 가족화가 점증하게 되면서, 사 회질서를 부여하는 포스트포드주의의 절차들은 점차 특정한 영역으로 수렴 되지 않게 된다. 오히려 지구화는 사회적 규제의 새로운 풍경을, 즉 푸코가 염두에 둔 그 어떤 것보다도 사적이고 분산된 형태를 만들어 내고 있다.

---

10) Susan Strange, *The Retreat of the State: The Diffusion of Power in the World Economy*, Cambridge: Cambridge University Press, 1996.
11) Philip G. Cerny, "Paradoxes of the Competition State: The Dynamics of Political Globalization", *Government and Opposition* 32, 2, 1997, pp.251~274.

마지막으로 지구화에 직면해 포드주의적 훈육이 사라지게 되면서, 자기-규제에 대한 지향성 역시 소진되어 나간다. 점점 더 많은 사회화 작업이 시장화되면서, 포드주의의 노동집약적 개인화라는 핵심도 소멸하게 된다. 예를 들어 심리치료에서는 포드주의하에서 선호되었던 시간-집약적(time-intensive)이고 대화-지향적인 접근들은 점차로 보험 대상에서 배제되고 즉각적인 약물요법에 의해서 대체되고 있다. 나아가서 케인스주의적 국가조정의 약화는 실업의 확대와 재분배의 약화를, 따라서 불평등과 사회적 불안정성의 증대를 의미한다. 이로 인한 공백상태는 개인들의 자율성을 신장하려는 노력보다는 노골적인 억압에 의해서 채워지기가 쉽다. 따라서 미국의 경우 몇몇 관찰자들은 사회국가가 '감옥-산업 복합체'로 변형되고 있다고 말한다. 여기에서는 소수자 남성 청년들을 감금하는 것이 실업에 대한 정책으로 선호된다.[12] 게다가 문제가 되는 감옥들은 푸코가 기술한 휴머니즘적인 원형감옥과는 거의 아무런 공통점도 지니지 않는다. 이런 감옥의 운영은 종종 영리기업들에게 하청되며, 이런 감옥은 자기반성을 위한 실험실이라기보다는 인종적이고 성적인 폭력들, 즉 강간·착취·부패·에이즈·흉악범들의 온상이 된다. 만일 그런 감옥들이 포스트포드주의의 한 측면의 전형이라면, 포스트포드주의는 더 이상 개인적인 자기-통치를 통해서 작동되지 않는다고 할 수 있다. 여기서 우리는 억압된 것들의 귀환이 아니라 오히려 억압의 귀환에 직면하게 된다.

이러한 모든 측면들에서 포스트포드주의적인 지구화는 푸코적인 훈육과는 거리가 멀다. 그것은 국가단위로 제약되지 않고 다층적이며, 사회적으로 집중되지 않고 분산적이고 시장화되어 있으며, 자기-규제적이지 않고 점

---

12) Loïc Wacquant, "From Slavery to Mass Incarceration", *New Left Review* 13, 1/2, 2002, pp.41~60.

차로 강압적인 것이 되어 가고 있다. 이러한 차이들로 인해서 훈육사회는 이미 지나간 일이 되어 버렸다는 결론을 내리고 싶게 될 것이다. 장 보드리야르(Jean Baudrillard)를 따라서 "푸코를 잊어야" 한다고 선언하고 싶어질 수도 있을 것이다.

지구화된 통치성

그러나 이는 실수를 범하는 일이 될 것이다. 만일 현대사회가 포스트포드주의 사회이고 포스트훈육 사회라고 하더라도, 이러한 사회는 준푸코적 관점에서 유익한 방식으로 분석될 수 있다. 여기서 핵심은 현재 출현 중인 새로운 규제양식이 가지고 있는 독특한 질서부여 기제와 정치적 합리성이 무엇인지를 확인하는 것이다. 이는 지구화하는 통치성이라는 새로운 형식에 대해서 준푸코적 설명을 제공하게 될 것이다.[13]

내가 보기에 이 기획은 적어도 세 가지 중요한 요소들을 가지고 있다. 첫번째로 중요한 작업은 포스트포드주의적 규제의 초국적인 성격을 이해하는 일이다. 두번째 과업은 그것이 점점 더 분산되고 시장화된 통치성의 양상들에 의존하고 있는 상황에 대한 이론을 제시하는 것이다. 세번째 과업은 그것이 가지고 있는 독특한 정치적 합리성을 분석하는 것이며, 이는 그것이 개입하고자 하는 독특한 대상들, 주체화 양식들, 억압과 자기-규제의 혼합 등을 포함하게 될 것이다. 다행스럽게도 이 각각의 작업을 수행하는 데서 우리

---

13) 몇몇 해석가들은 푸코가 죽기 전에 이미 이러한 기획을 구상하고 있었다고 주장한다. 그들의 독해에 따르면 생명권력과 통치성이라는 푸코의 개념은 포스트포드주의적 규제양식의 요소들을 보여 주고 있다. 그러나 내가 읽는 방식에 따르면 이러한 개념들은 오히려 포드주의에 속하는 것들이다. 왜냐하면 그것들이 국민국가가 개입하는 대상들인 '복지', '인구', '안보'를 산출하기 때문이다. 따라서 내가 보기에 포스트포드주의적인 통치성을 이론화하는 중심 작업은 장차 수행되어야 할 과제다.

는 우리가 사용할 수 있는 선구적 작업들에 의존할 수 있다.

현 시대의 통치성이 가지는 초국적 성격은 지구화에 대한 많은 문헌에서 명시적인 주제로 다루어지고 있다. '정부 없는 협치'(governance without government)라는 제목하에 많은 학자들은 초국적 범위에서 작동하는 새로운 다층적 규제기구들의 윤곽을 제시하고 있다. 이러한 그림에서 사회질서는 더 이상 국가단위로 제약되지 않고, 국민국가와 연관되어 있지도 않으며, 조정을 위한 어떤 단일한 장소에 집중되어 있지도 않다. 오히려 통치성의 장소는 몇 가지 구별되는 기능들로 분산되어 분열되며, 몇 가지 구별되는 기관들에 부과된다. 이런 기관들은 몇 가지 구별되는 수준들에서, 즉 몇몇은 지구적이고 몇몇은 지역적이며 몇몇은 지방적인 국가 하부단위에 위치하는 수준에서 기능한다. 예를 들면 '인도주의적 개입들', '평화유지 기능', '테러와의 전쟁' 그리고 많은 다자주의적인 안보질서들로 인해서 군사 및 안보기능들은 분산되고, 재배치되고, 새로운 범위에서 지정된다. 마찬가지로 형사법과 치안기능들도 분리되고, 새롭게 분류되고, 새로운 범위에서 지정된다. 전범재판이나 국제형사재판소, '보편적 관할권'(universal jurisdiction), 국제경찰 등의 경우에서처럼 때로는 관련 기능들이 상층부로 이관된다. 또 때로는 부족 법원(tribal courts)이나 민영화된 감옥의 경우처럼 기능들이 하부단위로 이관되기도 한다. 한편 계약법에 대한 책임은 사업상 문제들을 해결하기 위한 사적인 초국적 체제가 출현한(즉 상인법[lex mercatoria]이 재등장한) 결과 새로운 범위에서 논의된다. 경제적인 조정기능들의 범위는 유럽연합, 북미자유무역협정, 남미공동시장(Mercado Comun del Sur)과 같은 지역단위의 무역블록 수준으로 상향 설정되며, 나아가 세계은행, 국제통화기금, 세계경제포럼(World Economic Forum)과 같은 공식적·비공식적인 초국적 기구들 수준으로 설정되기도 한다. 뿐만 아니라 하부단위로는 제한된 지방적 기관들도 존재하며, 이러한 기관들이 점차로 개발, 임금 및 세금 규제, 사회복지 제공의 책임을 떠맡고 있다. 일반적으로 우리는 새로운 다층적 통치성 구조의 출현을 목도하고 있으며, 이는 국민국가를 단지 여러 수준 중의 하나로 만들어 버리는 복합적 건축물이다.[14]

이 새로운 지구적 규제양식은 통치성의 상당한 확산을 야기한다. 선행했던 포드주의적 규제와 달리 포스트포드주의적 규제양식은 구조화된 제도적 공간들을 넘어서는 유연하고 유동하는 망들을 통해 '멀리서 통치하는' 경향이 있다.[15] 오늘날 사회질서는 더 이상 국민국가에 집중되어 있지 않으며, 국가, 초국적 기구, 초국적 기업, 비정부기구들, 전문단체와 개인들을 포함하는 분산된 집합체들의 권력과 의지를 통해서 작동한다. 예를 들면, 각 국가의 수준에서 준정부기구들(QUANGOs)은 이전에 국가가 담당했던 규제기능들을 흡수한다. 감옥, 공기업, 학교 등이 민영화되면서 선거를 통한 책임부과는 '공동체'의 위원회에서 진행되는 '당사자들'의 협상으로 대체된다.[16] 마찬가지로 국제적 수준에서는 때마다 달라지는 선출되지 않은 잡다한 명

14) Manuel Castells, "A Powerless State?", *The Power of Identity*, Oxford: Blackwell, 1996; Cerny, "Paradoxes of the Competition State"; Stephen Gill, "New Constitutionalism, Democratisation and Global Political Economy", *Pacifica Review* 10, 1, 1998 Feb., pp.23~38; Jürgen Habermas, "The Postnational Constellation and the Future of Democracy", *The Postnational Constellation: Political Essays*, trans. and ed. Max Pensky, Cambridge, MA: MIT Press, 2001, pp.58~113; Michael Hardt and Antonio Negri, *Empire*, Cambridge, MA: Harvard University Press, 2000; David Held, "Democracy and the New International Order", *Cosmopolitan Democracy: An Agenda for a New World Order*, eds. Daniele Archibugi and David Held, Cambridge: Polity, 1995, pp.96~120; James Rosenau, "Governance and Democracy in a Globalizing World", *Re-imagining Political Community: Studies in Cosmopolitan Democracy*, eds. Daniele Archibugi and David Held, Stanford: Stanford University Press, 1999, pp.28~57; Saskia Sassen, "The State and the New Geography of Power", *Losing Control?: Sovereignty in an Age of Globalization*, New York: Columbia University Press, 1995, pp.1~33; Strange, *The Retreat of the State*; Wolfgang Streeck, "Public Power beyond the Nation-State: The Case of the European Community", *States against Markets: The Limits of Globalization*, eds. Robert Boyer and Daniel Drache, New York: Routledge, 1996, pp.299~315.
15) Hardt and Negri, *Empire*.

사 집단이 매년 느슨하게 제도화된 다보스(Davos)에서의 토론을 위해 모여
들며, 초국적 사업에 대한 법적인 규제는 새로운 형태의 임시방편적이고 비
공식적인 중재에 넘겨진다. 그러한 중재들은 사적이고 임의적인 특성으로
인해서 공적인 조사를 면제받는다.[17] 그로 인해서 그 구성이 복잡하고 유동
적인 지배기구가 나타나게 되는데, 탁월한 국제관계 이론가인 로버트 W. 콕
스(Robert W. Cox)는 이를 "성운"(la nebleuse)이라고 불렀다.[18]

포스트포드주의의 통치성은 그것이 가진 모호한 성질에도 불구하고 우
리가 인지할 수 있을 만한 몇 가지 질적 특징을 보여 준다. 이 규제양식은 선
행한 규제양식보다 훨씬 더 많이 시장질서 기제에 의존하고 있다. 신자유주
의의 외양 속에서 포스트포드주의 규제양식은 사회복지에 경쟁을 도입하
고, 의뢰인들을 소비자로 변형시키고, 숙련된 전문가들을 시장의 훈련에 종
속시키는 등 경제적 합리성의 범위를 폭넓게 확대시키고 있다. 이러한 '탈국
가화된 통치성'의 체제하에서는, 회계감사관이 최전방의 훈육자로서의 사
회복지 전문가를 대체하는 것처럼 경제적 책임에 관한 형식적 기술들이 중
요한 복지정책들을 대체해 버린다.[19] 다른 한편에서는 바우처(voucher)들
이 공공사업을 대체하고 개인화된 '위기관리'가 사회보험을 대체하게 되면
서, 개인들은 그들의 삶에 대해서 새로운 수준의 '책임'을 떠맡게 된다. 시장

---

16) Nikolas Rose, "Governing Advanced Liberal Democracies", Peter Miller and Nikolas
    Rose, *Governing the Present: Administering Economic, Social and Personal Life*,
    Cambridge: Polity, 2008, pp. 199~218.

17) William E. Scheuerman, "Economic Globalization and the Rule of Law", *Constellations*
    6, 1, 1999, pp. 3~25; David Schneiderman, "Investment Rules and the Rule of Law",
    Constellations 8, 4, 2001, pp. 521~537.

18) Robert W. Cox, "A Perspective on Globalization", *Globalization: Critical Reflections*,
    ed. James H. Mittelman, Boulder, CO: Lynne Rienner, 1996, pp. 21~30; "Democracy
    in Hard Times: Economic Globalization and the Limits to Liberal Democracy",
    The Transformation of Democracy?: Globalization and Territorial Democracy, ed.
    Anthony McGrew, Cambridge: Polity, 1997, pp. 49~75.

19) Rose, "Governing Advanced Liberal Democracies".

기제들이 '사회적 통제'에 관한 포드주의적 기술을 대체하면서 인간 활동의 넓은 범위를 조직하게 된다. 결혼과 육아에 대한 결정조차도 시장에서의 혜택과 불이익과 뒤얽히게 된다.

그 결과 새로운 포스트포드주의적 주체화 양식이 출현하게 된다. 개인주의적으로 표준화된 빅토리아 시대의 주체도 아니고 집단적 복지와 관련된 포드주의적 주체도 아닌 새로운 통치성의 주체는 적극적으로 책임지는 행위자다. (시장에서) 선택하는 주체이고 서비스의 소비자인 이러한 개인은 그 자신의 결정을 통해서 자신의 삶의 질을 고양시켜야만 한다.[20] 이 새로운 '자기배려' 속에서 각자는 자신에 대한 전문가가 되며, 자신의 인적 자본을 최대한 효과적으로 관리해야 할 책임을 진다.[21] 이런 점에서 자기-규제에 관한 포드주의적 기획은 다른 수단을 통해서 지속되고 있다.

그럼에도 불구하고 포스트포드주의적 통치성 양식은 선행하는 양식과는 큰 차이가 있다. 포드주의적 규제는 지속적인 사회적 불평등에도 불구하고 암묵적으로 보편성을 열망하고 있었다. 푸코의 설명에서 규제가 개입하는 대상은 훈육된 개인일 뿐 아니라 '인구' 전체의 '일반적 복지'이기도 했다. 훈육적 표준화는 '생명권력'과 연계되었으며, 생명권력은 정복된 식민지를 배경으로 삼고 있기는 했지만 국가단위의 합병과 표준화를 계획했다.[22] 반면에 포스트포드주의적 통치성은 우리가 살펴본 바와 같이 국가단위 틀을 파열시켰다. 나아가서 이를 통해 포스트포드주의적 통치성은 동시에 국가단위 틀의 보편주의적 핵심도 포기한다. 그러나 그것이 자유방임의 원칙에 호소해서 진행된 것은 아니었다. 오히려 포스트포드주의적 규제는 새로운

---

20) 같은 글.

21) Colin Gordon, "Governmental Rationality: An Introduction", *The Foucault Effect: Studies in Governmentality*, pp.1~51.

22) 훈육과 생명권력에 관한 푸코의 설명에서 주제화되지 않은 식민주의적 배경에 대한 설명은 Ann Laura Stoler, *Race and the Education of Desire*를 보라.

형태의 (초국적) 분할을 확립했다. 대체로 주민에 대한 정보수집과 분류를 통해 기능하는 포스트포드주의적 규제는 효율성과 위험방지를 위해 개인들을 분리하고 분류한다. 능력 있고 경쟁력 있는 핵심들과 무능하고 경쟁력 없는 찌꺼기들을 분류하면서 포스트포드주의적 복지정책은 각각에 대해 상이한 생애경로를 구축했다. 그 결과 새로운 종류의 분화된 통치성이 등장하게된다. 어떤 사람들에게는 책임감 있는 자기-규제가 주어졌고, 다른 사람들에게는 노골적인 억압이 가해졌다. 이 '이중적 사회'에서는 과도하게 경쟁적이고 관계망 속에 완전히 포섭된 공간들이 배제되고 능력 없는 주변 공간들과 공존하게 된다.[23)]

앞에서의 서술은 단지 포스트포드주의적 통치성에 대한 몇몇 설명방식들을 조야하게 조망한 것에 불과하며, 앞으로 더 많은 작업들이 수행되어야만 한다. 이러한 연구를 위한 두 가지 추가적 방향들에 대해 지적하면서 논의를 마치고자 한다.

한 가지 흥미로운 가능성은 포스트포드주의에서 '관계망들'(networks)이 수행하는 질서부여 기능과 관련된다. 지구화와 관련하여 어디서나 언급되는 유행어인 '관계망'이라는 개념은 사회조직 형태와 의사소통의 하부구조 모두를 지시하고 있다. 관계망의 특징은 규칙에 의해서 지배되는 조직을 유연성, 확장 가능성, 탈중심성, 공간적 분산성과 연결시키는 그것의 능력에 있다. 사업의 경우 우리는 공급자, 도급업자, 중개상 등으로 이루어진 기업들의 다양한 초국적 연결고리를 보게 되며, 그러한 연결고리들은 수익성을 지향하는 '적기'(適期) 생산을 위해서 가볍고 손쉽게 변화되는 구조를 가지고 있다. 마찬가지로 오늘날 우리의 주요 관심대상인 정치, 종교, 범죄가 기이하게 교차하는 지점에서 우리는 테러리스트의 관계망에 직면하게 된다. 이것

---

23) Robert Castel, "From Dangerousness to Risk", *The Foucault Effect*, pp.281~298.

은 초국적이고, 탈중심화되어 있으며, 공간적으로 분산되어 있고, 지도자도 없는 것처럼 보이며, 적어도 국민국가처럼 규모가 큰 그 무엇에 의거해서는 그 위치를 파악할 수도 없다. 그렇지만 테러리스트들은 동시적인 대량파괴를 위해서 놀라울 정도로 잘 조직된 행위를 할 수 있으며, 비록 그들이 영원히 양자 사이의 구별을 제거하지는 못할지라도 지하드(jihad)를 위해 맥월드(McWorld)를 동원하고 있다.[24)

훈육적이고 푸코적이기보다는 리좀적(rhizomatic)이고 들뢰즈적으로 보이는 관계망들은 그럼에도 불구하고 포스트포드주의적 통치성의 새로운 수단으로 부상하고 있는 중이다. 지구화에 관한 비판이론가들은 그것들을 푸코적인 용어를 통해서 분석하려고 노력하는 것이 마땅할 것이다. 무엇보다 우리는 그것들이 보다 친숙한 규제기관들과 (경쟁적인 동시에 협력적으로) 결합하는 것을 고찰해야 할 것이다.

지구화에 관한 준푸코적 분석을 위한 두번째 후보자는 '유연화'라는 관련 개념이다. 지구화와 관련하여 도처에서 사용되는 또 다른 유행어인 '유연화'는 사회적 조직화 양식과 자기-구성 과정 모두를 나타내고 있다. 더 정확히 말하자면, 사회적 조직화 양식과 연관되어 있으며, 그로부터 발생하고, 그것을 모방하는 것이 바로 자기-구성 과정이다. 유연화의 특징들은 유동성, 잠정성, '단기'적인 시간적 지평이다. 관계망이 공간에 대해서 가지는 관계는 유연화가 시간에 대해서 가지는 관계와 같다. 따라서 우리는 사업의 세계에서 적기 생산을 위한 유연전문화를 대면하게 된다. 우리는 또한 리처드 세넷(Richard Sennett)이 묘사한 '유연한 남성들'(그리고 여성들)을 대면하게 된다. 그들은 직업과 경력을 수시로 바꾸고, 걸핏하면 이동하며, 그들의 동료

---

24) Benjamin R. Barber, *Jihad vs McWorld: Terrorism's Challenge to Democracy*, New York: Ballantine Books, 1996; Manuel Castells, *The Rise of the Network Society*, Oxford: Blackwell, 1996; Hardt and Negri, *Empire*.

관계나 우정은 '단기'적인 지평에 적합하게 정리되고, 그들의 자아는 하나의 유의미하고 정합적이며 포괄적인 삶의 서사로 구성되지 않는다.[25] 그러한 유연한 자아들은 푸코가 기술한 주체화되고 동일화하는 자아들보다 더 분산적이며 포스트모던적인 것처럼 보인다. 그러나 그럼에도 불구하고 유연한 자아들은 적어도 '유능한 계급들'의 경우에서는 자기-규제를 위한 중요한 새로운 수단으로 부상하고 있다. 따라서 비판이론가들은 유연한 자아들 역시 준푸코적 분석의 대상으로 삼아야만 한다. 비판이론가들은 무엇보다 자기-통치를 통한 사회적 통제의 기획 그리고 심지어는 개인적 자율성이라는 것이 포드주의 이후에도 새로운 모습으로 지속될 수 있을지를 밝혀내기 위해 애써야 할 것이다.

이러한 모든 분석에서 우리는 훈육은 바로 왕이 부재한 상황에서 권력이 어떻게 작동하는가 하는 질문에 대한 푸코의 대답이었다는 점을 기억해야 한다. 물론 오늘날 그의 답변은 더 이상 설득력이 없지만 그것이 전부는 아니다. 보다 어려운 것이기는 하지만, 그의 질문 자체는 군주정이 몰락한 뒤 오랫동안 사회적 규제를 조직화해 왔던 국가라는 틀이 탈중심화된 이후에 권력은 어떻게 작동하는가라는 질문으로 새롭게 정식화되어야만 한다. 우리가 신자유주의적 지구화 시대의 새로운 통치성 양식을 이해하고자 하는 한 이보다 더 도움이 되는 질문을 정식화하기는 어려울 것이다. 내가 보기에는 이러한 노력을 기울이는 것이야말로 지난 세기의 가장 독창적이고 중요한 사상가들 중 한 사람에게 존경을 표하는 가장 적합한 방식이다.

---

25) Richard Sennett, *The Corrosion of Character: The Personal Consequences of Work in the New Capitalism*, New York: Norton, 1998.

8장 지구화 시대의 인류에 대한 위협들
: 21세기에 대한 아렌트적 성찰들

한나 아렌트(Hannah Arendt)는 20세기 중반의 대재앙에 대한 위대한 이론 가였다. 나치의 유대인 대학살의 여파 속에서 저술활동을 했던 그녀는 이 가장 암울했던 역사적 시기에 문제가 되었던 것이 무엇인지를 우리가 이해할 수 있도록 해주었다. 그녀의 눈으로 볼 때, 나치수용소들은 자발성이라는 본질적인 인간의 능력과 다원성이라는 고유한 인간의 조건에 대한 가장 극단적인 부정을 보여 주었다. 결국 아렌트가 보기에 수용소들은 계시적인 성격을 가지고 있었다. 나치 지배체제는 인간 그 자체를 불필요한 것으로 만들어 버리는 기획을 극단까지 밀고 나감으로써 그 시대의 보다 폭넓은 특징이라고 할 수 있는 현상, 즉 인류를 위협하는 흐름들을 가장 첨예하고 극단적인 방식으로 형상화했던 것이다.

아렌트는 다른 곳에서도 역시 이러한 흐름들을 탐지해 냈다. 예를 들면 스탈린주의에서도 그녀는 인간 생활을 대규모로 새롭게 가공하고자 하는 유사한 시도를 발견해 냈다. 스탈린주의 역시 하나의 견해가 전체를 지배하도록 노력하면서 공적 공간을 말살하고 개인성과 다원성을 위협했다. 그러나 이것만이 전부는 아니었다. 소위 '자유세계'에 대한 비판을 질식시키기 위해서 뒤늦게 전체주의에 관한 아렌트의 생각들을 차용했던 냉전의 전사들과는 달리, 그녀는 1950년대의 민주적 '대중사회'에 내재하는 일종의 원형적인 전체주의적 결정체들 혹은 준전체주의적 결정체들 역시 발굴해 냈다. '사회적인 생계유지'(social housekeeping)로 인한 정치의 소멸, 여론을 조작하고 인구를 관리하기 위해 실행된 과학기술들에 의한 공적 공간의 식민화 등이 그 사례들이다. 나치즘, 스탈린주의, 민주적 대중사회 사이에 존재하는 커다란 차이를 무시하지 않으면서도, 그녀는 민주적 대중사회 역시 인간 존재의 근본조건들에 대한 구조적 위협을 제기하고 있다는 이단적인 생각을 유지하고 있었다. 그 결과 20세기의 고유한 악(惡)들과 인류가 가지는 취약성에 관한 원대한 견해가 출현하게 되었다.

이러한 분석들의 많은 세부사항들은 분명히 우리가 숙고해 볼 만한 가치가 있는 것들이다. 그러나 나는 이런 수준에서 아렌트의 사상에 접근하고자 하지 않는다. 내가 관심이 있는 것은 그러한 세부사항들의 근저에 놓여 있는 보다 폭넓은 진단이다. 아렌트의 관점에서 볼 때, 20세기의 고유하고도 특징적인 대재앙은 두 가지의 중요한 역사적 흐름들이 운명적으로 수렴하는 데에서부터 발생하였다. 이 중 하나의 흐름은 국민국가의 위기였다. 국민국가의 위기는 제국주의의 확장 논리로 인한 공간적 한계에서부터 시작되었다. 이러한 위기는 국가적이고 범국가적인 강력한 맹목적 애국주의, 낙인찍힌 연약한 소수자들, 정치적 구성원 자격을 박탈당하고 이로 인해서 '권리를 가질 권리'까지 박탈당한 보호받지 못하는 무국적자들을 산출했다. 또 다른 하나의 흐름은 정치에 전체주의적이고 근본적으로 반정치적인 시각이 침투한 것이었다. 이러한 시각은 제임스 스코트(James Scott)가 "국가적 시각"(seeing like a state)이라고 명명한 것과 유사한 것이었다.[1] 인간 세계의

---

1) James Scott, *Seeing Like a State: How Certain Schemes to Improve the Human Condition Have Failed*, New Haven: Yale University Press, 1998.

상위에 그리고 외부에 존재하는 지휘탑(commanding heights)에서 바라보는 신의 관점을 취하는 이러한 시각은 인간을 결정론적이고 전체주의적인 틀을 위해서 이용되는 소재들로 만들어 버렸다. 그러한 시각은 인간의 다원성과 자발성을 단지 무시한 것만이 아니다. 그것의 존재이유 자체가 바로 그러한 다원성과 자발성을 제거하는 데에 있었다. 국민국가의 위기가 지휘탑에서 바라보는 전체주의적 관점과 결합된 결과, 새로운 형태의 악과 인간에 대한 위협이 나타났다.

아렌트의 분석은 그녀의 시대를 사유 속에서 포착하고자 했던 탁월한 노력이었다. 당대의 가장 끔찍하고 혼란스러운 현상들에 주목하면서 그녀는 그러한 현상들 속에 존재하는 새로운 것 혹은 전대미문의 것이 무엇인지를 이해하고, 이를 통해 과거의 공포들로 환원될 수 없는 것들은 무엇인지를 이해하고자 했다. 그녀 자신이 이러한 목표를 명확히 밝히고 있었다. "과거와 미래 사이의" 공간에 거주하고자 하였던 그녀는 역사적인 동시에 현재에 충실한 사유방식을 자기-의식적으로 발전시키고자 하였다.

나는 이런 태도야말로 아렌트의 사유가 가진 가장 강력한 힘이며, 21세기에 우리가 따라야 할 가장 가치 있는 태도라고 생각한다. 우리 시대 역시 현재를 역사화하고, 미래에 그러한 위험이 도래할 것을 막고자 하는 희망 속에서 현재의 독특한 위험을 진단하는 이론에 의해서 해명될 수 있을 것이다. 어떤 점에서는 푸코의 경우와 유사한 이러한 태도는 장차 정치이론에 활력을 불어넣기 위해 단지 중요할 뿐만 아니라 매우 필수적인 것처럼 보인다.[2]

그럼에도 불구하고 나는 단순히 그녀의 일반적 접근법만을 받아들이기 위해서 아렌트 사유의 역사적 제한성만 고집하지는 않을 것이다. 거기서 더

---

2) 21세기에 푸코 사상이 가지는 중요성을 이와 유사한 방식으로 다룬 작업으로는 이 책의 7장 「훈육에서 유연화로?: 지구화의 그림자 속에서 푸코 다시 읽기」를 보라.

나아가 나는 현재와 관련된 그녀의 사유의 중요성에 대해 보다 세밀하게 사유해 보고자 한다. 나는 다음과 같은 질문을 던져 보고자 한다. 만일 아렌트가 20세기의 독특한 대재앙에 관한 이론을 제시했다면, 그녀의 진단은 21세기의 우리 앞에 어렴풋이 등장하고 있는 대재앙들과는 어떤 관련이 있는가? 인류에 대한 오늘날의 위험들도 여전히 자발성과 다원성을 제거하려는 기획들로부터 기인하는 것인가? 그리고 그 위험들 역시 여전히 국민국가의 위기와 국가적 시각의 경향이 숙명적으로 결합하는 데서 기인하는 것인가?

나는 이 질문들 각각에 대해서 긍정과 부정의 답이 동시에 가능하다고 생각한다. 한편으로 현재 우리의 위기는 아렌트의 분석을 단순히 연장하려는 모든 시도들을 불가능하게 만들 만큼 20세기 중반의 위기들과는 충분히 차이가 난다. 다른 한편, 그럼에도 불구하고 그녀가 확인했던 심층적인 동학은 오늘날 힘을 결집하고 있는 인류에 대한 새로운 위협들을 해명해 줄 수 있다. 일반적으로 말하자면 내가 제안하는 접근은 다음과 같은 것이다. 우리는 아렌트의 분석을 성급하게 거부하려 해서도 안 되고 맹목적으로 보존하려 해서도 안 된다. 우리는 오히려 21세기에 인간성을 부정하는 새로운 양태들을 해명하기 위해서 그녀의 사유를 창조적으로 변형시켜야만 한다.

따라서 이하에서 나는 그 어떤 경건한 신앙심도 없이 아렌트의 지속적인 중요성을 입증하고자 노력할 것이다. 먼저 나는 재앙의 동학에 대한 그녀의 진단이 여전히 우리 시대의 특징들을 해명해 주는 힘을 가지고 있다는 점에 주목하고자 한다. 분명히 9·11과 그 영향은 국민국가의 위기와 '국가적 시각'의 경향 사이의 상호결합을 통해서 풍부하게 분석될 수 있다. 한편으로, 극단적으로 새로운 형태를 취하게 된 초국적인 정치적 이슬람주의의 발흥은 중동 및 그 외의 지역에서 근대적이고 세속적인 민족주의가 실패한 것에 대한 응답이며, 이러한 실패는 낡은 형태의 제국주의와 새로운 형태의 제국주의로부터 기인하는 것이었다. 나아가서 알 카에다와 그 분파들은 아렌트가 『전체주의의 기원』(*The Origins of Totalitarianism*)에서 국민국가의 붕괴로부터 그 뿌리를 찾았던 반정치적인 '범'(汎) 운동들과 기이한 유사성을 가지고 있다. 다른 한편, 9·11에 대한 부시 행정부의 대응, 특히 이라크에 대한 끔찍한 침공과 점령은 가상적이며 반정치적이고 전체주의적인 시선에 대한 대표 사례이다. 현실을 자신의 의지에 따라서 주조하려고 하고 자발적으로 행동하는 인간의 능력을 부정하면서, 부시 행정부는 드러난 세계 여론과는 정반대로 그리고 국제법을 극악하게 파괴하면서 자신만의 길로 나아갔다. 이런 점에서 부시 행정부의 행위는 국민국가의 위기와 지휘탑에서 바라보는 시선 모두를 포함하고 있다. 서로를 자극하는 '성전론'(jihadism)과 '테러와의 전쟁'이라는 기획들은 자동 폭발장치에 함께 묶여 버리게 되는데, 이런 상황은 비록 아렌트 자신은 전혀 상상할 수 없었던 인간에 대한 새로운 형태의 위협을 야기하고 있기는 하지만 아렌트의 진단의 핵심적인 측면들을 반복하고 있다.

이러한 현재의 상황들이 아렌트의 진단의 중요한 측면들에 조응한다면, 다른 상황들은 그녀의 분석을 넘어서고 있다. 그러한 '탈아렌트적' 상황의 하나가 바로 세계시민주의에 대한 관심의 부활을 동반한 국제 인권체제의 출현이다. 비록 불완전하기는 하지만 국제 인권체제가 출현했다는 것만은 부정할 수 없는 사실이다. 다른 하나는 다원성에 대한 새로운 평가다. 아렌트가 이론적 대상으로 삼았던 민족적이고 개인적인 다원성뿐만 아니라 젠더, 섹슈얼리티, 다문화주의와 결합된 형태들을 포함하는 다양한 다원성의 형태들이 출현하게 되었다. 또 다른 한 가지는 분할 불가능하고, 영토적으로 제약되며, 국가에 집중되어 있는 주권에 관한 베스트팔렌적 이해방식을 대체하려는 노력들이다. 주권은 이제 지구화에 의해 불안정해지고 있으며, 따라서 이러한 노력들은 영토적 한계를 넘어 다양한 차원에서 정치적 책임을 공유하는 새로운 형태들을 통해 기존의 주권을 대체하고자 한다.

아렌트적이고 탈아렌트적인 형태들이 결합된 이러한 21세기의 상황을 어떻게 이해할 것인가? 세계시민주의, 다원주의, 탈베스트팔렌주의의 새로운 흐름들은 마침내 국민국가의 위기를 해결하고 지휘탑에서 통치하고자 하는 충동을 좌절시킬 만큼 충분한 힘을 획득했는가? 아니면 지휘탑에서 통치하고자 하는 경향이 이러한 새로운 흐름들을 압도하고 흡수하고 있는 것인가? 이런 질문들이 오늘날 가장 흥미로운 정치이론들 대부분의 틀을 형성하고 있다는 것이야말로 아렌트가 여전히 중요하다는 사실을 보여 주는 척도이다. 이 질문들에 대한 견해들이 매우 상이함에도 불구하고, 많은 사려 깊은 관찰자들은 우리의 21세기 현재를 과거와 미래 사이에 위치시키고자 할 때 의식하든 하지 않든 간에 아렌트적 동기에 호소하고 있는 것이다.

한편에는 위르겐 하버마스나 데이비드 헬드(David Held) 같은 이들이 서 있으며, 그들은 세계시민주의, 다원주의, 탈베스트팔렌주의와 같은 탈아렌트적 흐름들에 희망을 걸고 있다. 이 이론가들의 입장에서 이러한 발전들은 아렌트가 분석했던 재앙의 동학으로부터의 탈출구를 보여 주고 있다. 예를 들면 하버마스는 지구화와 관련해 점증하고 있는 이주가 많은 사람들의 윤리적이고 정치적인 자기-이해를 변형시키고 있다는 데 주목한다. 이러한 상황으로 인해 한편으로는 방어적인 토착주의자(nativist)의 저항이 발발하지만, 다른 한편으로는 차이와 혼성성(hybridity)에 대한 새로운 관심 역시 나타나고 있다. 방어적인 첫번째 반응은 아렌트가 분석했던 새로운 무국적자와 인간성으로부터의 배제의 가능성을 환기시킨다. 반면에 두번째 반응은 그러한 배제의 동학을 종식시킬 수 있을 것 같은 다원성 안에서의 공존이라는 새로운 형태를 환기시킨다. 또한 이 두번째 반응은 국민국가가 시대에 뒤떨어진 것이 될 수도 있다는 점을 보여 주고 있다. 지난 세기의 헤르더적 가정들 대신에 이제 우리는 민족이 '상상의 공동체'로서 사회적으로 구성된 것이라는 자각에 직면하고 있다. 원형적 공동체에 대한 이러한 회의를 통해 모든 정치공동체 내부에서 다원성에 대한 새로운 이해가 출현하고 있다. 한편에는 민족적 기원의 다원성, 종교의 다원성, 종족의 다원성, 언어의 다원성이 존재하고, 다른 한편에는 젠더와 섹슈얼리티의 다양성이 존재한다. 그리고 이러한 이해들은 다시 동질성을 요구하지 않는 방식으로 정치공동체를 새롭게 이해하고자 하는 노력들을 만들어 내고 있다. 그 결과 새로운 정치적 기획이 출현하였고, 이러한 기획은 민족과 국가 사이의 연결점을 해체하고자 하며, 나아가서 정치공동체를 민족(nationality)과 분리시키고자 한다.[3]

이 기획은 결코 그 자체로 문제가 없는 것은 아니지만, 그럼에도 불구하고 아렌트가 구상한 바를 훨씬 능가하는 것이다. 예를 들어 하버마스는 종족 민족주의(ethnonationalism)를 '헌법애국주의'로 대체할 것을 제안한다. 이경우 시민들의 연대성은 더 이상 이미 존재하는 것으로 간주되는 내용적 동질성에 의존하지 않게 된다. 오히려 시민적 연대성은 "갈등을 의사소통적으로 극복하는" 과정에서 출현한다.[4] 이러한 기초 위에서 민주적 입헌국가들은 이제 새로운 자유주의적 자기-이해를 발전시키게 된다. 공동체 내부의 차이들에 민감한 민주적 입헌국가들은 일반적인 용어들로, 즉 이주자들이나 소수 민족들을 2등 시민으로 만드는 것을 피할 수 있을 만큼 충분히 중립적인 용어들로 법률을 제정할 수 있게 된다. 그러한 태도들은 그들의 영토 내에 거주하지만 시민이 아닌 사람들의 권리까지 보호할 수 있는 방식으

3) Jürgen Habermas, "Struggles for Recognition in the Democratic Constitutional State", *Multiculturalism: Examing the Politics of Recognition*, ed. Amy Gutmann, trans. Shierry Weber Nicholsen, Princeton, NJ: Princeton University Press, 1994, pp.107~165; "The European Nation-State: On the Past and Future of Sovereignty and Citizenship", *The Inclusion of the Other*, eds. Ciaran Cronin and Pablo de Grieff, trans. Ciaran Cronin, Cambridge, MA: MIT Press, 1999, pp.105~128; "The Postnational Constellation and the Future of Democracy", *The Postnational Constellation: Political Essays*, trans. and ed. Max Pensky, Cambridge, MA: MIT Press, 2001, pp.58~113.
4) Jürgen Habermas, *Between Facts and Norms: Contributions to a Discourse Theory of Law and Democracy*, trans. William Rehg, Cambridge, MA: MIT Press, 1996, p.308.

로 발전할 수도 있을 것이다. 나아가 이런 논증은 이 경우 아렌트가 진단한 재앙의 동학이 중단될 것이라 주장한다. 시민으로 완전히 포섭된 소수자 성원들은 (탈민족화된) 정치공동체의 구성원 자격을 얻을 것이며, 이러한 공동체는 그들에게 권리를 가질 권리를 보증하게 될 것이다. 또한 외국인들 역시 그들의 기본적 권리를 보호받을 수 있을 것이다. 종족민족주의와 달리 헌법애국주의는 더 이상 무국적자와 잉여 인간들을 만들어 내지 않을 것이다.[5]

이러한 주장에 대해서 아렌트가 어떤 생각을 할지 상상해 보는 것도 흥미로운 일이다. 나는 그녀의 응답은 이중적인 것이 될 것이라고 생각한다. 한편으로, 그녀 자신이 의사소통적으로 산출된 연대성에 대해서 공화주의적 열정을 가지고 있었다는 점을 고려한다면, 그녀는 종족민족주의에 기초한 정치공동체로부터 헌법애국주의에 기초한 정치공동체로의 전환을 분명히 찬성할 것이다. 그러나 다른 한편으로, 그녀는 이러한 접근이 소수자의 보호를 다수자의 지속적인 자유주의적 자기-이해에 의존하게 만든다는 점에도 주목하게 될 것이다. 그리고 다수자의 자기-이해가 변화할 수 있기 때문에 이러한 보호가 연약한 것이라는 사실에도 주목하게 될 것이다. 이런 경우 종족민족주의로의 후퇴가 일어날 수 있으며, 무국적자와 인간성으로부터의 배제라는 20세기의 동학이 다시 반복될 수도 있을 것이다.[6] 따라서 아렌트의 입장에서 보면 소수자들이 권리를 가질 권리를 가질 수 있도록 해주는 최상의 보호장치는 그들이 자신만의 국가를 가지는 것이다. 그녀의 관점에서 볼 때 인권의 회복은 "오로지 민족적[국가적] 권리의 회복 혹은 확립을 통해서만" 가능하다.[7] 따라서 그녀는 비록 자신의 분석을 통해 이미 국민국

---

5) Jürgen Habermas, "Struggles for Recognition in the Democratic Constitutional State"; "The European Nation-State".

6) Christiane Wilke, "Habermas, the Alien, and the Escape to Cosmopolitanism", 미출판원고.

7) Hannah Arendt, *The Origins of Totalitarianism*, new edition with added prefaces, New York: Harcourt Brace Jovanovich, 1973, p.299.

가가 어디로 귀결될지를 명확하게 보여 주었음에도 불구하고 국민국가를 부활시키고자 하는 충동을 가지게 될 것이다.

그러나 다행스럽게도 국민국가의 부활만이 헌법애국주의만으로는 불필요한 무국적자들이 산출되는 것을 막아내기에 불충분할 수 있다는 합당한 우려에 대한 유일하게 가능한 응답은 아니다. 내가 보기에 이보다 더 전망이 있는 것은 세계시민적 수준으로의 이행인데, 잘 알려져 있는 바와 같이 아렌트는 이를 유토피아적인 것이라고 생각하였다. 1951년에 『전체주의의 기원』을 저술하면서 그녀는 "당분간 국가를 넘어서는 영역은 존재하지 않을 것이다"라고 주장했다.[8] 이러한 정식화에서 특별히 흥미로운 것은 '당분간'이라는 표현인데, 그 이유는 이 표현이 21세기의 세계시민주의자들이 매우 고무적이라고 생각하는 인권보호 체제의 출현과 같은 새로운 발전 가능성의 여지를 남겨 두고 있기 때문이다. 아렌트와는 달리 세계시민주의자들은 국가를 매개로 하지 않는 방식으로 개인에게 실질적인 국제법적 지위를 부여하는 것을 염두에 두고 있다. 따라서 그들은 새롭게 부상하는 이와 같은 형태의 '세계시민권'을 헌법애국주의에 대한 보완물로 이해한다. 이는 헌법 애국주의가 실패하는 경우에도 무국적자나 잉여 인간이 만들어지는 상황을 방지할 수 있을 것이다.[9] 탈베스트팔렌적 세계질서를 옹호하는 세계시민주의자들은 국가주권을 국제 법정에, 지구적 인권법의 강제하에 그리고 최악의 경우에는 인도주의적 개입에 종속시키고자 한다.[10]

물론 오늘날 우리는 이 모든 것들에 도달하기에는 아직 너무도 멀리 있

---

8) 같은 책, p.298.
9) Jürgen Habermas, "Kant's Idea of Perpetual Peace, with the Benefit of 200 Years' Hindsight", *Perpetual Peace: Essays on Kant's Cosmopolitan Ideal*, eds. James Bohman and Matthias Lutz-Bachmann, Cambridge, MA: MIT Press, 1997, p.304; "The Postnational Constellation and the Future of Democracy", p.105 이하; Wilke, "Habermas, the Alien, and the Escape to Cosmopolitanism".

다. 더욱이 현재의 상황 속에서 이러한 방향을 향해 나아가는 우리의 망설이는 발걸음들은 심각하게 남용되고 있다. 추상적으로는 전적으로 정당화될 수 있는 인도적 개입들은 재빠르게 편협한 국익을 추구하는 강대국의 음모로 전환된다. 마찬가지로 그 자체로는 전적으로 적합한 것이지만, 국제적인 전범의 기소는 『예루살렘의 아이히만』(*Eichmann in Jerusalem*)의 저자가 잘 이해하고 있었던 바와 같이 손쉽게 승자의 정의라는 혐의를 받게 된다. 물론 이러한 의심들은 세계 유일의 초강대국이 인도주의적 개입이 필요한 경우에는 그것을 일방적으로 결정할 권리를 주장하고 동시에 자신들의 전쟁범죄에 제기할 수 있는 모든 국제적 기소에 대해서는 일괄적인 사전 면제 조항을 주장하는 상황으로 인해서 더욱 강화되고 있다.[11]

이런 우려들 때문에 몇몇 관찰자들은 세계시민주의에서 단지 제국을 은폐하는 가면만을 발견하게 된다. 국가주권을 넘어서려는 움직임이 가지고 있는 부정적 측면에만 전적으로 집중하는 이런 사상가들은 아렌트가 확인했던 대재앙의 자원들이 우리 시대에 명백해진 보다 희망 찬 발전들을 충분히 흡수해 버릴 만한 힘을 가지고 있다고 주장한다. 지휘탑에서 바라보는 전체주의적 관점이 가지는 지속적 힘들에 각별히 주목하면서, 그들은 공산주의 몰락이 가지는 세계사적 함의를 검토할 것을 우리에게 촉구한다. 이러

---

10) Jürgen Habermas, "Bestiality and Humanity: A War on the Border between Legality and Morality", *Constellations: An International Journal of Critical and Democratic Theory* 6, 3, 1999, pp.263~272; "Dispute on the Past and Future of International Law: Transition from a National to a Postnational Constellation", 미출판원고, World Congress of Philosophy, Istanbul, 2003 Aug..

11) Allen Buchanan, "From Nuremberg to Kosovo: The Morality of Illegal International Legal Reform", *Ethics* 111, 4, 2001, pp.673~705; Habermas, "Bestiality and Humanity"; "Dispute on the Past and Future of International Law"; Michael Ignatieff, *Human Rights as Politics and Idolatry*, Princeton: Princeton University Press, 2001, pp.3~100; David Rieff, *Slaughterhouse: Bosnia and the Failure of the West*, New York: Simon & Schuster, 1995.

한 관점에서 중요한 질문은 다음과 같은 것이다. 우리가 정말로 탈전체주의적인 세계에서 살고 있는가? 먼저 파시즘의 몰락이, 다음으로는 공산주의의 몰락이 정말로 공적 세계를 파괴하고 인간을 불필요하게 만드는 과도한 전체주의 기획들의 종말을 의미하는 것인가? 아니면 또 다른 그러한 기획이 새로운 도약을 기다리고 있는 것인가?

나는 이러한 질문들에 접근하는 세 가지 상이한 방식이 있다고 생각한다. 첫번째 접근은 아렌트가 분석한 고전적 전체주의의 새로운 형태들에 주목한다. 이에 관한 오늘날의 최고의 사례는 폴 버먼(Paul Berman)의 논쟁적인 저작인 『테러와 자유주의』(*Terror and Liberalism*)이다. 이 책은 21세기 초의 극단적인 정치적 이슬람주의를 유럽의 파시즘과 많은 유사성을 갖는 일종의 고전적 전체주의로 분석하고 있다. 버먼의 주장에 따르면, 파시즘과 마찬가지로 알 카에다와 그 분파들은 상상된 과거로 돌아가며, 내부와 외부의 적을 찾아내는 데 집착하고, 사생활이나 자유로운 결사의 공간을 전혀 허용하지 않는 절대주의적 법률에 기초하여 전체주의적 사회체계를 제도화하고자 한다.[12]

이러한 분석은 매우 선동적으로 아렌트의 분석을 연상시킨다. 그러나 나는 이런 분석이 아렌트 사유의 심층적인 정신을 부정하고 있다고 확신한다. 새로운 현상들을 친숙한 과거의 모델에 성급하게 동화시키면서 버먼은 그것이 가지는 진정한 새로움을 놓치고 있다. 알 카에다의 지적 자원들을 유럽적인 문화적 근대성 내에 위치시키면서 그는 이슬람주의가 호소력을 가지게 되는 사회적 자원을 설명하는 것을 게을리한다. 결국 버먼은 이슬람주의를 파시즘에 유비하면서 '우리'와 '그들' 사이의 심층적인 공통성을 부정

---

12) Paul Berman, *Terror and Liberalism*, New York: Norton, 2003. 이와 관련되기는 하지만 덜 발전된 논증으로는 Christopher Hitchens, "Of Sin, the Left and Islamic Fascism", *The Nation*, 2001.09.24.

하게 된다. 그 결과는 버먼 자신이 비판하고자 했고 아렌트가 진정으로 혐오했던 일종의 음모적 사유를 정확히 반복하는 것이다.

그러나 다행히도 버먼의 방법만이 21세기의 새로운 전체주의의 가능성을 검토하는 유일한 방법은 아니다. 두번째 접근은 위로부터의 지배를 지향하지만 전통적 형태들과는 구별되는 새로운 준전체주의적 기획들에 대해 성찰한다. 존 그레이(John Gray)의 1998년 저작 『거짓 여명』(*False Dawn*)과 마이클 하트(Michael Hardt)와 안토니오 네그리(Antonio Negri)의 『제국』(*Empire*)이 정치적으로는 정반대 입장에 서 있는 두 사례라 할 수 있다.

아렌트보다는 이사야 벌린(Isaiah Berlin)에게서 더 많은 영향을 받은 그레이는, 그럼에도 불구하고 오늘날 인간의 자발성과 다원성이 어느 모로 보나 공산주의만큼이나 오만하고 자유를 위협하는 전체주의 기획에 의해서 위협받고 있다고 주장한다. 시장을 그것의 사회문화적 틀로부터 떼어 내고, 모든 국가의 특수성들을 유린하면서, 모든 곳에 단일한 '자유시장 사회'를 강요하려는 기획이 바로 그것이다. 더 나아가 그레이에 따르면, 이러한 기획은 자연스럽게 생겨날 수 있는 것이 아니다. '자연스럽다'라는 자유시장에 대한 이데올로기적 위장과는 반대로 '자유시장 사회'는 오직 엄청난 사회공학적인 노력을 통해서만 탄생한다. 따라서 그레이가 보기에 이러한 기획은 새로운 준전체주의적 체계를 대표하고 있으며, 이러한 체계는 국가보다는 시장에 집중하지만 여전히 전체주의적이며 다원성을 파괴하는 것이다.[13]

반대로 하트와 네그리는 현재 국가 중심적인 베스트팔렌적 질서를 대체하고 있는 중인 지구적 협치체제의 부상 속에서 새로운 전체주의적 지배체계의 형상을 식별해 낸다. 당연히 이 준전체주의 체제는 초국적인 기업 자

---

13) John Gray, *False Dawn: The Delusions of Global Capitalism*, New York: New Press, 1998.

본에 대한 민주적이고 정치적인 통제를 차단하고 있는 새로운 지구적 경제 질서를 지배하는 제도들을 포함하고 있다. 그러나 더 놀라운 것은 이 준전체 주의적 지배체제가 부상하는 인권체제——하버마스나 헬드 같은 이론가들이 지지하고 있는——와 같은 세계시민적 제도들까지 포함하고 있다는 것이다. 하트와 네그리가 보기에 이 **모든** 새로운 지구적 제도들은 민주적 책임성을 결여하고 있으며, 지구적 엘리트들의 이익에 봉사하고 있다. 따라서 그것들 역시 지휘탑에서 바라보는 관점을 채택하고 있는 새로운 준전체주의적 체계를 기획하고 있을 뿐이다.[14]

흥미로운 것은 한편의 그레이, 다른 한편의 하트와 네그리 모두가 아렌트적인 전체주의와는 매우 상이한 통제구조를 가정하고 있다는 점이다. 그들 모두는 지배가 나치나 스탈린주의의 당-국가 체제와 같은 강력하고 확인 가능한 중심에 의해서 직접적으로 제도화되지는 않는다고 보고 있다. 오히려 지배는 탈중심화된 기구들에 의해서, 즉 한 경우에는 시장에 의해서, 다른 경우에는 다양한 협치기구들의 망에 의해서 간접적으로 제도화된다. 따라서 위협의 원천은 아렌트가 분석한 경우보다 더 교묘하고 잡아내기 어렵다. 그럼에도 불구하고 그러한 기획들의 결과가 전적으로 상이한 것은 아니다. 한편에서는 그레이가 다른 한편에서는 하트와 네그리가 설정하고 있는 것은 거의 전면적이라고 할 수 있는 통제체계이며, 그러한 통제체계의 확장 논리는 모든 가능한 대안들을 추방해 버린다. 또한 시장의 자유나 세계시민 적 민주주의라는 수사법에도 불구하고 두 경우 모두에서 실질적인 결과는 인간의 자발성을 사회적 결정의 거짓 필연성에 종속시키는 것이다. 따라서 이 두 입장 모두는 잉여 인간을 산출할 그것들의 잠재력에 주목하면서, 새로

---

14) Michael Hardt and Antonio Negri, *Empire*, Cambridge, MA: Harvard University Press, 2000.

운 사회현상들의 심층 문법을 아렌트와 유사하게 탐구해 볼 필요가 있음을 효과적으로 보여 주고 있다.

그럼에도 불구하고 이 두 입장 중 그 어느 것도 아렌트의 최고의 작업이 보여 주는 통찰력을 지니고 있지는 못하다. 왜냐하면 양자 모두 과장되고 오도된 접근이기 때문이다. 그레이는 자본주의의 다원성을 보존하는 데 몰두함으로써, 결국 미국의 패권에 대한 비민주적인 대안들을 정당화하게 되었다. 하트와 네그리는 구성적 '다중'의 자발적 저항에 대한 환상으로 인해서, 민주주의적 실천과 그것의 제도적 조건에 대해서 아무것도 인정하지 못하게 되었다.[15] 뿐만 아니라 이 두 책은 21세기의 지배형태들이 가지는 체계적이고 전체주의적인 성격을 과장하고 있다. 이 책들은 해방적인 반대경향들과 모순적이고 대립적인 요소들을 쉽게 은폐할 수 없는 경우, 그런 것들을 그저 체계의 내적 규칙으로만 해석할 뿐이다.

과도하게 체계화되고 과도하게 전체화된 분석을 피하기 위해 우리는 아마도 준아렌트적인 우리의 질문에 대해서, 즉 우리가 정말로 탈전체주의적인 세계에 살고 있는가 하는 질문에 대해서 또 다른 접근방식을 취해야만 할 것이다. 이 세번째 접근은 그 자체가 본질상 전체주의적이라고는 할 수 없는 정치적 기획들에 내포되어 있는 준전체주의적 계기들을 확인하기 위해서 노력하게 될 것이다. 명백하게 찬동할 만한 사회적 경향들 속에도 숨어 있는 잠재적 위험성들을 경고하면서, 이 세번째 접근은 그러한 경향들 내부에 존재하는 긍정적 측면과 부정적 측면의 상대적 무게들을 정확하게 측정

---

15) Maeve Cooke, "The Immanence of 'Empire': Reflections on Social Change for the Better in a Globalizing World", *The Politics of Recognition: Explorations of Difference and Justice*, eds. Baukje Prins and Judith Vega, Amsterdam: Dutch University Press, 근간; Andreas Kalyvas, "Feet of Clay?: Reflections on Hardt's and Negri's *Empire*", *Constellations: An International Journal of Critical and Democratic Theory* 10, 2, 2003, pp. 264~279.

하기 위해서 노력할 것이다. 그러나 중요한 것은 그러한 정치적 기획들 각각을 분리하고 서로로부터 고립시켜 분석하지 않는 것이다. 이 세번째 접근은 그들 사이의 상호작용의 동학을 드러내 주어야 할 것이다. 이러한 접근은 시대의 전체적인 지도를 작성하면서, 그 시대의 가장 강력한 대안 기획들을 확인하고 그러한 기획들이 패권을 다투는 보다 넓은 힘의 장이 어디인가를 확인하게 될 것이다.

그렇게 되면 이러한 접근은 최소한 원형적인 전체주의 형태들을 각각 다음과 같은 형식들로 발굴하게 될 것이다. (1) 현재 지구화에 의해 변형되고 있는 기존의 자유민주주의 사회들, 특히 그 정치문화가 준전체주의적 조작(造作)들에 취약한 것으로 입증된 미국과 같은 국가들. (2) 부상하는 탈베스트팔렌적 협치구조들. 이는 최근 신자유주의를 촉진하고 있는 지구적 경제에 대한 협치구조뿐 아니라 원칙적으로 세계시민적 민주주의를 확장하고 있는 국제법상의 변화상황들 모두를 포괄한다. 물론 이 양자 사이의 차이를 무시해서는 안 될 것이다. (3) 명백히 퇴행적인 '범' 운동들, 이는 정당하고 반제국주의적인 불만의 신비화된 형태 역시 포함하며, 이슬람 근본주의뿐만 아니라 유대교적이고 기독교적인 정치적 근본주의 역시 포함한다. (4) 국제 여성운동, 환경운동, 세계사회포럼과 연결된 신자유주의적 세계화 반대운동과 같은 명백히 해방적인 초국적 운동들. 이들은 엘리트적 편향을 포함할 수도 있고, 그 자체의 민주적 열망에 항상 부합하지 않을 수도 있다. 이 각각의 경우 분석의 목표는 원형적 전체주의 형태들과 반전체주의 형태들 사이의 정확한 혼합 비율을 확인하고, 이를 통해 우리가 전자를 경계하고 후자를 육성할 수 있도록 도움을 주는 것이다.

이러한 접근의 근본가정은 두 가지다. 한편으로 이러한 21세기의 정치형태들 중 그 어느 것도 그 자체로는 전체주의적이지 않다. 다른 한편으로 그것들 중 어느 것도 준전체주의적 형태를 가지지 않는 것은 없다. 따라서 이러한 기획들은 '전체주의'라는 용어 대신 '원형적 전체주의'나 '준전체주의'와 같이 완화된 표현형태들을 사용하는 것을 선호하는 접근에 의해서 가장 잘 이해될 수 있을 것이다.[16]

　　이것이 아렌트의 유산을 이어 가는 가장 적합한 방법인지는 의심스럽다. 그러나 이런 방식으로 우리는 20세기의 위험에 대한 그녀의 설명에 견줄 만하게 21세기의 위험들에 관해서 이론적으로 성찰해 나가기 시작할 수는 있을 것이다. 그러한 위험들의 복잡성이나 미묘함을 손상시키지 않으면서 말이다. 인류에 대한 오늘날의 위협들을 그런 식으로 야심 차고 섬세하게 분석하지 못하고 있는 상황으로 인해서 21세기는 여전히 아렌트를 기다리고 있다. 그녀가 곧 찾아오기를 함께 기대해 보도록 하자.

---

16) 이 점에 대해서 나는 리처드 J. 번스타인(Richard J. Bernstein)에게 빚지고 있다.

9장 틀의 설정에 관한 정치

: 케이트 내시·비키 벨과 낸시 프레이저의 대담

비키 벨 최근 작업에서 당신이 시도하고 있는 것은 이미 일어난 어떤 일들을 기술하고 있는 것이라고 말할 수 있을까요? 혹은 당신은 새롭게 출현하고 있는 무엇인가에 대해 모종의 지지를 표명하고 있는 건가요? 아니면 혹시 당신은 당신의 작업을 통해서 어떤 변화를 이루어 내고자 애쓰고 있는 건가요? 내 생각에 이것은 '(정치)이론가의 역할은 무엇인가?'라는 질문과 동일한 질문입니다.

낸시 프레이저 간단하게 답을 한다면 나는 내가 그 모든 것을 하고 있다고 생각합니다. 그리고 나는 당신의 질문의 근저에 놓여 있는 문제가 비판이론가의 역할에 대한 이해와 관련되어 있다는 사실에도 동의합니다. 결국 중요한 것은 당신이 제기한 다양한 역할들을 어떻게 서로 올바르게 연결시킬 것인가 하는 것입니다. 내 생각을 역사적인 사실들과 대조하면서 설명해 보도록 하겠습니다. 처음 글을 출간하기 시작한 1980년대 초에 나는 신사회운동, 특히 여성주의의 제2의 물결과 연결된 활동가적 환경에 여전히 한 발을 걸치고 있었습니다. 이 시기에 이론과 실천의 관계는 상당히 유동적인 것처럼 보였습니다. 당시에는 정치적 실천으로부터 산출된 문제들을 다루는 것, 그리고 비록 직접적으로가 아니라 다양한 중간 매개를 거치기는 하겠지만 우리의 성찰이 일반 대중에게 다시 전달되어야 한다고 믿는 것이 당연하다고 생각했습니다. 따라서 적어도 두 종류의 상이한 공중에게 동시에 글을 쓰는 것이 가능하다고 생각했습니다. 한편으로 우리는 주류 이론의 패러다임을 비판하고 그것들의 이데올로기적 왜곡과 맹점을 폭로하면서 동료 학자들에게 글을 쓸 수 있었습니다. 다른 한편으로 우리는 그들의 열망을 체계적으로 표현해 주고 그것을 실현하기 위한 제안들을 평가하면서, 우리가 소속되기를 원했던 사회운동에 관여할 수 있었습니다. 이러한 계획들을 통합해 주었던 것은 이론적 명료성과 정치적 확신이 함께하는 포괄적 정신이었습니다. 거기에는 정치적 목적들은 명확하며 그것들을 실현하기 위한 길들은 열려 있다는 무언의 생생한 느낌이 존재하고 있었습니다. 그렇지만 오늘날의 상황은 이와는 다릅니다. 그 주된 이유는 전반적인 정치적 전망이 매우 암울하기 때문입니다. 물론 해방운동들은 여전히 존재하지만, 그 역량은 신자유주의와 맹목적 애국주의라는 두 가지 힘들로 인해서 왜소해져 있습니다. 뿐만 아니라 이전의 명료함은 (하버마스의 표현을 빌리자면) '새로운 불투명성'으로 전환되었고, 그 속에서 진보적 흐름들은 현재 질서의 대안에 관한 정합적 전망을 상실하였으며, 설령 그러한 전망이 존재한다고 하더라도 그것을 실현할 수 있는 방법에 관한 그럴듯한 각본을 가지고 있지 못합니다. 물론 이러한 역사적 전환에는 여러 가지 이유들이 있지만 내 생각에 전반적으로 중요한 것처럼 보이는 단 한 가지 이유만을 언급하고자 합니다. 그것은 바로 지구화의 새로운 부상입니다. 지구화는 제한된 영토국가가 정의의 질문들을 다루는 데 적합한 틀이며 정의를 성취하기 위한 투쟁을 수행하는 데 적합한 공간이기도 하다는 생각, 즉 과거에는 당연한 것으로 간주되어 온 생각을 뒤흔들고 있습니다. 그러한 상식적 생각들이 초국적화와 관련된 강력한 경험들로 인해 약화되면서 초기 비판이론과 정치적 실천에 토대를 제공했던 많은 가정들이 의문시되고 있습니다. 울리히 벡(Ulrich Beck)이 "방법론적 국가주의"라고 불렀던 것은 이제 더 이상 통용될 수 없는 것으로 입증되었습니다. 이런 상황에서 이론과 실천 사이의 생산적 관계를 유지하는 것은 더욱 어렵게 됩니다. 관계의 양 항이 구조변화를 겪고 있기 때문에, 그것들 각각에 대해서 새롭게 생각할 필요가 있습니다.

결론은 현재 내가 나의 최근 작업들을 통해 당신이 언급한 모든 일들을 동시에 진행하고자 노력하고 있다는 것입니다. 내 작업의 한 가지 목표는 정치적 주장들의 새로운 문법을 기술하는 것입니다. 거기서 문제가 되는 것은 단지 정의에 관한 일차원적 문제들만이 아닙니다. 거기서는 일차원적 문제들에 대한 틀을 어떻게 설정한 것인가와 관련된 메타-질문들 역시 다루어집니다. 새로운 담론지형을 그려 나가면서 나는 즉각적인 실천적 문제들로부터 거리를 두고 관찰자의 입장에 서게 되었습니다. 그리하여 나는 분배, 인정, 대표에 관한 오늘날의 논쟁을 일종의 '비정상적(abnormal) 정의'로 파악할 것을 제안했습니다. 이런 상황에서는 '누구를 당사자로 간주할 것인가'에 관한 공유된 이해처럼 그간 당연한 것으로 간주되던 '정상적 정의'의 요소들이 논란의 대상이 되어 버립니다. 그러나 동시에 나는 내가 보기에 해방적 변혁에 관한 우리의 최고의 희망들을 담지하고 있는 것처럼 보이는 사회운동들이 가지고 있는 열망들을 해명하기 위해서도 노력하고 있습니다. 참여자 관점에 보다 근접한 이러한 역할을 하고 있는 한에서, 나는 나 자신이 이러한 운동들에 유용한 개념과 정식들에 관한 이론을 제시하기 위해서 애쓰고 있다고 봅니다. 여기에는 몇몇 사회적 행동가들이 이미 행하고 말하는 것을 체계적이고 개념적으로 분명하게 제시하는 일도 포함됩니다. 이에 관한 한 사례가 **잘못 설정된 틀**에 관한 나의 설명입니다. 이것은 메타-부정의의 한 유형을 나타내기 위해서 내가 고안한 용어입니다. 이러한 부정의는 정의에 관한 일차원적 질문들이 누군가를 고려대상에서 부당하게 배제하는 방식으로 틀이 설정될 경우 발생합니다. 분배 문제에 관한 국가단위의 틀 설정이 지구적 빈곤층의 요구를 은폐하는 경우가 한 사례가 될 것입니다. 비록 그들 자신이 이 용어를 사용하지는 않지만, 지구화와 관련된 많은 활동가들은 내가 보기에 암묵적으로 이러한 생각에 의존하고 있습니다. 그들의 가정을 명시적으로 드러내고 그것에 이름을 붙임으로써 나는 그들이 사용할 수 있는 정당화 수단들을 풍부하게 하려고 노력하고 있습니다. 그렇지만 이것이 전부는 아닙니다. 비록 내가 담론구조들을 기술하고 함축적 요구들을 명시적인 것으로 만들고 있기는 하지만, 나는 또한 좌파적 사유나 실천의 비생산적 형태들을 비판하는 데 기여하는 시대진단 역시 제공하고 있습니다. 그한 사례가 정치적 요구가 재분배에서 인정으로 변화한 것과 관련된 나의 진단입니다. 최근 들어 이러한 전환은 좌파에게 도움이 되지 않는 것으로 판명되었습니다. 이런 경우 나는 이미 실행된 일들에 관한 나 자신의 견해를 제시합니다. 결국 당신이 구별한 세 가지 목표 모두가 나의 최근 작업에서 결합되고 있습니다. 이 모든 목표들의 결합은 비판이론가의 역할에 대한 복합적 이해를 내포하고 있습니다. 나는 그것을 다음과 같이 요약할 수 있을 것입니다. 비판이론가는 명확한 당파적 입장을 가지고 특정한 상황에 처해 있는 사상가이지만, 그럼에도 불구하고 그는 현존하는 사회적 투쟁들과 역사적으로 부상하는 해방의 가능성들 사이의 가능한 연관관계들을 드러내고 그것을 촉진하기 위해서 상대적으로 거리를 두는 성찰을 실천해 나갑니다.

케이트 내시 『뉴 레프트 리뷰』(*New Left Review*)에 게재된 논문, 「지구화하는 세계에서의 정의에 대한 새로운 틀의 설정」에서 당신은 인정 및 재분배 문제와 더불어 대표의 문제에 대해서도 언급하고 있습니다.[1] 이는 당신의 작

---

1) 이 논문은 이 책의 2장으로 재출판되었다.

업에서 이루어진 새로운 발전입니다. '대표'라는 단어는 애매하며, '틀'에 관해서 논의하면서 당신은 그 단어를 상징적인 의미로 사용하고 있는 것처럼 보입니다. 그렇지만 당신은 또한 어떤 방식으로는 분명히 그 단어를 민주주의와도 연관시키고 있습니다. 상징적인 대표 개념과 집단에 대해 모종의 책임을 질 것을 요구하는 대표 개념 사이의 관계에 대해서 좀더 이야기해 주시기 바랍니다.

프레이저 좋은 질문이군요! 논의의 배경을 설명하기 위해, 먼저 정의의 세번째 차원으로 정치적 대표를 도입한 것이 이차원적인 나의 본래 틀에 대한 중요한 개정이라는 사실을 지적해야 할 것입니다. 처음 나의 이론을 발전시키던 10여 년 동안 나는 종종 "정치적인 것을 도입하는 것은 어떨까요?"라고 묻는 독자들을 만났습니다. 이에 대한 나의 답변은 항상 다음과 같았습니다. "아! 그렇지만 분배와 인정 양자가 권력불균형 및 종속구조와 관련되기 때문에 분배와 인정 모두가 정치적이라는 사실을 알지 못하겠습니까? 정치적인 것은 이미 거기에, 즉 (부)정의의 경제적이고 문화적인 차원들에 내재하고 있습니다. 정치적인 것을 분리된 차원으로 따로 다룰 필요는 전혀 없습니다." 그렇지만 마음속으로 나는 그런 답이 충분하지 못한 것일 수도 있다고 우려하고 있었습니다. 그래서 1990년대 초 나는 본래 이론에 대한 나의 생각들을 다듬어 나가기 시작했습니다. 만일 그 시기의 나의 글들을 본다면, 당신은 다음과 같은 정식들을 많이 발견하게 될 것입니다. "내가 보기에 정의는 최소한 두 차원, 즉 경제적 재분배와 문화적 인정의 차원을 가지고 있다. 그러나 내가 여기서 제시하지 않은 세번째 차원, 즉 정치적 차원이 존재할 가능성 역시 존재한다."

　정치적인 것을 독자적인 범주로 도입할 필요성이 있을지도 모른다고 처음으로 고민하기 시작하던 당시에 나는 정치학자들을 사로잡은 다음과 같은 문제들에 대해서 생각하고 있었습니다. 원칙적으로 주어진 정치공동체에 포함된 모든 사람은 정말로 동등한 발언권을 가지고 있는 것일까? 모든 사람이 동등한 자격으로 정치적 삶에 완전하게 참여할 수 있을까? 우리가 알고 있듯이 전형적인 정치학자들은 그러한 질문을 정치적 의사결정 규칙에 관한 문제들로 취급합니다. 그들은 상이한 선거체계가 정치적 발언권에 미치는 영향들을 연구하면서 비례대표제와 승자독식제, 단순다수제가 각각 상대적으로 가지고 있는 장점들을 평가합니다. 그러나 내가 관심을 가지고 있던 것은 그런 기술적 문제가 아니라 그 배후에 놓여 있는 보다 큰 문제였습니다. '불평등한 분배와 무시의 효과와는 독립적으로 대표라는 것이 그 자체로 정의롭지 못한 것일 수 있을까?'라는 질문이 나를 괴롭혔는데, 왜냐하면 나는 항상 사회적 삶에 동등하게 참여하는 것을 제도적으로 방해하는 것을 부정의로 파악해 왔기 때문입니다. 내 사고 틀에서 보자면 각각의 제도적 장애물의 유형들은 (부)정의의 차원에 상응합니다. 따라서 항상 내게는 동등한 참여를 방해하는 상이한 장애물들을 구별하는 것이 중요했습니다. 처음부터 내게는 동등한 참여를 방해하는 경제적 장애물과 문화적 장애물이 존재할 수 있다는 것(그리고 존재한다는 것)이 명백해 보였고, 그래서 나는 처음에 정의를 이 두 차원을 통해서 이해했던 것입니다. 그렇지만 이후에 나는 불평등한 분배나 무시가 없는 경우에도 동등한 참여를 방해하는 정치적 장애물이 있을 수 있는지 자문하기 시작했습니다. 예를 들면, 상대적으로 공정한 분배와 상호인정이 존재하는 상황에서 작동하는 선거체계가 이데올로기적 소수자들을 영원히 침묵하게 할 수 있을지를 자문했습니다. 만일 그렇다고 한다면, 이는 대표 그 자체가 부정의라는 것을 의미하게 될 것입니다. 시간이 지나면서 나는 그런 독특한 정치적 부정의가 사실상 가능하다고 믿게 되었습니다.

그러나 이런 생각이 나의 이론적 틀 속에서 대표를 정의의 세번째 차원으로 도입하게 된 결정적인 계기는 아니었습니다. 의사결정 규칙들은 일반적으로 제한된 정치공동체라는 확립된 틀 내부에서 발생하는 일차원적인 정치적 부정의와 관련됩니다. 그렇지만 나의 주된 관심은 정치적 공간을 제한된 정치공동체들로 분할한 결과 발생하게 되는 메타-수준의 부정의와 관련된 것입니다. 주권을 가진 (것으로 간주되는) 국가들 사이의 국제체제가 지구적 빈곤층의 희생을 대가로 정치적 공간을 왜곡하는 것이 이에 대한 한 사례가 될 수 있을 것입니다. 지구적 빈곤층의 요구들을 완전히 실패한 것은 아니라고 하더라도 상대적으로 힘이 약한 국가들의 내부 정치공간에 제한시킴으로써, 이러한 국제체제는 지구적 빈곤층으로부터 해외에서 그들의 빈곤을 야기하고 있는 세력들에 도전할 수단을 박탈해 버립니다. 그로 인해서 초국적 범죄자들은 비판이나 통제를 벗어날 수 있게 됩니다. 내가 결국 과감하게 정의의 정치적 차원을 나의 틀 속에 도입할 결심을 하게 만든 결정적 요인은 지구화에 대한 현재의 투쟁들의 핵심 대상, 즉 잘못 설정된 틀로 인해서 야기되는 메타-부정의들에 대한 나의 관심이었습니다.

물론 이 모든 것들은 배경에 대한 설명일 뿐입니다. 이제 나는 내가 왜 이러한 차원을 명명하기 위해 **대표**(representation)라는 용어를 선택했는지를 설명해야만 합니다. 고백하건대 한 가지 동기는 재분배(redistribution) 및 인정(recognition)과 첫 음절(re)을 맞추기 위해서였습니다. 또 다른 이유는 당신이 지적한 바와 같이 그 용어가 가지고 있는 다의성, 즉 상징적 틀과 정치적 발언권이라는 의미들을 이용하기 위해서였습니다. 나에게 중요한 것은 그러한 두 의미 모두에 의존하고 그 두 의미들 사이의 관계를 드러내는 방식으로 정의의 정치적 차원을 이해하는 것입니다. 왜냐하면 내가 생각하기에 정의의 정치적 차원은 두 수준으로 구성되어 있기 때문입니다. 한편으로 나는 대표라는 용어를 통해서 내가 막 언급한 선거규칙들과 관련된 익숙한 질문들을 다루고자 합니다. 이 일차원적 수준에서 대표는 정치적 발언권 및 민주적 책임성이라는 직접적인 의미를 가지고 있습니다. 이런 의미의 대표는 내가 **일상적인 정치적 대표불능**이라고 불렀던 우리에게 친숙한 정치적 부정의와 관련됩니다. 이러한 부정의는 이미 원칙적으로 제한된 정치공동체에 포함되어 있는 사람들이 동등하게 참여하는 것을 제도적으로 부정하는 것을 의미합니다. 다른 한편으로 나는 대표라는 용어를 통해서 경계들 및 틀들과 관련하여 새롭게 나타나고 있는 (부)정의에 관한 문제들도 다루고자 합니다. 이 메타-수준에서 대표라는 용어는 제한된 정치공동체들을 포함하고 있는 보다 넓은 공간의 배치상태에 주목하게 하며, 이를 통해서 거기에 참여할 수 있는 자격을 부여받은 범위 안에 누가 포함되고 누가 배제되는가 하는 문제에 주목하게 합니다. 대표라는 용어가 가지고 있는 상징적인 의미를 환기시키는 이 두번째 수준은 잘못 설정된 틀로 인해 야기되는 부정의에 상응합니다. 이러한 부정의는 내가 말한 바와 같이 정치적 공간의 분할이 가난하고 멸시받는 사람들로부터 그들이 자신들을 억압하는 힘들에 도전할 기회를 박탈하는 경우에 발생합니다. 잘못 설정된 틀이라는 이 두번째 생각에서 대표라는 용어가 가지는 두 가지 의미가 수렴합니다. 정치적 공간이 정의롭지 못한 틀에 의해서 규정되어 있다면, 그 결과는 '고려'대상에서 배제된 사람들의 정치적 발언권을 부정하는 것입니다. 그러므로 대표라는 용어는 상징적인 틀의 설정과 민주적 발언권의 상호교차와 관련됩니다. 정의의 정치적 차원을 명명하는 용어로서 대표는 우리가 틀에 관한 문제를 정의에 관한 문제로 파악할 수 있도록 해줍니다.

벨 어느 정도는 나 역시 틀에 관해서 논의하고자 하기 때문에 이어서 다음 질문을 하도록 하겠습니다. 나는 정의와 틀에 관한 질문과 관련하여 일종의 '그래서 어쨌다는 것인가?'라는 방식의 질문을 하고자 합니다. 당신에 대한 질문을 준비하고 있을 때, 나는 미셸 칼롱(Michel Callon)의 작업에 관한 세

미나를 준비하고 있던 중이었는데, 그 역시 틀에 관해서 이야기하고 있었습니다. 그는 틀을 **기술적**(technical) 문제로 언급하고 있었고, 나는 당신이 동의할 것이라고 가정하면서, 틀을 정치학 내부의 기술적 문제로, 그래서 필수적인 어떤 것으로 생각하고 있었습니다. 그의 작업에 따르면, 통치하기 위해서는 배제가 필수적이며, 틀을 설정하는 것은 당연히 어떤 문제들이 그 내부에서 제기되는 것을 허용하는 한편 다른 문제들을 비정치적인 것으로 만들어 버리기 위한 시도입니다. 내 생각에 당신의 작업과 틀에 관한 이러한 칼롱의 용법을 병치시키는 데서 흥미로운 것은 틀이 정말로 배제의 기능을 수행하는가 하는 문제를 부각시켜 준다는 점입니다. 칼롱의 논증에 따르면, 틀은 당신이 생각하는 것과는 매우 다른 외부효과들을 산출하게 될 것입니다. 한 공장의 경제적 결정들은 특정한 틀 내에서 내려집니다. 한 공장이 유독성 폐기물을 배출한다고 생각해 봅시다. 그 공장은 유독성 폐기물의 배출과 관련된 무엇인가를 하기 위해서 투자를 할 것이며, 그렇지 않다면 투자를 하지 않을 것입니다. 만일 그 공장이 거기에 투자를 하게 된다면 그 공장은 외부효과들에 주목하겠지만, 만일 투자를 하지 않는다면 그 공장은 그러한 외부효과들을 무시하게 될 것입니다. 이제 이에 관해서 당신이 어떤 생각을 할지가 궁금합니다. 틀에 관한 이런 방식의 생각을 당신은 용인할 수 있을까요? 왜냐하면 내가 보기에 이런 사고방식과 당신의 사고방식 사이에는 결정적인 차이가 있기 때문입니다. 내가 생각하기에 당신이 제안하는 것, 즉 틀을 넓히거나 메타-제도를 만드는 것은 칼롱의 관점에서 볼 때 해결책이 될수 없을 것입니다. 해결책은 아마도 틀을 생산하는 수준과 동일한 수준에 존재하기 쉬울 것입니다. 따라서 이런 해결책은 사람들로 하여금 메타-계기를 찾기보다는 틀 내부에서 그것의 외부효과들을 고려하도록 할 것입니다. 결국 그것은 사람들이 그 틀 내부에서 행하고 있는 바의 결과를 이해하는 방식에 관한 문제입니다.

프레이저 흥미로운 질문입니다. 당신이 묘사한 접근, 즉 새로운 틀의 설정 대신에 외부효과들을 강조하는 접근이 언뜻 보기에는 나의 접근에 대한 대안을 제시하고 있는 것처럼 보입니다. 그렇지만 그러한 접근이 결국 정말로 나의 접근과 양립 불가능한 것인지 여부는 우리가 그것을 해석하는 방식에 달려 있습니다. 최소한 몇몇 초국적 부정의들이 국경 너머에 거주하거나 동료 시민이 아닌 다른 사람들의 삶을 훼손하는 부정적인 외부효과들을 산출하는 사람들에게 책임을 부과하는 것을 목표로 하고 있는 개혁조치들에 의해서 해소될 수 있다고 한번 생각해 봅시다. 그렇다면 과연 이런 해결책이 새로운 틀의 설정과 관련된 메타-계기를 우회할 수 있을까요? 나는 그렇게 생각하지 않습니다. 먼저, 자신이 속한 국가의 국경 너머에 존재하는 사람들에게 피해를 주지 말아야 할 책임이 있다는 생각은 정의와 관련된 동료 주체를 보다 확대된 초국적 의미에서 이해하는 것을 전제로 하고 있습니다. 따라서 개념적으로 볼 때, 우리는 이미 베스트팔렌적 틀을 넘어서 버린 것입니다. 나아가서 이러한 해결책은 불법적인 국가들이나 많은 국가들보다도 규모가 큰 몇몇 초국적 기업들과 같이 통제를 거부하는 행위자들을 규제하기 위해서 모종의 초국적 규제와 치안권력들을 제도화할 것을 요구하게 됩니다. 또한 처벌과 보상을 결정하고 지위, 책임, 피해와 관련된 논란들을 해결하기 위해서는 초국적 법정 혹은 중재기구들도 필요하게 됩니다. 마지막으로 그러한 권력들이 정당화되기 위해서 그 권력들은 잠재적으로 영향을 받게 될 모든 사람에게 책임을 질 수 있게 되어야만 합니다.[2] 그러한 권력들의 설계, 인력, 기능은 공정한 초국적 대표기제에 기초한 민주적인 감독의 대상이 되어야 합니다. 그러한 탈베스트팔렌적 권력들과 책임성의 기제가 없다면, 국

---

2) 앞의 몇몇 장들에서와 마찬가지로 이 대담도 관련된 모든 당사자 원칙을 언급하고 있으며, 2006년 3월 당시에 나는 이러한 원칙에 동의했었다. 이 원칙 대신에 '종속된 모든 사람들의 원칙'에 집중하는 현재의 나의 관점에 대한 설명으로는 이 책의 4장 「비정상적 정의」를 참조하라.

가의 경계를 넘어서는 부정의한 외부효과들을 해결하려는 시도들은 실패할 수밖에 없을 것입니다. 유니언 카바이드(Union Carbide)가 보팔(Bhopal) 시에 대한 자신들의 책임을 손쉽게 최소화한 것을 보십시오. 내가 생각하기에 칼롱의 접근은 새로운 틀의 설정과 관련된 메타-계기를 요구할 수밖에 없을 것입니다. 그리고 만일 정말로 그렇다면, 그의 접근은 나의 접근과 양립할 수 있습니다.

어쨌든 나는 우리가 역사적으로 알고 있는 바와 같이 정치는 항상 폐쇄적 의미를 가지는 틀을 포함하고 있다는 그의 견해에 동의합니다. 이는 항상 내부와 외부가 존재하며, 배제는 필연적으로 발생할 수밖에 없다는 것을 의미합니다. 따라서 나는 우리가 모든 틀들을 넘어서서 그 무엇도 배제되지 않는 어떤 지점에 도달할 수 있다고는 생각하지 않습니다. 그럼에도 불구하고 어느 틀이 다른 틀과 똑같이 좋은 것은 결코 아닙니다. 그런데 내가 보기에 당신의 질문은 이런 결론을 요구하고 있는 것처럼 보입니다. 달리 말하자면, "모든 틀은 외부적인 것들을 배제하고 그것들을 산출한다. 따라서 우리가 어떤 틀들을 사용하는지는 중요하지 않다. 새로운 틀을 설정하는 것을 고민하는 대신에 우리는 기업이나 다른 행위자들이 그들이 산출한 외부적인 것들을 내재화하도록 만드는 데에 집중해야만 한다"는 식으로 이야기해서는 안 된다는 것입니다. 이런 주장은 정합적인 것처럼 들리지만 규범적으로나 정치적으로나 부적절한 것입니다. 적어도 다음과 같은 두 가지 점에서 그렇습니다. 첫째, 현재 수준의 경제적인 통합과 생태적인 상호의존성을 고려할 때 우리는 베스트팔렌적 틀로는 다룰 수 없는 문제들에 직면해 있습니다. 예를 들면 지구온난화 같은 문제가 그렇습니다. 이런 경우 우리는 다른 틀을 찾을 수밖에 없습니다. 이런 틀들은 (물론 항상 그런 것은 아니지만) 몇몇 문제들과 관련해서는 지구적 틀과 같이 보다 큰 틀들을 빈번하게 요구하게 될 것입니다. 둘째, 권력의 문제가 존재합니다. 해외의 권력들에 저항하여 타자들이 그들의 요구를 제기할 수 있도록 그 요구들을 진지하게 고려해 주는 법정이 존재하지 않는 세계에서 몇몇 이익집단들이 실질적인 혜택을 누리고 있는 것이 사실입니다. 그리고 이것은 일종의 부정의이며, 그것이 부정의인 부분적인 이유는 그 '타자들'이 그들에게 심각한 영향을 미치는 의사결정에 대해서 발언할 수 있는 기본적인 민주적 권리를 박탈당하고 있기 때문입니다. 이런 상황에서 더 나은 틀은 없는가 하는 질문을 던지는 것은 충분히 의미 있는 일입니다. 물론 내가 앞서 지적한 바와 같이 모든 틀들은 배제를 산출하게 될 것입니다. 그러나 이러한 배제가 **부정의**한 것은 아닌가 하는 질문이 떠오를 것이며, 만일 그렇다면 그것을 해결할 수 있는 방법은 없는가 하는 질문 역시 떠오르게 될 것입니다. 물론 이에 대한 모든 해결책들 역시 자신만의 고유한 배제를 산출하게 될 것이며, 이러한 새로운 배제가 부정의한 것이라고 생각된다면, 이는 더 나은 틀을 새롭게 설정할 것을 요구하게 만들 것입니다. 따라서 우리가 끊임없이 비판하고 새로운 틀을 설정하고, 다시 비판하고 새로운 틀을 설정해 나가는 지속적 과정만이 바로 최상의 선택입니다. 이렇게 보면 틀에 관한 논쟁은 영원히 정치적 삶의 한 부분이 될 것이며, 결코 그것이 종국적으로 단번에 해소될 수는 없을 것입니다. 이러한 사실은 우리가 이러한 질문들이 민주적으로 논의되고 다루어질 수 있는 공간과 제도들을 필요로 한다는 것을 의미할 뿐입니다.

내시 정치공동체의 경계설정에 관한 또 다른 질문입니다. 당신이 베스트팔렌적–케인스주의적 체제라고 부른 것이 부정의를 야기하며, 우리가 이제까지 이러한 체제 내부에서 정의에 대해 생각해 왔다는 주장에는 의심의 여지가 없다고 생각합니다. 그런데 이러한 틀 외부에서는 정말로 생각하기 어려운 주제들 중 하나가 복지 문제와 경제적 재분배 문제입니다. 내가 생각하기에 그 이유는 부분적으로 복지가 종종 인종적인 것으로 간주되는 연대성에 대한 명확한 배타적 해석에 의존하고 있었기 때문입니다. 초기에 좌파는 이로 인해 많은 어려움을 겪었지만, 현재 우리는 예를 들면 북에서 남으로 연대성을 발전시켜 나가는 방안과 현존하고 있으며 심지어는 매우 악의적으로 조장되고 있는 민족적인 연대성의 형태들에 저항하는 방안을 논의하고 있는 중입니다. 이에 관해서 당신이 어떻게 생각하고 있는지 궁금합니다.

프레이저 정의가 국경을 넘어서는 재분배를 요구한다고 가정할 때, 과연 이를 지탱할 수 있을 정도로 충분히 강력한 초국적 연대성을 기대하는 것이 가능할까요? 이 질문은 매우 긴급한 질문입니다. 많은 사람이 이 질문에 대해서 부정적으로 답변하고 있습니다. 그들이 보기에 모든 '우리'는 필연적으로 그에 상응하는 '그들'에 대립하여 설정됩니다. 그러나 그 정의상 지구적 '우리'는 그에 상응하는 '그들'을 가질 수가 없습니다. 그러므로 지구적 '우리'는 존재하지 않습니다. 이런 식의 논증이 반박할 수 없는 논리처럼 보이기는 하지만, 나는 연대성을 다른 방식으로 이해하고 구축해 나가는 방법들을 탐구하는 것 자체를 영구적으로 차단해 버리는 이런 식의 추론에는 반대해야만 한다고 생각합니다.

그 이유를 설명하기 위해서 각각 또는 서로 결합하여 연대성에 토대를 제공할 수 있는 세 가지 상이한 기초들을 구별해 봅시다. 첫째, 내가 '주관적' 기초들이라고 부르고자 하는 것이 존재합니다. 종족민족주의 정체성이 이런 것인데, 이러한 정체성들은 연대성의 기초를 배제된 '타자'와 대립하여 구성되는 공유된 친근성이나 추정된 유사성에 두고 있습니다. 이러한 도식은 당신이 언급했던 인종적인 연대성과 같은 배타적 형태에 상응합니다. 둘째, 내가 '객관적' 기초들이라고 부르고자 하는 것이 존재합니다. 인과적 상호의존성이나 서로가 가지고 있는 취약성에 대한 의식적 인식이 이런 것들인데, 그것들은 공동의 이익을 통해서 연대성에 기초를 제공합니다. 생태적 의식과 결합된 연대성이 이에 대한 하나의 사례가 될 수 있습니다. 셋째, 내가 '의사소통적' 기초들이라고 부르고자 하는 것이 존재하며, 공동의 공적인 논쟁들이나 의사결정 구조들에 참여하는 경험이 이에 해당됩니다. 이런 기초들은 공동의 정치적 실천 속에서 연대성의 기초를 찾습니다. 하버마스가 형식적으로 구성되고 경계 지어진 정치공동체에 관해 저술하면서 "헌법애국주의"라고 부른 것이 이런 형태의 연대성의 한 경우라고 할 수 있습니다. 이러한 부가적인 가능성들까지 고려한다면, 이제 질문을 다음과 같은 방식으로 다시 던질 수 있습니다. 객관적 기초와 의사소통적 기초의 모종의 결합이 국경을 넘어서는 재분배를 지탱할 수 있을 정도로 충분히 강력한 연대성을, 즉 보다 확장된 초국적 연대성을 만들어 낼 수 있을 것인가? 만일 그것이 실패한다면, 그러한 결합은 종족민족주의와 구별될 수 있고 부정의한 배제를 산출하지 않는 다른 종류의 주관적 기초와 결합함으로써 더욱 강화될 수 있지 않을까?

흥미롭게도 마지막 견해는 유럽 정체성에 관한 최근의 논쟁들에서 대두되어 왔습니다. 많은 사람이 그러한 논쟁에 개입하였으며, 여기에는 하버마스와 유사한 입장을 취하는 사람들도 포함되었습니다. 그들은 유럽연합을 보다 큰 형태로 나아가기 위한 모델 혹은 디딤돌로 간주하고 있습니다. 모든 사람이 유럽 정체성의 기초를 단지 객관적인 인과적 상호의존성에만 두는 것으로는 충분하지 않다는 점에 동의하고 있습니다. 그것만으로는 나머지 다른 세계와 유럽을 구별하기에 충분치 않습니다. 뿐만 아니라 그것만으로는 초국적인 재분배를 지탱할 만큼 충분히 두터운 '우리'를 산출할 수도 없을 것입니다. 그리고 유럽연합의 헌법이 비준되는 경우, 헌법애국주의만으로는 그것을 감당할 수 없을 것이라고 의심하는 사람들도 많습니다. 때문에 하버마스를 포함한 대부분의 논쟁 참여자들은 추가적으로 모종의 주관적 기초들을 모색합니다. 그러나 여기서 서로에 대한 동의는 종결됩니다. 보수주의자들은 보다 확대된 대륙적 형태의 민족주의에 기초한 유럽 정체성을 옹호합니다. 그들은 유럽인들을 하나로 묶어 주는 것은 유대교적이고 기독교적인 가치와 전통을 공유하고 있다는 사실이라고 주장하면서, 이슬람인 '그들'과 대립하는 유럽적 '우리'를 확립하고자 합니다. 이는 터키의 유럽연합 가입을 불가능하게 만듭니다. 한편 이와 달리 자유주의자들과 사회민주주의자들은 유럽의 공동의 역사가 가지는 부정적 측면에 호소하고 있습니다. 유럽의 역사에는 사람들이 언급하지 않는 전쟁들과 여러 가지 집단학살들이 포함되어 있습니다. '절대로 이런 일들이 반복되어서는 안 된다'라는 생각에 호소하면서, 그들은 현재 유럽의 관용적이고 평화로운 '우리'를 과거 유럽의 분파주의적이고 호전적인 '그들'과 대치시킵니다.

이 두번째 견해는 매력적인 가능성을 제공합니다. 그것은 종족민족주의에 맞서서 상대적으로 두터운 주관적 기초를 제공하는 대안이라고 할 수 있습니다. 이러한 대안은 보통 현재 종족적으로 차별받고 있는 타자들을 위해 준비되어 있는 겸손함을 과거의 자기 자신에게 투영합니다. 그렇지만 여기서 논의되고 있는 해석에는 문제가 있습니다. 이런 해석은 유럽 역사에 대해 매우 선별적인 견해를 제시하면서 전적으로 대륙 내부의 관심사에만 집중하고 있습니다. 이런 해석은 다른 대륙에 대한 침략과 약탈의 역사를 완전히 지워 버리면서 유럽의 식민주의와 제국주의에 대한 성찰을 게을리하고 있습니다. 그러나 이러한 사실들을 수용한다면, 그들은 과거 식민지였던 세계까지 포괄하는 보다 큰 초대륙적인 '우리'를 지시하게 될 것입니다. 그런 가능성이 무슨 의미가 있을까요? '절대로 이런 일들이 반복되어서는 안 된다'라는 사실에 대한 보다 폭넓고 초대륙적인 이해가 유럽을 포괄하되 거기에 제한되지 않는 상대적으로 두터운 초국적 연대성을 위해서 반드시 필요한 주관적 기초를 제공해 줄 수 있을까요? 역사에 대한 비판적 해석에 기초한 이러한 인식이 종족민족주의에 대한 대안을 제공하고, 인과적인 상호의존성과 의사소통적인 애국주의라는 얇은 개념에 어떤 실질적인 무게를 더해 줄 수 있을까요? 이론적으로는 그렇다고 할 수 있지만, 회의적인 사람들은 그것이 실제로 창출될 수 있는 경로를 상상하기 어렵다고 주장할 것입니다. 지구적인 차원에서 '절대로 이런 일들이 반복되어서는 안 된다'라는 의식에 기초하여 연대성을 확립하자는 제안은 역사적 부정의로 인해서 혜택을 받은 사람들이 그에 대한 책임을 질 준비가 되어 있다는 사실을 가정하고 있습니다. 그러므로 지구적 연대성은 그것이 만들어 내고자 하는 결과를 미리 전제하는 선결문제 요구의 오류를 범하고 있는 셈입니다.

연대성을 구축하기 위한 어떤 다른 전략들이 있을 수 있을까요? 고려해 볼 만한 가치가 있는 또 다른 대안은 세계사회포럼의 초대륙적 활동가들 주변에서 논의되고 있는 구상입니다. 이 구상은 한편으로는 객관적인 이익 모델과 약간의 유사성이 있고, 다른 한편으로는 의사소통 모델과도 유사성이 있습니다. 그렇지만 이 구상은 우리 대 그들이라는 대립에 기초하여 보다 두터운 초국적 정체성을 제공하기 위해서, 상호의존성과 헌법애국주의라는 얇은 구상을 넘어 더 나아갑니다. 여기서의 강조점은 '우리'보다는 '그들'에 있는데, 왜냐하면 '우리'는 그저 공동의 적과 대결하는 사람들로서 다루어질 뿐이기 때문입니다. 그러나 보수주의자들이 구상하는 유럽의 경우와는 달리 적들은 종족문화적인(ethnocultural) 용어들을 통해서 식별되지 않습니다. 오히려 적은 신자유주의적으로 지구화하는 자본의 지휘탑을 점유하고 있는 사람들로, 체계적이고 기능적인 방식으로 정의됩니다. 이 접근은 적어도 두 측면에서 매력적입니다. 첫째, 그것이 가지는 체계적 특성으로 인해서 이러한 접근이 특정한 인종이나 종족을 악마화할 가능성은 전혀 없습니다. 둘째, 이 접근은 초국적 부정의를 야기하는 유일하지는 않지만 중요한 원천을 정확히 식별할 수 있습니다. 이런 이유들로 인해서 세계사회포럼을 구성하는 많은 상이한 분파들이 이러한 정식화에 공감하고 있습니다. 여기에는 노동조합원, 원주민들, 국제주의적 여성주의자들, 토지를 소유하지 못한 농민들, 환경주의자들, 불법 이주자들 등이 포함되며, 이들은 다른 경우에는 서로 대립하는 입장을 가지고 있을 것입니다. 그 결과 이익에 기초하여 의사소통적으로 산출된 연대성이 성립하며, 이러한 연대성은 지역마다 특수하기는 하지만 지구적 체계와 연관되어 있는 침략에 관한 역사적 이야기들을 통해서 그 정서적 호소력을 가지게 됩니다.

세계사회포럼의 연대성의 토대는 상이한 몇 가지 기초들이 결합됨으로써 성립합니다. 첫번째 기초는 종족적이고 문화적인 분파주의에 대한 분명한 거부와 문화적 다원성에 대한 명백한 수용입니다. 두번째 기초는 그들이 공유하고 있는 정치적 의사소통('포럼')의 상황과 실천입니다. 이는 헌법애국주의를 연상시키는 의사소통에 기초한 연대성을 산출하지만, 그것은 제한된 정치공동체에만 집중된 것이 아닙니다. 세번째 기초는 강압적인 지배에 대한 구성원들의 공포를 없애 주는 느슨한 조직 모델입니다. 네번째 기초는 참여자들이 자신들의 투쟁을 신자유주의적으로 지구화하는 자본에 대한 투쟁과 연관시키고 공동의 적을 설정할 수 있도록 해주는 포괄적인 해석지평입니다. 일반적으로 말해서 그것이 가진 모든 결함에도 불구하고 세계사회포럼은 다른 모델들의 몇몇 장점들은 결합하고 약점들은 극복하는 연대성의 모델을 제시하고 있습니다. 유동하는 현실세계의 제도를 이상화하는 것은 원하지 않지만, 나는 이러한 연대성 모델이 우리가 요구하는 초국적 복지와 재분배에 관한 까다로운 질문들을 다루는 데서 상당히 전망이 있는 모델이라고 생각합니다.

내시 다음 질문 역시 틀과 관련되지만, 전반적으로 실천적 문제보다는 정치이론과 관련된 것입니다. 문제는 다음과 같습니다. 틀을 규정하는 것 자체가 어떻게 민주화될 수 있을까요? 논란이 진행되고 있는 바로 그 정치공동체 내부에서 틀에 관해 민주적으로 논의한다는 것이 어떻게 가능할까요? 이미 관련되어 있는 모든 사람들의 공동체가 아니라면, 그런 정치공동체로부터 당신이 정식화한 바와 같은 관련된 모든 사람들의 정치공동체라는 것이 과연 어떻게 형성될 수 있을까요?

프레이저 이런 종류의 논박은 개념적인 전제조건과 제도적인 전제조건 모두를 가지고 있습니다. 개념적으로 볼 때, 이러한 논박은 다른 수준으로 도약할 수 있는 능력 그리고 그 자신의 일차원적인 실천에 대해서 성찰할 수 있는 능력, 즉 성찰성의 능력에 관련되어 있습니다. 이러한 능력은 사회적이고 언어적인 인간의 삶의 형태에 일반적으로 구비되어 있으며, 정치적 실천에는 특별한 방식으로 구비되어 있습니다. 정치를 이해하는 방법 중 하나는 그것을 일종의 메타-실천으로 보는 것인데, 메타-실천으로서의 정치는 의도적인 집단행동을 통해서 일차원적인 사회적 실천에 대해 질서를 부여하고자 합니다. 성찰성은 또한 정치적 급진주의의 특징이기도 한데, 정치적 급진주의는 다른 행위 지향들과는 달리 명백히 분리되어 있는 것처럼 보이는 사안들로부터 뒤로 물러나서 그것들의 근저에 놓여 있는 심층적인 구조를 문제 삼으려는 의지를 가지고 있다는 데에 그 특성이 있습니다. 틀을 검토하고, 그것을 비판과 정치적 행동의 대상으로 만드는 능력은 그러한 성찰성의 또 다른 사례, 그것도 급진적인 사례라고 할 수 있습니다. 이 경우에 우리는 일차원적인 정치를 우리의 성찰의 대상으로 삼습니다. 기존의 틀 속에서 주어진 방식대로 문제를 처리하는 데에 만족하지 못하게 되면서, 우리는 틀 그 자체에 집중적으로 관심을 가지고 그것을 잠재적인 재구성의 대상으로 삼게 됩니다. 그 결과 일종의 메타-정치가 등장하는데, 거기에서는 일상적인 정치적 실천이 야기하는 배제가 폭로되고 논박됩니다. 앞서 당신이 언급했던 『뉴 레프트 리뷰』의 논문에서 나는 이러한 메타-논쟁을 **틀의 설정**에 관한 정치(politics of framing)라고 명명한 바 있습니다.

그러나 틀의 설정에 관한 정치는 제도적인 전제들 역시 가지고 있습니다. 실질적으로 이러한 정치를 가능하게 하는 요인은 정치의 두 경로들 사이의 간극이 증가하고 있다는 사실에 있습니다. 정치의 한 경로는 비공식적이고 시민사회 내부에 위치하고 있으며, 다른 한 경로는 공식적이며 국가 내부에서 제도화되어 있습니다. 베스트팔렌적인 정치적 상상력에 따를 때, 이 두 가지 경로는 서로 제휴하고 있는 것으로 간주됩니다. 국가단위의 시민사회는 국민국가에 적합하게 설계되어 있는 것으로 간주되며, 국민국가는 다시 국가단위 공론장에 대해서 책임을 지고 있는 것으로 간주됩니다. 그러나 실제로 그 둘이 합치되는 것은 아닙니다. 베스트팔렌적인 구상을 실현하기 위해서 국가가 주도했던 엄청난 노력들에도 불구하고, 정치의 두 경로는 심지어 사회민주주의의 전성기에도 결코 완전하게 동형적이지 않았습니다. 더욱이 오늘날에는 시민사회에서 진행되는 논란과 국가 중심의 입법 및 행정 사이의 간극이 매우 두드러지고 있습니다. 우리들 중 다수는 몇몇 상이한 시민사회 영역과 공론장들에 참여하고 있습니다. 그것들 중 몇몇은 분명히 국가단위에 속하지만 다른 것들 중에는 지방적인 것, 지역적인 것, 초국적인 것, 지구적인 것들 역시 존재합니다. 비동형성이 지배하는 이러한 상황에서 국가를 중심으로 하지 않는 공론장들은 국가 중심의 틀들에 도전하는 공간이 되고 있습니다. 잘못 설정된 틀에 대한 문제제기들은 바로 영토국가의 경계를 넘어서는 이러한 탈베스트팔렌적 공론장들에서 시작됩니다. 이러한 지적을 한다고 해서 이런 공간들은 특정한 주장들을 주변화시키는 구조적인 권력불균형 상태에서 자유롭다고 주장하는 것은 아닙니다. 그렇지만 이러한 권력불균형 역시 기존 논의의 부당한 동학에 관한 메타-논쟁에 의해서 성찰적으로 다루어질 수 있을 것입니다.

낸시 당신은 다른 곳에서 강력한 저항적 공론장에 관해 상당히 설득력 있는 논증을 제시한 바 있습니다. 나의 질문은 다음과 같습니다. 만일 당신이 수준의 도약에 관해서 이야기하고 있다면, 어떻게 그것이 예를 들어 성찰성이라는 말로 번역될 수 있습니까? 세계국가도 지구적 시민사회도 존재하지 않는 상황에서 어떻게 강력한 저항적 공론장을 상상할 수 있습니까?

프레이저 이 질문은 내가 최근에 다루고 있는 핵심적인 문제와 관련됩니다. 최근 나는 현재와 같은 조건에서 어떻게 저항적 공론장이 해방적이고 민주적인 역할을 수행할 수 있을 것인지에 대해서 고민하고 있습니다. 이런 문제가 제기되는 이유는, 내가 방금 말한 것처럼, 공론장들과 공적인 주권권력들이 서로 합치되지 않기 때문입니다. 내가 방금 이런 사실을 긍정적으로, 즉 잘못 설정된 틀에 대한 도전을 가능하게 해주는 요인으로 제시하기는 했지만, 그것은 또한 부정적 측면 역시 가지고 있습니다. 공론장이 국가와 제휴하지 않는 경우, 공론장에서 산출된 의견들이 규범적으로 정당하고 정치적으로 유효한 것이 될 수 있는 방법은 무엇인지 상상하기가 어렵습니다. 이제 이에 대해서 설명해 보겠습니다.

비판이론의 관점에서 볼 때, 그 내부에서 형성된 공적인 의견이 정당하고 유효한 경우에 공론장은 해방적이고 민주적인 기능을 수행하게 됩니다. 이러한 정식화에서 **정당하다**는 것은 그 공론이 공정하고 포괄적인 의사소통 과정을 통해서 형성되었다는 것을 의미하며, **유효하다**는 것은 그 공론이 공적인 권력의 사용에 영향을 미칠 수 있고 공직자들이 책임을 지도록 만들 수 있다는 것을 의미합니다. 베스트팔렌적인 관점에서 보면, 이러한 두 가지 개념은 비교적 분명해 보입니다. 그러한 관점에서 보면 정당성은 국가단위 공론장들이 진정으로 모든 시민들을 포용하고, 그들 모두가 공론을 형성하는 의사소통 과정에 동등한 자격으로 참여할 수 있게 해주는 경우에만 획득될 수 있습니다. 이와 마찬가지로 유효성은 국가단위 공론장들이 국민국가 공직자들의 행동을 시민의 통제 아래 둘 수 있을 만큼 정치적으로 충분한 힘을 가지는 경우에만 획득될 수 있습니다. 이로부터 비판이론에서 공론장 개념을 채택하는 데에서 관건이 되는 것이 무엇인지에 관해 상당히 명확한 그림이 도출됩니다.

그러나 초국적 공론장의 경우에는 핵심이 무엇인지가 결코 명확하지 않습니다. 대화 참여자들이 동등한 참여권과 정치적으로 등등한 사람으로서의 공동의 지위를 가지고 있는 동료 시민이 아닌 상황에서 초국적 공론에 **정당성**을 부여한다는 것이 무슨 의미가 있을 수 있겠습니까? 원칙적으로 대화 참여자들의 의지를 실행하고 그들의 문제를 해결할 수 있는 능력을 가지고 있는 주권국가에게 그것이 전달되지 않는 상황에서 초국적 공론의 **유효성**에 대해 말하는 것이 무슨 의미가 있을 수 있겠습니까? 이 문제들에 대한 그럴듯한 답변을 제시하지 않는다면, 초국적 공론장에 대한 우리의 이야기들은 그저 기술적(記述的)인 것에 불과하며 비판이론 내에서의 개념적 근거를 결여하고 있는 셈이 될 것입니다.

최근의 논문에서[3] 나는 현재 상황에 부합하게 정당성과 유효성 개념을 재구성하고자 노력했습니다. 그 논증을 여기서 다시 반복하지는 않을 것이고, 단지 국가와 공론장의 분열이 두 가지 종류의 어려운 문제를 야기한다는 점만을 지적하고자 합니다. 한 가지 문제는 정치의 공식적인 제도적 경로가 초국적화되는 것이 시민사회 내의 경로가 초국적화되는 수준을 넘어서고, 이로 인해서 **민주적 정당성의 결손**이 야기되는 경우 발생하게 됩니다. 오늘날 유럽연합에서 이런 문제가 나타나고 있습니다. 유럽연합의 경우 현존하

---

3) 이 책의 5장으로 재출판된 「공론장의 초국적화: 탈베스트팔렌적 세계에서 공론의 정당성과 유효성에 대하여」를 의미한다.

는 초국적 행정부와 입법부에 부응하여 그것들에 책임을 부과할 유럽적 공론장이 존재하지 않습니다. 이에 반해 지구적 수준에서는 그 반대 현상이 벌어지고 있습니다. 거기서는 현재 초국적 공중들에 부합하며 그에 견줄 만한 행정권력과 입법권력이 부재하며, 이로 인해서 두번째 문제, 즉 **정치적 유효성의 결손**이 발생하게 됩니다. 우리는 이러한 두번째 결함에 대한 극적인 사례를 2003년 2월 15일 전 세계적인 범위에서 진행된 반전시위에서 찾아볼 수 있습니다. 이 시위는 미국의 임박한 이라크 침공에 반대하는 거대한 규모의 초국적 공론을 동원하였습니다. 이러한 의견분출이 매우 강력하고도 명백한 것이었음에도 불구하고, 부시 행정부를 제지할 수 있는 능력을 가진 공론의 수신자는 존재하지 않았으며, 따라서 이러한 의견표출은 무기력한 것이 되었습니다.

내가 보기에 이러한 사례들은 비판이론가들이 두 방향에서 문제에 접근해야만 한다는 점을 보여 주고 있습니다. 정당성의 결손을 극복하기 위해서는 보다 확대된 초국적 공론장을 창출해 내야 하며, 거기서는 영향을 받는 모든 사람이 동등한 자격으로 참여할 수 있어야만 합니다. 유효성에서의 결손을 극복하기 위해서는 새로운 초국적인 공적 권력을 창출해야만 한다고 생각하며, 이러한 권력은 민주적으로 형성된 초국적 인민들의 의지를 실행할 수 있어야만 합니다. 물론 만일 그 결과가 저항적 공중과 준국가권력을 완벽하게 제휴하게 만드는 것이라면, 우리는 베스트팔렌적 상상력을 보다 확대된 범위에서 다시 반복하는 셈이 될 것이며, 이는 비판적 성찰성이 번성할 수 있는 양자 사이의 간극을 없애 버리게 될 것입니다. 이 경우 우리에게 필요한 것은 아마도 다층적인 공론장과 다층적인 공적 권력들에 관해 기존과는 다른 새로운 **탈베스트팔렌적** 구상을 제시하는 일일 것입니다. 그러나 비판이론가들은 이제야 비로소 이 문제를 정식화하기 시작했을 뿐입니다. 아직 확실한 답변에 도달하기에는 먼 상황입니다.

벨 나는 잘못 설정된 틀의 개념으로 되돌아가서 마지막 질문을 던지고자 합니다. 내가 보기에 당신의 작업은 잘못 설정된 틀의 문제와 관련하여 일종의 낙관주의를 견지하고 있는 것 같습니다. "이 틀은 공정한 것인가?" 혹은 "우리는 대표되고 있는가?"와 같은 곤란한 작은 문제들이 앞으로 토의될 것이라는 혹은 그것이 실제로 제도들 내부에서 유의미한 방식으로 토론될 수 있다는 낙관주의가 존재합니다. 우리 석사과정 대학원생 중 한 명이 올해 수출가공지역들(export processing zones)에 관한 아주 훌륭한 논문을 작성했습니다. 그리고 지구적 정의에 관한 당신의 글을 읽으면서, 나는 다음과 같은 생각을 하고 있었습니다. 당신──혹은 해당 문제로부터 영향을 받는 사람──이 예를 들어 남아프리카에 있는 한 나라에 가서 다음과 같이 말했다고 생각해 봅시다. "당신들이 여기에 설립한 수출가공지역은 시민들을 불공정하게 대우하고 있습니다." 왜냐하면 노동법은 유보되고 있으며, 회사들은 토지와 관련하여 특혜조치 등을 받고 있기 때문입니다. 그 나라 정부의 주장은 다음과 같을 것입니다. "물론 그렇지요. 그러나 우리는 이 국가의 미래 발전을 위해서 그렇게 하고 있는 것입니다." 또는 이렇게 주장할 것입니다. "우리는 우리나라에 대한 투자를 유치하기 위해서, 그리하여 궁극적으로 지구적 자본주의의 일부로 진입하기 위해서 그렇게 하는 것입니다." 이런 정당화는 나름대로의 논리가 있습니다. 그래서 나는 다음과 같이 질문하고자 합니다. 우리가 이런 문제들을 상이한 논리들의 배치상태를 극복하는 방식으로 논의할 수 있다는 당신의 낙관주의는 어디에서 나오는 것입니까?

프레이저 당신이 말하는 것은 고전적인 집단행동의 문제와 관련되는 것입니다. 예를 들어 우리가 남아프리카 사람들에게 이야기하고, 그들의 정부가 분명히 세상에서 최악의 정부는 아니라고 가정해 봅시다. 한편으로는 그 정부의 선의를 가정하고, 다른 한편으로는 그 정부가 시정하고자 하는 부정의가 엄청난 규모의 것이라고 가정해 봅시다. 그러면 당신이 인용한 정당화는 매우 합당한 것이 될 것입니다. 논증은 다음과 같이 진행됩니다. "이것이 게임이 진행되는 방식입니다. 우리는 게임을 진행하지 않을 수 없습니다. 사태가 그러하다면, 수출가공지역들은 우리의 최선의 선택입니다. 그것은 산업을 발전시키고 일자리를 만드는, 지속적인 발전계획을 위한 자본을 축적하는 최선의 방안입니다." 만일 우리가 게임의 규칙을 불변의 상수로 간주한다면, 이러한 논증은 참입니다. 따라서 이러한 전략은 충분히 이해할 만한 것입니다. 그러나 이것이 정말로 유일한 가능성일까요? 19세기 영국인들이 다음과 같이 말했다고 가정해 봅시다. "당신이 알고 있듯이 현재의 게임을 지속하는 것 이외에는 우리에게 다른 선택이 없습니다. 우리는 이 게임 속에서 우리가 할 수 있는 최상의 거래를 하기 위해서 애쓰는 수밖에 없습니다." 만일 모든 사람이 이와 같이 말했다면 노동운동, 8시간 노동, 복지국가 등등의 그 어느 것도 존재할 수 없었을 것입니다. 역사는 항상 그러한 집단행동의 문제들을 산출합니다. 이런 상황에서 사람들은 주어진 상황적 구조들을 수용할 것인지 아닌지, 그 안에서 주어진 기능을 수행할 것인지 아닌지를 선택해야만 합니다. 그것을 수용하기로 선택한다면, 그들은 당신이 말한 대로 행동할 것입니다. 그러나 반대로 그들이 다른 사람들도 상황적 구조를 변화시키기 위한 자신들의 투쟁에 함께할 것이라고 생각하게 된다면, 그와는 다른 더 나은 가능성이 주어지게 될 것입니다. 물론 사태가 더 열악해지는 경우라면 그들은 실패할 수도 있을 것입니다. 미래에 대한 보증이란 존재하기 않기 때문에, 그러한 투쟁에 대해서 숙고하는 사람들은 기존의 게임을 수긍하는 대신에 위험을 감수하고 게임을 변화시킬 정도로 자신들이 충분히 강력하고 다수를 차지하고 있는지를 파악하기 위해 노력해야만 합니다.

이런 식의 사고방식이 낙관주의라고 평가받을 이유가 되는지 나는 확신하지 못하겠습니다. 사실 내 생애에서 지금처럼 암울한 시기를 나는 기억

하지 못합니다. 1960년대나 1970년대와는 당연히 비교가 되지 않을 정도로 현재 나는 낙관주의적이지 않습니다. 그렇지만 나는 사람들이 이러한 집단행동의 문제들을 극복하는 순간들에 의해서, 즉 그들이 규칙을 새로 쓰고 게임을 변화시켜 나갈 때 역사가 단절된다는 사실을 알고 있습니다. 이러한 일은 과거에도 일어났고 미래에도 분명히 일어날 것입니다. 물론 그 결과로 나타나는 것은 결코 완전한 정의는 아닐 것이고 과거와 약간은 다르지만 불완전한 질서일 것입니다. 사회민주주의적 복지국가는 내적으로나 외적으로나 정의롭지 못한 배제에 의존하고 있었음에도 불구하고 분명히 하나의 성취였습니다. 역사적인 지혜 덕택에 이런 사실을 깨닫고 있는 우리는 게임의 규칙을 변경시킴으로써 그러한 부정의들을 다시 한 번 시정할 수 있는 기회를 가지고 있습니다.

이것은 비판이론가들의 또 다른 중요한 과제입니다. 우리가 살고 있는 역사적 상황에 대해서 성찰하면서 우리는 이 시대가 '요구하는' 것이 무엇인지를 스스로에게 물어야만 합니다. 우리는 무엇이 도전이고, 무엇이 기회이고, 무엇이 위험인지를 물어야 합니다. 최근 나의 교육 경험들에 기초해서 말하자면, 나는 정말로 오늘날의 분위기 속에는 무언가 새로운 것이 있다고 느낍니다. 그렇다면 우리가 1968년에 비견할 만한 해방적 급진주의의 새로운 분출의 문턱에 서 있는 것일까요? 아마도 그렇지는 않을 것입니다. 그러나 나는 최근에 내가 가르치는 대학생들이 5년 전이나 10년 전의 학생들과는 매우 다르다고 생각합니다. 오늘날의 학생들은 정체성정치를 참아 내지 못하며, 자본주의에 대해서 열정적인 관심을 가지고 있습니다. 내가 낙관주의적이라고 정확히 말할 수는 없지만, 나는 새로운 일련의 도전들에 개입하고자 하는 전망에 의해서 활기찬 상태에 있습니다. 당신의 처음 질문으로 돌아가자면, 내가 보기에 나의 작업은 이런 도전들의 내용을 분명하게 밝히고자 하는 노력입니다. 그러한 일이 단지 개인적인 작업은 아니기 때문에, 이는 다른 사람들과 함께 현재의 위기와 전망들을 명확히 해명할 수 있는 용어들과 개념들을 발전시켜 나가는 것을 의미합니다. 만일 해방적인 사회적 투쟁들에 유용한 것으로 입증되는 몇몇 논증들을 정식화하거나 몇몇 개념적 자원들을 창조할 수만 있다면, 나는 내가 비판이론에 쏟아부은 시간들이 매우 좋은 선택이었다고 생각할 것입니다.

옮긴이 후기

사사로운 이야기로부터 시작해 보도록 하자. 내가 낸시 프레이저(Nancy Fraser)의 작업에 관심을 가진 이유는 우리 사회의 복합적 갈등구조를 이해하는 데에 도움을 받을 수 있을 것이라는 기대 때문이었다. 사회철학 전공자인 나의 주된 관심은 한국사회에 대한 비판적 시대진단을 제시하고 이러한 진단에 기초하여 새로운 대안을 모색하는 데에 있다. 이를 위해서는 시대진단의 기준을 제공하는 규범 이론의 정초, 사회이론에 기초한 시대진단 그리고 시대진단에 기초한 대안제시 등 복합적인 작업이 요구될 수밖에 없다.

나는 가속적 지구화의 흐름 속에서 우리 사회의 갈등양상이 다양화되고 있으며 새로운 갈등양상들도 출현하고 있다는 사실을 목도하면서 이러한 우리 사회의 복합적 사회갈등을 일반화 가능한 사회이론에 기초하여 분석하고 범주화할 필요가 있다는 생각을 가지게 되었다. 왜냐하면 우리 사회를 개혁하기 위해서는 먼저 어떤 갈등들이 우리 사회의 주요한 문제들이고, 그러한 갈등들 사이의 관계는 무엇이며, 나아가서 그러한 갈등들이 향후 어떤 추세로 진행되어 나갈 것인지를 미리 진단할 필요가 있기 때문이다.

2000년 이후 우리 사회의 변화를 추적하면서 나는 우리 사회의 주요 갈등이 경제적 양극화, 생활세계 식민화, 소수자에 대한 무시라는 세 축에서 진행되고 있다는 가설을 세우게 되었다. 신자유주의적 세계화 과정 속에서 우리 사회는 중산층이 급격히 몰락하고 비정규직은 급속히 확산되는 상황을 겪고 있다. 그리고 시장의 논리가 교육을 비롯한 사회관계 전반에 침투하면서 우리의 삶은 시장의 논리에 지배받는 식민지가 되어 버렸다. 또한 외부로부터 유입되는 외국인 노동자와 결혼 이주자가 증대하고 내부적으로 자발적 소수자들이 증가하는 상황에서 포용성 없는 우리 문화는 여전히 이러한 소수자들에 대한 무시와 폭력을 노골적으로 드러내고 있다.

우리 사회에 대한 이러한 가설적인 차원의 진단을 검토해 나가는 과정에서 나는 인정 문제와 분배 문제를 둘러싸고 진행된 악셀 호네트와 낸시 프레이저의 논쟁에 주목하게 되었다(Nancy Fraser and Axel Honneth, *Redistribution or Recognition?: A Political-Philosophical Exchange*, Verso, 2003). 유럽과 미국에서 각각 프랑크푸르트학파 비판이론의 계승자로 부각되고 있는 이 두 사람 사이의 논쟁은 오늘날 급속히 심화되고 있는 분배갈등과 인정갈등, 계급정치와 정체성정치 사이의 관계양상에 사회비판 이론 차원에서 어떻게 접근할 것인가 하는 중요한 문제를 제기하였다. 이후 많은 논자들이 이 논쟁에 뛰어들면서, 현대사회에서 발생하는 분배와 인정 그리고 정치적 차원의 갈등양상들을 어떻게 종합적으로 파악할 것인가 하는 복잡한 논쟁이 진행되게 된다.

이러한 관심 속에서 나는 이 중요한 논쟁의 한 당사자인 프레이저의 작업을 추적하게 되었으며, 그녀의 최근 저술인 이 책을 번역하여 국내에 소개하게 되었다. 위에서 언급한 논쟁의 성과를 발전적으로 반영하고 있는 이 책은 오늘날 사회비판 이론이 직면한 문제상황 전반을 정확히 보여 주고 있다는 데 그 최대의 장점이 있다고 할 수 있다. 오늘날 사회비판 이론은 국민국가 틀을 동요시키는 지구화의 흐름 속에서 역동적으로 변화하고 있는 현대사회의 갈등양상들에 대한 적확한 시대진단을 요구받고 있다. 이 책에서 프레이저는 지구화의 도전을 배경으로 '동등한 참여'로서의 정의라는 규범적 척도를 제시하면서, 재분배·인정·대표 차원에서 복합적으로 산출되고 있는 현대사회의 부정의들을 사회이론 차원에서 분석하고 범주화하고 있다.

이런 점에서 이 책은 오늘날 지구적 자본주의 체제의 한복판에서 역동적으로 변화해 나가고 있는 우리 사회에 대한 비판적 시대진단을 정초하는 데에 일조할 수 있을 것으로 기대된다. 물론 이 책을 번역해 나가는 과정에서 나는 여러 가지 입각점의 차이를 감지할 수밖에 없었다. 예를 들면 피부색이 계급을 결정하는 일을 일상적으로 경험할 수밖에 없는 프레이저의 상황과 최근 들어서야 소수자 문제의 부상을 체험하고 있는 우리의 상황이 서로 다를 수밖에 없으며, 따라서 인정과 무시를 둘러싼 사회적 갈등의 양상도 다른 비중과 방식으로 다루어질 수밖에 없을 것이다. 또한 우리 사회의 갈등 구조를 전면적으로 해명하고자 한다면 현대사회에 대한 일반이론으로 환원될 수 없는 분단체제의 문제 역시 진지하게 고려해야만 할 것이다. 그렇지만 이러한 단서들에도 불구하고 프레이저의 작업이 현대사회 일반에 대한 비판적 시대진단의 핵심적 문제상황들을 명확히 보여 주고 있다는 점을 부정할 수는 없을 것이다.

이 책이 우리 사회를 보다 정의로운 사회로 만들어 나가기 위해 고민하고 노력하는 이들에게 도움이 되기를 기대해 본다. 마지막으로 이 책의 첫 독자로서 교정작업에 최선을 다해 준 그린비출판사 편집부의 김재훈 선생께 감사드린다.

2010년 9월
도곡동 연구실에서 김원식

참고문헌

Ackerly, Brooke A., *Political Theory and Feminist Social Criticism*, Cambridge: Cambridge University Press, 2000.

Ackerly, Brooke A. and Susan Moller Okin, "Feminist Social Criticism and the International Movement for Women's Rights as Human Rights", eds. Ian Shapiro and Casiano Hacker-Cordón, *Democracy's Edges*, Cambridge: Cambridge University Press, 2002, pp.134~162.

Adrey, Jean Bernard, "Minority Language Rights before and after the 2004 EU Enlargement: The Copenhagen Criteria in the Baltic States," *Journal of Multilingual & Multicultural Development* 26, 5, 2005, pp.453~468.

Alexander, Neville, "Language Policy, Symbolic Power and the Democratic Responsibility of the Post-Apartheid University," *Pretexts: Literary & Cultural Studies* 12, 2, 2003, pp.179~190.

Aleinikoff, T. Alexander and Douglas Klusmeyer eds., *Citizenship Today: Global Perspectives and Practices*, Washington, DC: Carnegie Endowment for International Peace, 2001

Aman, Jr., Alfred C., "Globalization, Democracy and the Need for a New Administrative Law," *Indiana Journal of Global Legal Studies* 10, 1, 2003, pp.125~155.

Anderson, Benedict, *Imagined Communities: Reflections on the Origin and Spread of Nationalism*, second edition, London: Verso, 1991 [『상상의 공동체: 민족주의의 기원과 전파에 대한 성찰』, 윤형숙 옮김, 나남, 2003].

Anderson, Elizabeth, "What is the Point of Equality?", *Ethics* 109, 2, 1999, pp.287~337.

Appadurai, Arjun, *Modernity at Large: Cultural Dimensions of Globalization*, Minneapolis: University of Minnesota Press, 1996.

Archibugi, Daniele, "A Critical Analysis of the Self-Determination of Peoples: A Cosmopolitan Perspective," *Constellations* 10, 4, 2003, pp.488~505.

Arendt, Hannah, *The Human Condition*, Chicago: University of Chicago Press, 1958[『인간의 조건』, 이진우·태정호 옮김, 한길사, 1996].

_____, *The Origins of Totalitarianism*, new edition with added prefaces, New York: Harcourt Brace Jovanovich, 1973[『전체주의의 기원』, 박미애·이진우 옮김, 한길사 2006].

Aronowitz, Stanley, "Is Democracy Possible? The Decline of the Public in the American Debate", ed. Bruce Robbins, *The Phantom Public Sphere*, Minneapolis: University of Minnesota Press, 1993, pp.75~92.

Baldwin, Thomas, "The Territorial State", eds. Hyman Gross and Ross Harrison, *Jurisprudence: Cambridge Essays*, Oxford: Clarendon Press, 1992, pp.207~230.

Barber, Benjamin R., *Jihad vs McWorld : Terrorism's Challenge to Democracy*, New York: Ballantine Books, 1996.

Basch, Linda, Nina Glick Schiller, and Christina Szanton Blanc, *Nations Unbound: Transnational Projects, Postcolonial Predicaments, and Deterritorialized Nation-States*, New York: Gordon and Breach, 1994.

Basru, Amrita ed., *The Challenge of Local Feminisms: Women's Movements in Global Perspective*, Boulder, CO: Westview Press, 1995.

Beiner, Ronald ed., *Theorizing Citizenship*, Albany: State University of New York Press, 1995.

Beitz, Charles R., *Political Theory and International Relations*, Princeton: Princeton University Press, first edition, 1979; second edition 1999.

_____, "Rawls's *Law of Peoples*", *Ethics*, 110, 4, 2000, pp.669~696.

Benhabib, Seyla, *Another Cosmopolitanism: Hospitality, Sovereignty, and Democratic Iterations*, ed. Robert Post, Oxford: Oxford University Press, 2006.

_____, "Epistemologies of Postmodernism: A Rejoinder to Jean-François Lyotard", *New German Critique* 33, 1984, pp.103~126.

_____, "*The Law of Peoples*, Distributive Justice, and Migrations", *Fordham Law Review* 72, 5, 2004, pp.1761~1787.

_____, *The Rights of Others*, Cambridge: Cambridge University Press, 2004[『타자의 권리: 외국인, 거류민, 그리고 시민』, 이상훈 옮김, 철학과현실사, 2008].

_____, "Transformations of Citizenship: The Case of Contemporary Europe", *Government and Opposition: An International Journal of Comparative Politics* 37, 4, 2002, pp.439~465.

Berman, Paul, *Terror and Liberalism*, New York: Norton, 2003.

Black Public Sphere Collective, *The Black Public Sphere: A Public Culture Book*, Chicago: University of Chicago Press, 1995.

Bohman, James, "The Democratic Minimum: Is Democracy a Means to Global Justice?", *Ethics and International Affairs* 19, 1, 2005, pp.101~116.

_____, "From Demos to Demoi: Democracy across Borders", *Ratio Juris* 18, 3, 2005, pp.293~314.

_____, "The Globalization of the Public Sphere: Cosmopolitan Publicity and the Problem of Cultural Pluralism", *Philosophy & Social Criticism* 24, 2~3, 1998, pp.199~216.

_____, "International Regimes and Democratic Governance", *International Affairs* 75, 3, 1999, pp.499~513.

_____, "The Public Spheres of the World Citizen", eds. James Bohman and Matthias Lutz-Bachmann, *Perpetual Peace: Essays on Kant's Cosmopolitan Ideal*, Cambridge, MA: MIT Press, 1997.

Boli John and George M. Thomas eds., *Constructing World Culture: International Nongovernmental Organizations since 1875*, Stanford: Stanford University Press, 1999.

Bourdieu, Pierre, *Language and Symbolic Power*, ed. John B. Thompson, trans. Gino Raymond and Matthew Adamson, Cambridge, MA: Harvard University Press, 1991.

Bowen, John R., "Beyond Migration: Islam as a Transnational Public Space", *Journal of Ethnic & Migration Studies* 30, 5, 2004, pp.879~894.

Boyce, James K., "Democratizing Global Economic Governance", *Development and Change* 35, 3, 2004, pp.593~599.

Brah, Avtar, *Cartographies of Diaspora: Contesting Identities*, London: Routledge, 1996.

Brooks-Higginbotham, Evelyn, *Righteous Discontent: The Women's Movement in the Black Baptist Church, 1880~1920*, Cambridge, MA: Harvard University Press, 1993

Brown, Chris, "International Social Justice", eds. David Boucher and Paul Kelly, *Social Justice: From Hume to Walzer*, London: Routledge, 1998, pp.102~119.

Buchanan, Allen, "From Nuremberg to Kosovo: The Morality of Illegal International Legal Reform", *Ethics* 111, 4, 2001, pp.673~705.

_____, "Rawls's *Law of Peoples*: Rules for Vanished Westphalian World", *Ethics* 110, 4, 2000, pp.697~721.

Butler, Judith, *Excitable Speech: A Politics of the Performative*, New York: Routledge, 1997.

Calhoun, Craig, "The Class Consciousness of Frequent Travelers: Toward a Critique of Actually Existing Cosmopolitanism", *South Atlantic Quarterly* 101, 4, 2002, pp.869~897.

_____, "Imagining Solidarity: Cosmopolitanism, Constitutional Patriotism, and the Public Sphere", *Public Culture* 14, 1, 2002, pp.147~171.

Cammaerts, Bart and Leo van Audenhove, "Online Political Debate, Unbounded

Citizenship, and the Problematic Nature of a Transnational Public Sphere",
Political Communication 22, 2, 2005, pp.179~196.

Caney, Simon, "Cosmopolitanism and *The Law of Peoples*", *Journal of Political Philosophy* 10, 1, 2002, pp.95~123.

Castel, Robert, "From Dangerousness to Risk", eds. Graham Burchell, Colin Gordon, and Peter Miller, *The Foucault Effect: Studies in Governmentality*, Chicago: University of Chicago Press, 1991, pp.281~298.

Castells, Manuel, *The Power of Identity*, Oxford: Blackwell, 1996[『정체성 권력』, 정병순 옮김, 한울, 2008].

_____, *The Rise of the Network Society*, Oxford: Blackwell, 1996[『네트워크 사회의 도래』, 김묵한·박행웅·오은주 옮김, 한울, 2003].

Castles, Stephen and Alastair Davidson, *Citizenship and Migration: Globalization and the Politics of Belonging*, London: Routledge, 2000.

Cerny, Philip G., "Paradoxes of the Competition State: The Dynamics of Political Globalization", *Government and Opposition* 32, 2, 1997 pp.251~274.

Chatterjee, Partha, *Nationalist Thought and the Colonial World: A Derivative Discourse*, Minneapolis: University of Minnesota Press, 1993.

Clapham, Andrew, "Issues of Complexity, Complicity and Complementarity: From the Nuremberg Trials to the Dawn of the New International Criminal Court", ed. Philippe Sands, *From Nuremberg to The Hague: The Future of International Criminal Justice*, Cambridge: Cambridge University Press, 2003, pp.233~281.

Cohen, G. A., "On the Currency of Egalitarian Justice", *Ethics* 99, 4, 1989, pp.906~944.

Cohen, Joshua and Charles Sabel, "Extra Rempublicam Nulla Justitia?", *Philosophy & Public Affairs* 34, 2, 2006, pp.147~175.

Conolly, William, *Identity/Difference: Democratic Negotiations of Political Paradox*, Minneapolis: University of Minnesota Press, 2002.

Cook, Rebecca J. ed., *Human Rights of Women: National and International Perspectives*, Philadelphia: University of Pennsylvania Press, 1994.

Cooke, Maeve, "The Immanence of 'Empire': Reflections on Social Change for the Better in a Globalizing World", eds. Baukje Prins and Judith Vega, *The Politics of Recognition: Explorations of Difference and Justice*, Amsterdam: Dutch University Press, 근간.

Cox, Robert W., "Democracy in Hard Times: Economic Globalization and the Limits to Liberal Democracy", ed. Anthony McGrew, *The Transformation of Democracy?: Globalization and Territorial Democracy*, Cambridge: Polity, 1997, pp.49~72.

_____, "A Perspective on Globalization", ed. James H. Mittelman, *Globalization: Critical Reflections*, Boulder, CO: Lynne Rienner, 1996, pp.21~30.

Cullen Holly and Karen Morrow, "International Civil Society in International Law: The

Growth of NGO Participation", *Non-State Actors & International Law* 1, 1, 2001, pp.7~39.

Dahlgren, Peter, "The Internet, Public Spheres, and Political Communication: Dispersion and Deliberation", *Political Communication* 22, 2, 2005, pp.147~162.

DeLuca, Kevin Michael and Jennifer Peeples, "From Public Sphere to Public Screen: Democracy, Activism, and the 'Violence' of Seattle", *Critical Studies in Media Communication* 19, 2, 2002, pp.125~151.

Dickenson, Donna, "Counting Women In: Globalization, Democratization, and the Women's Movement", ed. Anthony McGrew, *The Transformation of Democracy?: Globalization and Territorial Democracy*, Cambridge: Polity, 1997, pp.97~120.

Donzelot, Jacques, *The Policing of Families*, trans. Robert Hurley, New York: Pantheon, 1979.

Dryzek, John, "Transnational Democracy" *Journal of Political Philosophy* 7, 1, 1999, pp.30~51.

Dworkin, Ronald, "What is Equality? Part 2: Equality of Resources", *Philosophy & Public Affairs* 10, 4, 1981 Fall, pp.283~345.

Echols, Alice, *Daring to Be Bad: Radical Feminism in America, 1967~1975*, Minneapolis: University of Minnesota Press, 1989.

Ehrenreich, Barbara, Elizabeth Hess, and Gloria Jacobs, *Re-making Love: The Feminization of Sex*, New York: Anchor Books, 1987.

Eley, Geoff, "Nations, Publics, and Political Cultures: Placing Habermas in the Nineteenth Century", ed. Craig Calhoun, *Habermas and the Public Sphere*, Cambridge, MA: MIT Press, 1992, pp.289~350.

Evans, Sara, *Personal Politics: The Roots of Women's Liberation in the Civil Rights Movement and the New Left*, New York: Vintage, 1980.

Falk, Richard, "Revisiting Westphalia, Discovering Post-Westphalia", *The Journal of Ethics* 6, 4, 2002, pp.311~352.

Fanon, Frantz, "On National Culture", *The Wretched of the Earth*, New York: Grove, 1963, pp.165~199[『대지의 저주받은 사람들』, 남경태 옮김, 그린비, 2010].

Ferguson, James, "Global Disconnect: Abjection and the Aftermath of Modernism", *Expectations of Modernity: Myths and Meanings of Urban Life on the Zambian Copperbelt*, Berkeley: University of California Press, 1999, pp.234~254.

Ferguson Yale H. and Barry Jones eds., *Political Space: Frontiers of Change and Governance in a Globalizing World*, Albany: State University of New York Press, 2002.

Ferrara, Alessandro, "Two Notions of Humanity and the Judgment Argument for

Human Rights", *Political Theory* 31, 3, 2003 Jun., pp.394~420.

Ferree, Myra Marx and Beth B. Hess, *Controversy and Coalition: The New Feminist Movement across Three Decades of Change*, New York: Routledge, 1995.

Forst, Rainer, *Contexts of Justice*, Berkeley: University of California Press, 2002.

_____, "Justice, Morality and Power in the Global Context", eds. Andreas Follesdal and Thomas Pogge, *Real World Justice*, Dordrecht: Springer, 2005, pp.27~36.

_____, "Towards a Critical Theory of Transnational Justice", *Global Justice*, ed. Thomas Pogge, Oxford: Blackwell, 2001, pp.169~187.

Foucault, Michel, *The Birth of the Clinic: An Archaeology of Medical Perception*, trans. A. M. Sheridan Smith, New York: Pantheon, 1973[『임상 의학의 탄생: 의학적 시선의 고고학』, 홍성민 옮김, 이매진, 2006].

_____, *Discipline and Punish: The Birth of the Prison*, trans. Alan Sheridan, New York: Pantheon, 1977[『감시와 처벌』, 오생근 옮김, 나남, 2003].

_____, *Essential Works of Foucault, 1954~1988*, ed. Paul Rabinow, New York: New Press, 1997.

_____, "Governmentality", eds. Graham Burchell, Colin Gordon, and Peter Miller, *The Foucault Effect: Studies in Governmentality*, Chicago: University of Chicago Press, 1991, pp.87~105.

_____, *Language, Counter-Memory, Practice: Selected Essays and Interviews*, ed. Donald F. Bouchard, Ithaca, New York: Cornell University Press, 1980.

_____, *Power/Knowledge: Selected Interviews and Other Writings, 1972~1977*, ed. Colin Gordon, New York: Pantheon, 1980.

Fouron, Georges Eugene and Nina Glick Schiller, *Georges Woke Up Laughing: Long Distance Nationalism and the Search for Home*, Durham, NC: Duke University Press, 2001.

Frank, Thomas, "What's the Matter with Liberals?", *The New York Review of Books* 52, 8, 2005.05.12, p.46.

Fraser, Nancy, "Foucault on Modern Power: Empirical Insights and Normative Confusions", *Praxis International* 1, 3, 1981 Oct., pp.272~287; 재출판, Fraser, *Unruly Practices: Power, Discourse and Gender in Contemporary Social Theory*, Cambridge: Polity and Minneapolis: University of Minnesota Press, 1989, pp.17~34

_____, "From Irony to Prophecy to Politics: A Response to Richard Rorty", *Michigan Quarterly Review* 30, 2, 1991, pp.259~266.

_____, "From Redistribution to Recognition?: Dilemmas of Justice in a 'Postsocialist' Age", *New Left Review* 212, 1995, pp.68~93; 재출판, Fraser, *Justice Interruptus: Critical Reflections on the "Postsocialist" Condition*, London: Routledge, 1997, pp.11~40.

_____, "Identity, Exclusion, and Critique: A Response to Four Critics", *European Journal of Political Theory* 6, 3, 2007, pp.305~338.

_____, *Justice Interruptus: Critical Reflections on the "Postsocialist" Condition*, London: Routledge, 1997.

_____, "Rethinking Recognition", *New Left Review* 3, 5/6, 2000, pp.107~120.

_____, "Rethinking the Public Sphere: A Contribution to the Critique of Actually Existing Democracy", ed. Craig Calhoun, *Habermas and the Public Sphere*, Cambridge, MA: MIT Press, 1992, pp.109~142; 재출판, Fraser *Justice Interruptus: Critical Reflections on the "Postsocialist" Condition*, London: Routledge, 1997.

_____, "Sex, Lies, and the Public Sphere: Some Reflections on the Confirmation of Clarence Thomas", *Critical Inquiry* 18, 1992, pp.595~612.

_____, "Solidarity or Singularity?: Richard Rorty between Romanticism and Technocracy", *Praxis International* 8, 3, 1988, pp.252~272; 재출판, Fraser, *Unruly Practices: Power, Discourse and Gender in Contemporary Social Theory*, Cambridge: Polity and Minneapolis: University of Minnesota Press, 1989, pp.93~110.

_____, "Struggle over Needs: Outline of a Socialist-Feminist Critical Theory of Late-Capitalist Political Culture", *Women, the State and Welfare: Historical and Theoretical Perspectives*, Madison: University of Wisconsin Press, 1990, pp.199~225; 재출판, Fraser, *Unruly Practices: Power, Discourse and Gender in Contemporary Social Theory*, Cambridge: Polity and Minneapolis: University of Minnesota Press, 1989, pp.161~187.

_____, *Unruly Practices: Power, Discourse and Gender in Contemporary Social Theory*, Cambridge: Polity and Minneapolis: University of Minnesota Press, 1989.

Fraser, Nancy and Axel Honneth, *Redistribution or Recognition?: A Political-Philosophical Exchange*, trans. Joel Golb, James Ingram, and Christiane Wilke, London: Verso, 2003.

Fraser, Nancy and Nancy A. Naples, "To Interpret the World and to Change It: An Interview with Nancy Fraser", *Signs: Journal of Women in Culture and Society* 29, 4, 2004 Summer, pp.1103~1124.

Gallagher, Sally, *Evangelical Identity and Gendered Family Life*, New Brunswick, NJ: Rutgers University Press, 2003.

Garnham, Nicholas, "The Media and the Public Sphere", ed. Craig Calhoun, *Habermas and the Public Sphere*, Cambridge, MA: MIT Press, 1992, pp.359~376.

Gerhards, Jürgen and Friedhelm Neidhardt, *Strukturen and Funktionen Moderner Öffentlichkeit*, Berlin: Fragestellungen und Ansätze, 1990.

Germain, Randall, "Globalising Accountability within the International Organisation of Credit: Financial Governance and the Public Sphere", *Global Society: Journal of Interdisciplinary International Relations* 18, 3, 2004, pp.217~242.

Gill, Stephen, "New Constitutionalism, Democratisation and Global Political Economy", *Pacifica Review* 10, 1, 1998 Feb., pp.23~38.

Gole, Nilufer, "The Gendered Nature of the Public Sphere", *Public Culture* 10, 1, 1997, pp.61~81.

Gordon, Colin, "Governmental Rationality: An Introduction", *The Faucault Effect: Studies in Governmentality*, eds. Graham Burchell, Colin Gordon, and Peter Miller, Chicago: University of Chicago Press, 1999, pp.1~51.

Gordon, Linda ed., *Women, the State and Welfare: Historical and Theoretical Perspectives*, Madison: University of Wisconsin Press, 1990.

Gould, Carol, *Globalizing Democracy and Human Rights*, Cambridge: Cambridge University Press, 2004.

Gramsci, Antonio, *Prison Notebooks*, ed. Joseph A. Buttigieg, trans. Joseph A. Buttigieg and Antonio Callari, New York: Columbia University Press, 1991.

Gray, John, *False Dawn: The Delusions of Global Capitalism*, New York: New Press, 1998.

Gray, Tricia, "Electoral Gender Quotas: Lessons from Argentina and Chile", *Bulletin of Latin American Research* 21, 1, 2003, pp.52~78.

Griffth, R. Marie, *God's Daughters: Evangelical Women and the Power of Submission*, Berkeley: University of California Press, 1997.

Guidry, John A., Michael D. Kennedy, and Mayer N. Zald eds., *Globalizations and Social Movements: Culture, Power and the Transnational Public Sphere*, Ann Arbor: University of Michigan Press, 2001.

Guinier, Lani, *The Tyranny of the Majority*, New York: Free Press, 1994.

Habermas, Jürgen, "Bestiality and Humanity: A War on the Border between Legality and Morality", *Constellations: An International Journal of Critical and Democratic Theory* 6, 3, 1999, pp.263~272.

_____, *Between Facts and Norms: Contributions to a Discourse Theory of Law and Democracy*, trans. William Rehg, Cambridge, MA: MIT Press, 1996[『사실성과 타당성: 담론적 법이론과 민주적 법치국가 이론』, 박영도·한상진 옮김, 나남, 2007].

_____, "Dispute on the Past and Future of International Law: Transition from a National to a Postnational Constellation", 미출판원고, World Congress of Philosophy, Istanbul, 2003 Aug..

_____, "The European Nation-State: On the Past and Future of Sovereignty and Citizenship", eds. Ciaran Cronin and Pablo de Grieff, trans. Ciaran Cronin, *The Inclusion of the Other*, Cambridge MA: MIT Press, 1999, pp.105~128; 처음 출판 은 *Public Culture* 10, 2, 1998, pp.397~416.

_____, "Kant's Idea of Perpetual Peace, with the Benefit of 200 Years' Hindsight", eds. James Bohman and Matthias Lutz-Bachmann, *Perpetual Peace: Essays on Kant's Cosmopolitan Ideal*, Cambridge, MA: MIT Press, 1997, pp.113~154.

_____, *The Philosophical Discours of Modernity: Twelve Lectures*, trans. Frederick Lawrence, Cambridge, MA: MIT Press, 1987 [『현대성의 철학적 담론』, 이진우 옮김, 문예출판사, 1994].

_____, "The Postnational Constellation and the Future of Democracy", *The Postnational Constellation: Political Essays*, trans. and ed. Max Pensky, Cambridge, MA: MIT Press, 2001, pp.58~113.

_____, *Structural Transformation of the Public Sphere: An Inquiry into a Category of Bourgeois Society*, trans. Thomas Burger, Cambridge, MA: MIT Press, 1989 [『공론장의 구조변동』, 한승완 옮김, 나남, 2004].

_____, "Struggles for Recognition in the Democratic Constitutional State", ed. Amy Gutmann, *Multiculturalism: Examing the Politics of Recognition*, trans. Shierry Weber Nicholsen, Princeton, NJ: Princeton University Press, 1994, pp.107~165.

Hannerz, Ulf, *Transnational Connections: Culture, People, Places*, New York: Routledge, 1996.

Hardt, Michael and Antonio Negri, *Empire*, Cambridge, MA: Harvard University Press, 2000 [『제국』, 윤수종 옮김, 이학사, 2001].

Harris, Richard L. and Melinda J. Seid, *Critical Perspectives on Globalization and Neoliberalism in the Developing Countries*, Boston: Leiden, 2000.

Hathaway, Dale, *Allies across the Border: Mexico's "Authentic Labor Front" and Global Solidarity*, Cambridge, MA: South End Press, 2000.

Held, David, "Cosmopolitanism: Globalization tamed?", *Review of International Studies* 29, 4, 2003, pp.465~480.

_____, "Cosmopolitanism: Ideas, Realities and Deficits", eds. David Held and Anthony McGrew, *Governing Globalization: Power, Authority, and Global Governance*, Cambridge: Polity, 2002, pp.305~325.

_____, *Democracy and the Global Order: From the Modern State to Cosmopolitan Governance*, Cambridge: Polity, 1995.

_____, "Democracy and the New International Order", eds. Daniele Archibugi and David Held, *Cosmopolitan Democracy: An Agenda for a New World Order*, Cambridge: Polity, 1995, pp.96~120.

_____, "Democratic Accountability and Political Effectiveness from a Cosmopolitan Perspective", *Government and Opposition* 39, 2, 2004, pp.364~391.

_____, *Global Covenant: The Social Democratic Alternative to the Washington Consensus*, Cambridge: Polity, 2004.

_____, "Regulating Globalization?: The Reinvention of Politics", *International Sociology* 15, 2, 2000, pp.394~408.

_____, "The Transformation of Political Community: Rethinking Democracy in the Context of Globalization", eds. Ian Shapiro and Casiano Hacker-Cordón, *Democracy's Edges*, Cambridge: Cambridge University Press, 1999, pp.84~111.

Held, David, Anthony McGrew, David Goldblatt, and Jonathan Perraton, Global Transformations: Politics, Economics and Culture, Cambridge: Polity, 1999[『전지구적 변환』, 조효제 옮김, 창비, 2002].

Helleiner, Eric, "From Bretton Woods to Global Finance: A World Turned Upside Down", eds. Richard Stubbs and Geoffrey R. D. Underhill, *Political Economy and the Changing Global Order*, New York: St. Martin's Press, 1994, pp.163~175.

Hinsch, Wilfried, "Global Distributive Justice", *Metaphilosophy* 32, 1/2, 2001, pp.58~78.

Hirst, Paul and Grahame Thompson, *Globalization in Question: The International Economy and the Possibilities of Governance*, Oxford: Blackwell Publishers, 1996.

Hitchens, Christopher, "Of Sin, the Left and Islamic Fascism", *The Nation*, 2001.09.24.

Hobsbawm, Eric, *The Age of Extremes: A History of the World, 1914~1991*, London: Abacus, 1995[『극단의 시대』, 이용우 옮김, 까치, 2009].

Honneth, Axel, "Redistribution as Recognition: A response to Nancy Fraser", Nancy Fraser and Axel Honneth, *Redistribution or Recognition?: A Political-Philosophical Exchange*, trans. Joel Golb, James Ingram, and Christiane Wilke, London: Verso, 2003, pp.110~198.

Hoogvelt, Ankie M. M., *Globalization and the Postcolonial World: The Political Economy of Development*, Baltimore: Johns Hopkins University Press, 2001.

hooks, bell, *Feminist Theory: From Margin to Center*, second edition, Boston: South End Press, 1981.

Hoy, David Couzens ed., *Foucault: A Critical Reader*, Oxford: Blackwell Publishers, 1986.

Htun, Mala, "Is Gender Like Ethnicity? The Political Representation of Identity Groups", *Perspectives on Politics* 2, 3, 2004, pp.439~458.

Hurley, Susan L., "Rationality, Democracy and Leaky Boundaries: Vertical vs. Horizontal Modularity", *Journal of Political Philosophy* 7, 2, 1999, pp.126~146.

Hurrell, Andrew, "Global Inequality and International Institutions", *Metaphilosophy* 32, 1/2, 2001, pp.34~57.

Husband, Charles, "The Right to be Understood: Conceiving the Multi-ethnic Public Sphere", *Innovation: The European Journal of Social Science Research* 9, 2, 1996, pp.205~216.

Ignatieff, Michael, *Human Rights as Politics and Idolatry*, Princeton: Princeton University Press, 2001.

Ingersoll, Julie, *Evangelical Christian Women: War Stories in the Gender Battles*, New York: New York University Press, 2003.

James, Michael Rabinder, "Tribal Sovereignty and the Intercultural Public Sphere", *Philosophy & Social Criticism* 25, 5, 1999, pp.57~86.

Jameson, Frederic, *The Cultural Turn: Selected Writings on the Postmodern, 1983~1998*, London, Verso, 1998.

Johnston, Hank, Enrique Larana, and Joseph R. Gusfield eds., *New Social Movements: From Ideology to Identity*, Philadelphia: Temple University Press, 1994.

Jones, Charles, *Global Justice: Defending Cosmopolitanism*, Oxford: Oxford University Press, 1999.

_____, "Global Liberalism: Political or Comprehensive?", *The University of Toronto Law Journal* 54, 2, 2004, pp.227~248.

Kaldor, Mary, *New and Old Wars: Organized Violence in a Global Era*, Cambridge: Polity, 1999[『새로운 전쟁과 낡은 전쟁』, 유강은 옮김, 그린비, 2010].

Kalyvas, Andreas, "Feet of Clay?: Reflections on Hardt's and Negri's Empire", *Constellations: An International Journal of Critical and Democratic Theory* 10, 2, 2003, pp.264~279.

Kandiyoti, Deniz, "Identity and Its Discontents: Women and the Nation", eds. Patrick Williams and Laura Chrisman, *Colonial Discourse and Post-Colonial Theory: A Reader*, New York: Columbia University Press, 1994, pp.376~391.

Keck, Margaret E. and Kathryn Sikkink, *Activists beyond Borders: Advocacy Networks in International Politics*, Ithaca, New York: Cornell University Press, 1998.

Kelly, Michael ed., *Critique and Power: Recasting the Foucault/Habermas Debate*, Cambridge, MA: MIT Press, 1994.

Khagram, Sanjeev, James V. Riker, and Kathryn Sikkink eds., *Restructuring World Politics: Transnational Social Movements, Networks, and Norms*, Minneapolis: University of Minnesota Press, 2002.

König, Matthias, "Cultural Diversity and Language Policy", *International Social Science Journal* 51, 161, 1999, pp.401~408.

Kuhn, Thomas, *The Structure of Scientific Revolutions, third edition*, Chicago: University of Chicago Press, 1996[『과학혁명의 구조』, 김명자 옮김, 까치, 2002].

Kuper, Andrew, "Rawlsian Global Justice: Beyond the Law of Peoples to a Cosmopolitan Law of Persons", *Political Theory* 28, 5, 2000, pp.640~674.

Kymlicka, Will, *Multicultural Citizenship: A Liberal Theory of Minority Rights*, London: Oxford University Press, 1995.

_____, "Territorial Boundaries: A Liberal-Egalitarian Perspective", eds. David Miller and Sohail H. Hashmi, *Boundaries and Justice: Diverse Ethical Perspectives*, Princeton, NJ: Princeton University Press, 2001, pp.249~275.

La Botz, Dan, *Democracy in Mexico: Peasant Rebellion and Political Reform*, Cambridge, MA: South End Press, 1995.

Laclau, Ernesto and Chantal Mouffe, *Hegemony and Socialist Strategy: Towards a Radical Democratic Politics*, London: Verso, 1985 [『사회변혁과 헤게모니』, 김성기 외 옮김, 터, 1990].

Landes, Joan, *Women and the Public Sphere in the Age of the French Revolution*, Ithaca, New York: Cornell University Press, 1988.

Lara, Maria Pia, "Globalizing Women's Rights: Building a Public Sphere", eds. Robin N. Fiore and Hilde Lindemann Nelson, *Recognition, Responsibility, and Rights: Feminist Ethics and Social Theory*, Feminist Reconstructions, Totowa, NJ: Rowman & Littlefield, 2003, pp.181~193.

Lauren, Paul Gordon, *The Evolution of International Human Rights: Visions Seen*, Philadelphia: University of Pennsylvania Press, 2003.

Linklater, Andrew, "Citizenship and Sovereignty in the Post-Westphalian State", *Critical Theory and World Politics*, London: Routledge, 2007, pp.90~108.

Luhmann, Niklas, "Öffentliche Meinung", *Politische Vierteljahresschrift* 11, 1970, pp.2~28.

Lyotard, Jean-François, *The Differend: Phrases in Dispute*, trans. Georges Van Den Abbeele, Minneapolis: University of Minnesota Press, 1988.

_____, *The Postmodern Condition: A Report on Knowledge*, trans. Geoff Bennington and Brian Massumi, Minneapolis: University of Minnesota Press, 1984 [『포스트모 던적 조건』, 이현복 옮김, 서광사, 1992].

McChesney, Robert W., "Global Media, Neoliberalism, and Imperialism", *Monthly Review* 50, 10, 2001, pp.1~19.

_____, *Rich Media, Poor Democracy: Communications Politics in Dubious Times*, Chicago: University of Illinois Press, 1999.

McClintock, Anne, "Family Feuds: Gender, Nation and the Family", *Feminist Review* 44, 1993, pp.61~80.

Manin, Bernard, *The Principles of Representative Government*, New York: Cambridge University Press, 1997.

Marshall, P. David, *New Media Cultures*, New York: Oxford University Press, 2004.

Melucci, Alberto, John Keane, and Paul Mier eds., *Nomads of the Present: Social Movements and Individual Needs in Contemporary Society*, Philadelphia: Temple University Press, 1989.

Metz, Thaddeus, "Open Perfectionism and Global Justice", *Theoria: A Journal of Social & Political Theory* 104, 2004, pp.96~127.

Miller, David, "The Ethical Significance of Nationality", *Ethics* 98, 1988, pp.647~662.

_____, "The Limits of Cosmopolitan Justice", eds. David Maple and Terry Nardin,

International Society: Diverse Ethical Perspectives, Princeton: Princeton University Press, 1998, pp.164~183.

_____, *On Nationality*, Oxford: Oxford University Press, 1995.

Miller, Richard W., "Cosmopolitanism and Its Limits", *Theoria: A Journal of Social & Political Theory* 104, 2004, pp.38~53.

Moody, Kim, *Workers in a Lean World: Unions in the International Economy*, London: Verso, 1997.

Mouffe, Chantal, "Deliberative Democracy or Agonistic Pluralism?", *Social Research* 66, 3, 1999, pp.745~758.

_____, "Democracy, Power and the 'Political'", ed. Seyla Benhabib, *Democracy and Difference: Contesting the Boundaries of the Political*, Princeton: Princeton University Press, 1996, pp.245~256.

Mules, Warwick, "Media Publics and the Transnational Public Sphere", *Critical Arts Journal* 12, 1/2, 1998, pp.24~44.

Munck, Ronald and Peter Waterman, *Labour Worldwide in the Era of Globalization: Alternative Union Models in the New World Order*, New York: Palgrave Macmillan, 1999.

Nagel, Thomas, "The Problem of Global Justice", *Philosophy & Public Affairs* 33, 2005, pp.113~147.

Narin, Tom, "The Modern Janus", *The Break-Up of Britain: Crisis and Neo-Nationalism*, London: New Left Books, 1977, pp.329~363.

Nash, June, *Mayan Visions: The Quest for Autonomy in an Age of Globalization*, London: Routledge, 2001.

Niezen, Ronald, *The Origins of Indigenism: Human Rights and the Politics of Identity*, Berkeley: University of California Press, 2003.

Nussbaum, Martha, "Beyond the Social Contract: Capabilities and Global Justice", *Oxford Development Studies* 32, 1, 2004, pp.3~18.

Nussbaum, Martha, with Respondents, *For Love of Country?: Debating the Limits of Patriotism*, ed. Joshua Cohen, Boston: Beacon Press, 1996.

O'Brien, Robert, Anne Marie Goetz, Jan Art Scholte, and Marc Williams, *Contesting Global Governance: Multilateral Economic Institutions and Global Social Movements*, Cambridge: Cambridge University Press, 2000.

Olesen, Thomas, "Transnational Publics: New Spaces of Social Movement Activism and the Problem of Global Long-Sightedness", *Current Sociology* 53, 3, 2005, pp.419~440.

O'Neill, Onora, *Bounds of Justice*, Cambridge: Cambridge University Press, 2000.

Ong, Aihwa, *Flexible Citizenship: The Cultural Logics of Transnationality*, Durham, NC: Duke University Press, 1999.

Pangalangan, Raul C., "Territorial Sovereignty: Command, Title, and Expanding the Claims of the Commons", *Boundaries and Justice: Diverse Ethical Perspectives*, eds. David Miller et al., Princeton: Princeton University Press, 2001, pp.164~182.

Panganiban, Rik, "The NGO Coalition for an International Criminal Court", *UN Chronicle* 34, 4, 1997, pp.36~39.

Papacharissi, Zizi, "The Virtual Sphere: The Internet as a Public Sphere", *New Media & Society* 4, 1, 2002, pp.9~27.

Patten, Alan, "Political Theory and Language Policy", *Political Theory* 29, 5, 2001, pp.691~715.

Peritz, David, "The Complexities of Complexity: Habermas and the Hazards of Relying Directly on Social Theory", Critical Theory Roundtable의 토론발제문, San Francisco, 2001 Oct..

_____, "A Diversity of Diversities: Liberalism's Implicit Social Theories", Political Studies Association Conference 53회 연례발표회 발표문, University of Leicester, 2003.04.15~17, Panel 6~11.

Perraton, Jonathan, David Goldblatt, David Held, and Anthony McGrew, "The Globalization of Economic Activity", *New Political Economy* 2, 2, 1997, pp.257~277.

Phillips, Anne, *The Politics of Presence*, Oxford: Clarendon Press, 1995.

Phillipson, Robert, *English-Only Europe?: Challenging Language Policy*, New York: Routledge, 2003.

Pitkin, Hanna Fenichel, *The Concept of Representation*, Berkeley: University of California Press, 1967.

Pogge, Thomas, "Economic Justice and National Borders", *Revision* 22, 1999, pp.27~43.

_____, "An Egalitarian Law of Peoples," *Philosophy & Public Affairs* 23, 5, 2000, pp.195~224.

_____, "How to Create Supra-National Institutions Democratically: Some Reflections on the European Union's Democratic Deficit", *Journal of Political Philosophy* 5, 1997, pp.163~182.

_____, "The Influence of the Global Order on the Prospects for Genuine Democracy in the Developing Countries", *Ratio Juris* 14, 3, 2001, pp.326~343.

_____, *World Poverty and Human Rights: Cosmopolitan Responsibilities and Reforms*, Cambridge: Polity, 2002.

Preuss, Ulrich, "Citizenship in the European Union: A Paradigm for Transnational Democracy?", *Re-imagining Political Community: Studies in Cosmopolitan Democracy*, eds. Daniele Archibugi and David Held, Stanford: Stanford University Press, 1999, pp.138~151.

Quine, W. V. O., *From a Logical Point of View: 9 Logico-Philosophical Essays*, Cambridge, MA: Harvard University Press, 1953.

Rai, Shirin M., "Political Representation, Democratic Institutions and Women's Empowerment: The Quota Debate in India", eds. Jane L. Parpart, Shirin M. Rai, and Kathleen Staudt, *Rethinking Empowerment: Gender and Development in a Global/Local World*, New York: Routledge, 2002, pp.133~146.

Rawls, John, *The Law of Peoples*, new edition, Cambridge, MA: Harvard University Press, 2001[『만민법』, 김기호·김만권·장동진 옮김, 아카넷, 2009].

_____, "The Law of Peoples", eds. Stephen Shute and Susan Hurley, *On Human Rights: The Oxford Amnesty Lectures*, New York: Basic Books: 1994, pp.41~83[『만민법』, 수잔 헐리·스티븐 슈트 편, 『현대사상과 인권』, 민주주의법학연구회 옮김, 사람생각, 2000].

_____, *A Theory of Justice*, Cambridge, MA: Harvard University Press, 1999[『정의론』, 황경식 옮김, 이학사, 2003].

Rebick, Judy, "Lip Service: The Anti-Globalization Movement on Gender Politics", *Herizons* 16, 2, 2002, pp.24~26.

Rendall, Jane, "Women and the Public Sphere", *Gender & History* 11, 3, 1999, pp.475~488.

Resnik, Judith, "Law's Migration: American Exceptionalism, Silent Dialogues, and Federalism's Multiple Ports of Entry", *The Yale Law Journal* 115, 7, 2006 May., pp.1564~1570.

Rich, Frank, "How Kerry Became a Girlie Man", *The New York Times* 153, 52963, 2004.09.05, section 2, p.1.

Rieff, David, *Slaughterhouse: Bosnia and the Failure of the West*, New York: Simon & Schuster, 1995.

Ritchie, Robert and Steven Hill, "The Case for Proportional Representation", eds. Robert Ritchie and Steven Hill, *Whose Vote Counts?*, Boston: Beacon Press, 2001, pp.3~34.

Rorty, Richard, *Contingency, Irony, and Solidarity*, Cambridge: Cambridge University Press, 1989[『우연성, 아이러니, 연대성』, 김동식 옮김, 민음사, 1996].

_____, "Feminism and Pragmatism", *Michigan Quarterly Review* 30, 2, 1991, pp.231~258.

_____, *Philosophy and Social Hope*, New York: Penguin Books, 1999.

_____, *Philosophy and the Mirror of Nature*, Princeton: Princeton University press, 1981[『철학 그리고 자연의 거울』, 박지수 옮김, 까치, 1998].

Rose, Nikolas, "Governing Advanced Liberal Democracies", Peter Miller and Nikolas Rose, *Governing the Present: Administering Economic, Social and Personal Life*, Cambridge: Polity, 2008, pp.199~218.

Rosen, Ruth, *The World Split Open: How the Modern Women's Movement Changed America*, New York: Penguin, 2001.

Rosenau, James N., *Along the Domestic-Foreign Frontier: Exploring Governance in a Turbulent World*, Cambridge: Cambridge University Press, 1997.

_____, "Governance and Democracy in a Globalizing World", eds. Daniele Archibugi and David Held, *Re-imagining Political Community: Studies in Cosmopolitan Democracy*, Stanford: Stanford University Press, 1999, pp.28~57.

Roth, Benita, *Separate Roads to Feminism: Black, Chicana, and White Feminist Movements in America's Second Wave*, Cambridge: Cambridge University Press, 2004.

Ruggie, John, "Territoriality and Beyond: Problematizing Modernity in International Relations", *International Organization* 47, 1993, pp.139~174.

Ryan, Mary P., "Gender and Public Access: Women's Politics in Nineteenth-Century America", ed. Craig Calhoun, *Habermas and the Public Sphere*, Cambridge, MA: MIT Press, 1992, pp.259~288.

_____, *Women in Public: Between Banners and Ballots, 1825~1880*, Baltimore: Johns Hopkins University Press, 1990.

Sassen, Saskia, *Globalization and Its Discontents*, New York: Free Press, 1998.

_____, *Losing Control?: Sovereignty in an Age of Globalization*, New York: Columbia University Press, 1995.

_____, *Territory, Authority, Rights: From Medieval to Global Assemblages*, Princeton: Princeton University Press, 2006.

Satz, Deborah, "Equality of What among Whom?: Thoughts on Cosmopolitanism, Statism and Nationalism", eds. Ian Shapiro and Lea Brilmayer, *Global Justice*, New York: New York University Press, 1999, pp.67~85.

Scheuerman, William E., "Between Radicalism and Resignation: Democratic Theory in Habermas' *Between Facts and Norms*", ed. Peter Dews, *Habermas: A Critical Reader*, Oxford: Blackwell, 1999, pp.153~177.

_____, "Economic Globalization and the Rule of Law", *Constellations* 6, 1, 1999, pp.3~25.

Schneiderman, David, "Investment Rules and the Rule of Law", *Constellations* 8, 4, 2001, pp.521~537.

Schulze, Gunter G., *The Political Economy of Capital Controls*, Cambridge: Cambridge University Press, 2000.

Scott, James, *Seeing Like a State: How Certain Schemes to Improve the Human Condition Have Failed*, New Haven: Yale University Press, 1998.

Sen, Amartya, *Development as Freedom*, New York: Anchor Books, 1999[『자유로서의 발전』, 박우희 옮김, 세종연구원, 2001].

_____, "Equality of What?", ed. Sterling M. McMurrin, *Liberty, Equality, and Law*, Salt Lake City: University of Utah Press, 1987, pp.137~162.

Sennett, Richard, "The Age of Anxiety", *Guardian Saturday*, 2004.10.23, p.34.

_____, *The Corrosion of Character: The Personal Consequences of Work in the New Capitalism*, New York: Norton, 1998[『신자유주의와 인간성의 파괴』, 조용 옮김, 문예출판사, 2002].

Shabani, Omid A. Payrow, "Language Policy and Diverse Societies: Constitutional Patriotism and Minority Language Rights", *Constellations* 11, 2, 2004, pp.193~216.

Shapiro, Ian, *Democratic Justice*, New Haven: Yale University Press, 1999.

Shue, Henry, *Basic Rights*, Princeton: Princeton University Press, 1980.

Singer, Peter, *One World: The Ethics of Globalization*, second edition, New Haven: Yale University Press 2004[『세계화의 윤리』, 김희정 옮김, 아카넷, 2003].

Slaughter, Anne-Marie, *A New World Oder*, Princeton: Princeton University Press, 2005.

Soysal, Yasemin Nuhoglu, "Changing Parameters of Citizenship and Claims-Making: Organized Islam in European Public Spheres", *Theory and Society* 26, 1997, pp.509~527.

_____, *Limits of Citizenship : Migrants and Postnational Membership in Europe*, Chicago: University of Chicago Press, 1995.

Stacey, Judith, "Sexism by a Subtler Name?: Postindustrial Conditions and Postfeminist Consciousness in the Silicon Valley", *Socialist Review* 96, 1987, pp.7~28.

Stichweh, Rudolf, "The Genesis of a Global Public Sphere", *Development* 46, 1, 2003, pp.26~29.

Stiglitz, Joseph E., *Globalization and Its Discontents*, New York: Norton, 2003[『세계화와 그 불만』, 송철복 옮김, 세종연구원, 2002].

Stoler, Ann Laura, *Race and the Education of Desire*, Chapel Hill, NC: Duke University Press, 1995.

Storm, Servaes and J. Mohan Rao, "Market-Led Globalization and World Democracy: Can the Twain Ever Meet?", *Development and Change* 35, 5, 2004, pp.567~581.

Strange, Susan, *The Retreat of the State: The Diffusion of Power in the World Economy*, Cambridge: Cambridge University Press, 1996.

Streeck, Wolfgang, "Public Power beyond the Nation-State: The Case of the European Community", eds. Robert Boyer and Daniel Drache, *States against Markets: The Limits of Globalization*, New York: Routledge, 1996, pp.299~315.

Tan, Kok-Chor, *Justice without Borders: Cosmopolitanism, Nationalism, and Patriotism*, Cambridge: Cambridge University Press, 2004.

Taylor, Charles, *Multiculturalism: Examining the Politics of Recognition*, ed. Amy

Gutmann, Princeton: Princeton University Press, 1994.

Tololyan, Khachig, "Rethinking Diaspora(s): Stateless Power in the Transnational Moment", *Diaspora* 5, 1, 1996, pp.3~36.

Touraine, Alain, *Return of the Actor: Social Theory in Postindustrial Society*, Minneapolis: University of Minnesota Press, 1988 [『탈산업사회의 사회이론』, 조형 옮김, 이화여자대학교출판부, 1994].

van Parijs, Philippe, "The Ground Floor of the World: On the Socioeconomic Consequences of Linguistic Globalization", *International Political Science Review* 21, 2, 2000, pp.217~233.

Vargas, Virginia, "Feminism, Globalization and the Global Justice and Solidarity Movement", *Cultural Studies* 17, 6, 2003, pp.905~920.

Voice, Paul, "Global Justice and the Challenge of Radical Pluralism", *Theoria: A Journal of Social & Political Theory* 104, 2004, pp.15~37.

Volkmer, Ingrid, "The Global Network Society and the Global Public Sphere", *Development* 46, 1, 2003, pp.9~16.

Wacquant, Loïc, "From Slavery to Mass Incarceration", *New Left Review* 13, 1/2, 2002, pp.41~60.

Walzer, Michael, *Spheres of Justice: A Defense of Pluralism and Equality*, New York: Basic Books, 1984 [『정의와 다원적 평등』, 정원섭 외 옮김, 철학과현실사, 1999].

Warner, Michael, "The Mass Public and the Mass Subject", ed. Bruce Robbins, *The Phantom Public Sphere*, Minneapolis: University of Minnesota Press, 1993, pp.234~256.

＿＿＿, *Publics and Counterpublics*, New York: Zone Books, 2002.

Wenar, Leif, "Contractualism and Global Economic Justice", *Metaphilosophy* 32, 1/2, 2001, pp.79~94.

Werbner, Pnina, "Theorising Complex Diasporas: Purity and Hybridity in the South Asian Public Sphere in Britain", *Journal of Ethnic & Migration Studies* 30, 5, 2004, pp.895~911.

Whelan, Frederick, "Democratic Theory and the Boundary Problem", eds. J. Roland Pennock and John W. Chapman, *Nomos XXV: Liberal Democracy*, New York and London: New York University Press, 1983, pp.13~47.

Wilke, Christiane, "Habermas, the Alien, and the Escape to Cosmopolitanism", 미출판 원고.

Wilkinson, Kenton T., "Language Difference and Communication Policy in the Information Age", *Information Society* 20, 3, 2004, pp.217~229.

Williams, Melissa, *Voice, Trust, and Memory: Marginalized Groups and the Failings of Liberal Representation*, Princeton: Princeton University Press, 1988.

Young, Iris Marion, "Equality of Whom?: Social Groups and Judgments of Injustice",

Journal of Political Philosophy 9, 1, 2001, pp.1~18.

_____, "Impartiality and the Civic Public: Some Implications of Feminist Critiques of Moral and Political Theory", eds. Seyla Benhabib and Drucilla Cornell, *Feminism as Critique*, Minneapolis: University of Minnesota Press, 1987, pp.56~76.

_____, "Responsibility and Global Justice: A Social Connection Model", *Social Philosophy and Policy* 23, 1, 2006, pp.102~130.

Yudice, George, *The Expediency of Culture: Uses of Culture in the Global Era*, Durham, NC: Duke University Press, 2004.

Yuval-Davis, Nira, *Gender and Nation*, London: Sage Publications, 1997.

Zacher, Mark W., "The Decaying Pillars of the Westphalian Temple", eds. James N. Rosenau and Ernst-Otto Czempiel, *Governance without Government*, Cambridge: Cambridge University Press, 1992, pp.58~101.

Zaretsky, Eli, *Secrets of the Soul: A Social and Cultural History of Psychoanalysis*, New York: Knopf, 2004.

찾아보기